个人住房抵押贷款证券化的中国实践

中债资信评估有限责任公司
中国建设银行股份有限公司 编著

中国金融出版社

责任编辑：王雪珂
责任校对：刘　明
责任印制：张也男

图书在版编目（CIP）数据

个人住房抵押贷款证券化的中国实践（Geren Zhufang Diya Daikuan Zhengquanhua de Zhongguo Shijian）/中债资信评估有限责任公司，中国建设银行股份有限公司编著. —北京：中国金融出版社，2018.7

ISBN 978－7－5049－9557－5

Ⅰ. ①个…　Ⅱ. ①中…②中…　Ⅲ. ①住宅—抵押贷款—房地产证券化—研究—中国　Ⅳ. ①F299.233.38

中国版本图书馆CIP数据核字（2018）第086926号

出版发行　中国金融出版社
社址　北京市丰台区益泽路2号
市场开发部　（010）63266347，63805472，63439533（传真）
网上书店　http://www.chinafph.com
（010）63286832，63365686（传真）
读者服务部　（010）66070833，62568380
邮编　100071
经销　新华书店
印刷　北京侨友印刷有限公司
尺寸　169毫米×239毫米
印张　15.25
字数　218千
版次　2018年6月第1版
印次　2018年6月第1次印刷
定价　42.00元
ISBN 978－7－5049－9557－5

编委会

编 写 组

编写组成员（按姓氏笔画排序）：

王　博　支昕宇　邓竞魁　江会芬

李　欣　李　品　张宏元　张昭蓉

陈　可　郑　青　郑　佳　郑玉玲

董　琪　曾　辉

序　一

自 2005 年国务院批准人民银行牵头开展信贷资产证券化试点以来，以 2005、2007 年建设银行先后发行两单个人住房抵押贷款证券化产品为起始标志，我国个人住房抵押贷款证券化的中国实践已走过十余年。在此过程中，我国个人住房抵押贷款证券化实现了跨越式的发展，特别是 2012 年信贷资产证券化重启以来，市场发行规模和存续规模迅速提升、产品设计日趋成熟、发起机构日益扩大、监管机制不断完善，市场整体保持快速稳步发展。2017 年，我国个人住房抵押贷款证券化产品发行规模超 1 700 亿元人民币，同比增长超 20%，个人住房抵押贷款证券化在我国的发展势头强劲，已成为我国信贷资产证券化市场的主流产品之一。

近年来，人民银行始终坚持“市场化、标准化、透明化”的发展方向，不断优化监管思路、完善监管政策，调整资产证券化风险自留管理，推动“储架式”发行形式落地，增强市场透明度，助力个人住房抵押贷款证券化市场的持续健康发展。得益于一系列政策的落地实施，我国个人住房抵押贷款证券化市场呈现稳步发展的态势。一是个人住房抵押贷款证券化成为了具有基础资产小额分散特点的个贷类证券化的领头羊。2017 年个人住房抵押贷款证券化超过企业贷款证券化已经跃身为银行间市场份额排行第一的产品。二是产品设计向多元化发展。证券端涵盖了不同的证券期限、不同的证券偿付方式、不同的证券利率设置，为投资者提供了满足不同期限偏好、风险偏好的投资产品。三是达到了盘活房贷发放机构存量、优化信贷结构的目的。个人住房抵押贷款证券化的发行为房贷发放机构突破信贷规模紧张、业务收益率较低、资产负债期限错配等业务瓶颈提供了很好的解决途径。近年来我国经济发展从数量规模扩张转入质量效益提升阶段，个人住房抵押贷款证券化在盘活存量资产、服务供给侧结构性改革大局、促进形成金融和实体经济的良性循环方面的作用进一步显现。

同时，我们也要看到，虽然我国个人住房抵押贷款证券化市场培育已经初见成效，但距国外成熟证券化市场的发展状况仍有较大差距。个人住房抵押贷款证券化作为国际市场上最主流的资产证券化产品，不仅是个人住房抵押贷款经营机构盘活存量、进行资产端直接融资的重要工具，更与利率市场化、住房金融政策施行等一系列市场宏观金融问题紧密联系。因此，如何提升个人住房抵押贷款证券化市场活跃度和加强市场风险控制，促进市场持续稳定发展是市场各方都需认真思索的问题。

党的十九大报告在金融工作方面明确提出“深化金融体制改革，增强金融服务实体经济能力，提高直接融资比重，促进多层次资本市场健康发展”。资产证券化作为直接融资的一种创新模式，日益受到市场机构的青睐，而个人住房抵押贷款证券化作为资产证券化的主流产品之一，有望在去杠杆、调结构、惠民生等方面发挥更重要的作用。在各项政策的推动下，市场对于个人住房抵押贷款证券化的需求也有望继续保持增长态势。另一方面，随着市场参与主体的日益增多、发行规模的不断扩大，我们仍应坚持“促发展”和“防风险”相协调的理念，有序推进市场持续健康发展。未来应该贯彻落实“深化金融体制改革，增强金融服务实体经济能力”，统一标准、信息共享，加强监管、防范风险，激发一级市场活力、提高二级市场流动性，进一步明确个人住房抵押贷款证券化在疏导商业银行个人住房抵押贷款信贷风险、匹配资产负债结构、优化信贷资源配置、推动利率市场化及住房金融政策施行等方面的发展方向。

此次，中债资信联合建设银行发布《个人住房抵押贷款证券化的中国实践》，从个人住房抵押贷款证券化市场发展中所取得的成绩、存在的问题、可借鉴的国外经验、发展的方向进行论述，形成了较为细致的市场实践回望和总结，与各方共享研究成果，有助于为相关机构对若干重大问题进行思索和探讨提供建设性参考。希望本书对个人住房抵押贷款证券化市场的发展有所裨益，也希望在市场各方的共同努力下，我国个人住房抵押贷款证券化市场持续平稳健康发展。

纪志宏

中国人民银行金融市场司司长

2018 年 6 月

序　二

近年来，伴随我国经济发展进入新常态和“三去一降一补”供给侧结构性改革措施的深入推进，银行间债券市场始终深入贯彻落实党中央、国务院关于鼓励金融创新、大力发展金融市场的各项方针政策，加强债务融资工具市场自律规范，强化市场化约束机制，切实保护投资人合法权益，推动以实体经济需求为导向的产品创新，发挥债务融资工具市场对实体经济发展的支持作用。其中，资产证券化作为直接融资的一种创新模式，在我国的发展引人瞩目，已经成为了我国债券市场上有别于负债端融资工具的重要创新产品。而个人住房抵押贷款证券化作为我国资产证券化市场的发端，在我国历经了十余年的发展，特别是2012年信贷资产证券化重启以来，保持高速增长的态势，已经成为了信贷资产证券化市场的重要组成部分。随着市场的进一步规范，制度的不断完善，一个更加成熟的个人住房抵押贷款证券化市场将加力支持实体经济健康发展：2005年至2017年，个人住房抵押贷款证券化产品累计发行52单，累计发行规模约3 573.45亿元；存量约为2 758.68亿元，占信贷资产证券化市场比重约为40.77%。

个人住房抵押贷款证券化的跨越式发展一方面得益于政策的鼓励和监管的引导，另一方面也归功于其独有的功用和价值。个人住房抵押贷款证券化兴起和运行过程中有不同的政策、规则和指引进行规制，主要包括引导性许可；发起机构风险控制，如发起机构风险自留、证券化后商业银行资本计提；发行流程，如银监会备案制和人民银行注册制；投资人保护，如注册、发行及存续期的信息披露；抵押物变更登记等。贯穿个人住房抵押贷款支持证券生命周期全流程的制度为个人住房抵押贷款证券化市场的有序发展奠定了基础。另一方面，个人住房抵押贷款证券化有其特殊的作用。从供给层面来看，个人住房抵押贷款证券化可盘活信贷资产存量，腾挪信贷额度，提高资产使用效率；从需求层面来看，个人住房抵押贷款证券化基础资产分散度较高、抵押物对回收保障强、发行利率与短融中票相比通常有一定的溢价，可以为投资者提供新的投资品种。发挥个人住房抵押贷款证券化的功用和价值，与我国目前去库存、去杠杆、降成本的经济发展思路相契合，对支持我国经济结构调整，促进经济提质增效转型具有重要意义。

交易商协会自成立以来，在人民银行、民政部的正确领导下，秉持"自律、创新、服务"的宗旨，汇聚市场成员力量及智慧，切实践行创新、协调、绿色、开放、共享的发展理念，努力推动金融市场创新发展和制度规范。在助推个人住房抵押贷款证券化市场持续、健康发展的进程中，规范个人住房抵押贷款支持证券信息披露行为，能够有效提高业务透明度，维护投资者合法权益。2015 年 5 月，交易商协会根据相关法律法规，发布了《个人住房抵押贷款资产支持证券信息披露指引（试行）》。信息披露旨在为披露义务人提供较强的实操性指导及帮助投资者进行价值判断；以《信息披露工作评价规程》为基础，交易商协会定期或不定期对披露义务人信息披露质量进行持续管理，以期保障信息披露机制的约束力和有效运行。下一步，为进一步积极稳妥地引导和促进个人住房抵押贷款证券化的发展，交易商协会将深入贯彻党的十九大、中央经济工作会议和全国金融工作会议精神，在人民银行和民政部的领导下，坚持稳中求进工作总基调，按照高质量发展的要求，强化风险防范工作，做好市场运行监测研究工作，加强对银行间市场自律管理，不断提升服务实体经济的能力。

为了回顾和总结个人住房抵押贷款支持证券的本土化发展足迹，中债资信联合建设银行推出《个人住房抵押贷款证券化的中国实践》，对我国十余年的个人住房抵押贷款证券化市场的市场运行情况进行了较为全面的梳理，详细阐述了市场主要参与机构在产品发行和后续管理中所开展的工作情况，总结市场发展的经验、对未来个人住房抵押贷款证券化市场的发展提出相关建议。内容较为丰富且具有较强的专业性，有助于为个人住房抵押贷款证券化市场的各类参与者提供有益参考，也有助于提升社会公众对个人住房抵押贷款证券化市场的认知。希望在监管机构、自律组织、参与主体的共同努力之下，个人住房抵押贷款证券化市场持续稳定健康地发展，为利率市场化、住房金融政策施行和改善民生做出更大的贡献。

谢 多

中国银行间市场交易商协会执行副会长、秘书长

2018 年 6 月

目录 CONTENTS

第一章　我国 RMBS 市场政策与产品回顾…………………………… 1

第一节　政策与法律规则梳理 ……………………………………… 2

一、政策梳理………………………………………………………… 2

二、法律规则分析…………………………………………………… 5

第二节　RMBS产品分析 …………………………………………… 12

一、发行情况分析…………………………………………………… 12

二、存续情况分析…………………………………………………… 56

三、交易情况分析…………………………………………………… 71

第二章　我国 RMBS 市场主要参与机构…………………………… 75

第一节　发起机构 …………………………………………………… 76

一、发起机构RMBS发行动因 ……………………………………… 77

二、发起机构主要工作职责………………………………………… 79

三、RMBS发行对商业银行经营管理的影响 ……………………… 84

四、小结……………………………………………………………… 86

第二节　贷款服务机构 ……………………………………………… 87

一、政策制度………………………………………………………… 88

二、系统功能………………………………………………………… 90

三、人员设置………………………………………………………… 91

四、贷款服务成效 …… 91
第三节 财务顾问 …… 92
一、财务顾问角色和职责 …… 92
二、财务顾问的具体工作 …… 93
三、财务顾问的能力要求 …… 95
第四节 受托人 …… 95
一、受托人一 …… 95
二、受托人二 …… 101
第五节 投资人 …… 114
一、RMBS行业情况 …… 114
二、RMBS产品情况 …… 115
三、RMBS投资偏好 …… 117
四、风险控制和审查措施 …… 120
五、定价 …… 124
六、对RMBS产品的建议 …… 124
第六节 信用评级机构 …… 127
一、信用评级与资产证券化：定位与职责 …… 127
二、RMBS信用评级机制在我国的建立及其实践 …… 132
三、RMBS信用评级方法在我国的建立以及优化 …… 138
四、RMBS现金流模型应用的探索 …… 142

第三章 RMBS 市场发展的现状总结和问题建议 …… 159

第一节 RMBS市场发展现状总结 …… 160
一、已建立中国特色“双产品”发行机制 …… 160
二、达到了盘活房贷发放机构存量、优化信贷结构的目的 …… 161
三、丰富了债券市场投资品种 …… 162
四、政策规则日益完善且形成了市场主体自治机制 …… 164

五、一、二级市场培育初见成效 …… 166
六、证券设计向多元化发展 …… 167
七、基础资产和证券表现均良好，风险控制得当 …… 168
第二节 美国提升RMBS市场活跃度的实践经验 …… 170
一、RMBS是美国住房贷款利率市场化的通道 …… 170
二、RMBS市场层次差异化 …… 174
三、RMBS基础资产和证券设计多样化 …… 183
四、RMBS政府支持常态化 …… 187
五、RMBS投资市场成熟化 …… 191
六、RMBS规则配套完善化 …… 193
第三节 现存问题 …… 200
一、一级市场发行体量较小，发起人积极性需进一步培育 …… 201
二、RMBS证券定价机制需建立，投资环境需优化 …… 202
三、房贷利率和发行利率关联尚未建立，RMBS市场利率传导器作用待开发 …… 203
四、风险控制等配套机制的建设尚待探索 …… 204
五、小结 …… 205
第四节 进一步发展的建议 …… 205
一、提升市场活跃度 …… 205
二、加强RMBS市场风险控制 …… 221

第一章

我国 RMBS 市场政策与产品回顾

第一节　政策与法律规则梳理

一、政策梳理

中国资产证券化从2005年开始正式启动，建设银行分别于2005年、2007年先后发行了两单个人住房贷款资产支持证券（以下简称RMBS），2008年由于美国次贷危机的爆发，资产证券化业务停滞4年，并于2012年6月重新启动，邮储银行于2014年发行了重启之后的首单RMBS。相比于成熟的市场，我国RMBS业务仍处于发展初期，发行规模相对较小，市场流动性相对较低，在这样的背景下，人民银行、银监会等监管机构先后出台了相关政策、制度，在盘活存量、解决资金周转问题的同时，使得资产支持证券的市场更加透明，更好地保护投资人的合法权益，对市场快速稳步发展起到良好的推动作用。

1. 风险自留与资本计提

2013年12月，央行、银监会出台《关于规范信贷资产证券化发起机构风险自留比例的文件》，对资产证券化风险自留管理作出调整。新政出台前，原规定对最低档次自持规模不得低于整个产品的5%，因而资本节约幅度非常有限，而新政改为对任何一档的自持比例不低于该档5%，即对最低档次的自持规模只需为最低档次本身的5%。对比而言，风险自留大幅放松，大幅节约资本，发起机构发行意愿大大增强[①]。

2. 抵押权属变更登记的便捷化措施

2005年5月，根据《中华人民共和国担保法》《中华人民共和国城市房地产管理法》和《城市房地产抵押管理办法》（建设部令第98号）

---

① 新政与旧政对比：假设银行发行100亿RMBS产品，优先级（AAA）90亿元，次级10亿元，依据商业银行《商业银行资本管理办法（试行）》，若采用调整前的风险自留比例，则银行需要计提的资本为5亿元（100×5%×1250%×8%）；若采用调整后的风险自留比例，则银行需要计提的资本为0.572亿元（90×5%×20%×8%+10×5%×1250%×8%），资本节约幅度约为88%。

表内与表外对比：若没有出表，银行需要计提的资本为4亿元（100×50%×8%），采用调整后的风险自留比例，出表后的资本计提为0.572亿元，资本节约幅度约为86%。

的有关规定，建设部发布了《关于个人住房抵押贷款证券化涉及的抵押权变更登记有关问题的试行通知》，规定金融机构与依法设立的信托投资公司或中国银监会批准的其他机构按照有关规定，以个人住房抵押贷款证券化为目的设立信托时，需要将金融机构发放或持有的个人住房抵押贷款债权及相应的住房抵押权批量转让给受托机构的，可以批量办理个人住房抵押权变更登记，为 RMBS 成功发行提供更便捷的法律依据。

3. 注册制

2015 年 4 月，央行发布“中国人民银行公告〔2015〕第 7 号”，推行信贷资产支持证券注册制，已经取得监管部门相关业务资格、发行过信贷资产支持证券且能够按规定披露信息的受托机构和发起机构可以向中国人民银行申请注册，并在注册有效期内自主分期发行信贷资产支持证券。注册制以“储架式”的发行形式，在发挥参与机构的自主性、提高发行管理效率和透明度、切实保护投资人合法权益等方面意义重大，是简政放权与风险防控的最佳平衡点。

4. 信息披露规范制度

为配合注册制的推行，2015 年 5 月，交易商协会发布了《个人住房贷款资产支持证券信息披露指引（试行）》，旨在规范个人住房抵押贷款资产支持证券信息披露行为，提高个人住房抵押贷款资产证券化业务透明度，维护投资者合法权益，促进 RMBS 业务规范化、常态化，推动 RMBS 市场发展。并于 2016 年 11 月，发布了《信贷资产支持证券信息披露工作评价规程（试行）》，进一步完善信贷资产支持证券信息披露“事中事后”监管机制，促进信贷资产证券化市场健康有序发展，更好地发挥金融对实体经济的支持作用。

5. 鼓励 RMBS 发展的其他政策

2016 年 2 月，中国人民银行、发展改革委、工业和信息化部、财政部、商务部、银监会、证监会、保监会等八部委印发《关于金融支持工业稳增长调结构增效益的若干意见》，支持银行通过盘活信贷存量，加快推进住房贷款资产证券化。

具体政策梳理见表 1。

表 1　2005—2016 年 RMBS 重要政策及事件梳理

时间	政策出台机构	政策文件	主要内容
2005 年 3 月	人民银行 银监会	《信贷资产证券化试点管理办法》	信贷资产证券化试点正式启动，2005 年 12 月，“开元”“建元”两单信贷资产支持证券发行
2005 年 5 月	建设部	《关于个人住房抵押贷款证券化涉及的抵押权变更登记有关问题的试行通知》	规定以个人住房抵押贷款证券化为目的设立信托，可以批量办理个人住房抵押权变更登记
2012 年 5 月	人民银行 银监会 财政部	《关于进一步扩大信贷资产证券化试点有关事项的通知》	正式重启了信贷资产证券化试点，国务院批复 500 亿元额度
2013 年 12 月	人民银行 银监会	《关于规范信贷资产证券化发起机构风险自留比例的文件》	可采取垂直自留方式自留风险，发起机构发行意愿大大增强
2014 年 11 月	银监会	《关于信贷资产证券化备案登记工作流程的通知》	银监会主管的资产证券化项目实施备案制，有效简化了审批流程
2015 年 4 月	人民银行	中国人民银行公告〔2015〕第 7 号	符合条件的机构可以向中国人民银行申请注册，并在注册有效期内自主分期发行信贷资产支持证券
2015 年 5 月	总理讲话	李克强总理国务院常务会议谈话，新增 5 000 亿元信贷资产证券化试点规模	新增 5 000 亿元信贷资产证券化试点规模，鼓励一次注册、自主分期发行
2015 年 5 月	中国银行间市场交易商协会	《个人住房抵押贷款资产支持证券信息披露指引（试行）》	在简政放权、提高效率的基础上，更好地保护了投资人的合法权益，增强了市场透明度
2016 年 2 月	人民银行等八部委	《关于金融支持工业稳增长调结构增效益的若干意见》	加快推进住房贷款资产证券化
2016 年 11 月	中国银行间市场交易商协会	《信贷资产支持证券信息披露工作评价规程（试行）》	进一步完善信贷资产支持证券信息披露“事中事后”监管机制，维护投资者合法权益

数据来源：中债资信根据相关资料整理。

二、法律规则分析

完善的法律制度是 RMBS 发展的必然前提，我国目前资产证券化法律环境尚不健全，法律制度尚不完善，交易过程可能存在法律风险。例如抵押登记变更与否是否影响抵押权属、预告抵押登记是否被法院认可、唯一住房是否可以处置、非首封是否影响处置进度等问题，都会影响到基础资产违约后的回收情况，进而影响到证券端的违约风险，从而波及到投资者的权益。以下我们就针对这些法律问题，结合现有法律规则，总结目前的一些实务做法。

1. 抵押登记变更与否

抵押权变更登记是指，随着委托人将个人住房抵押贷款信托于受托人，债权项下的抵押权通过变更登记从原债权人名下转到信托名下。若未进行变更登记，抵押登记仍在原债权人名下，在申请实现担保物权时，可能存在法院认为他项权利证书中权利主体为原债权人，以抵押权存在争议为由驳回受托人提出实现担保物权申请的风险。

我国现行《物权法》第九条规定，不动产物权的设立、变更、转让和消灭，经依法登记，发生效力，未经登记，不发生效力，但法律另有规定的除外。从该规定来看，由于不动产抵押权的转让以变更登记作为法定要件，在办理变更登记手续之前，抵押权作为物权并未发生转让，其权利人仍然是发起机构。同时，《物权法》第一百九十二条规定抵押权不得与债权分离而单独转让或者作为其他债权的担保。债权转让的，担保该债权的抵押权一并转让，但法律另有规定或者当事人另有约定的除外。《合同法》第八十一条规定债权人转让权利的，受让人取得与债权有关的从权利。从上述规定来看，信托一经生效，抵押权在抵押贷款债权转移时一并转移给了受托人，未办理相应的抵押权变更登记不影响受托人取得抵押权。从以上法律规定来看，法律对抵押权取得的方式要求并不一致，容易造成适用上的混淆。

目前，现有司法判例对债权转让后受让人未办理抵押权变更登记，是否取得抵押权主要有两种裁判观点，一种观点认为未办理变更登记不取得抵押权；另一种观点认为未办理变更登记取得抵押权[①]。对于 RMBS 产品，建元 2005-1 和建元 2007-1 两单 RMBS 中有规定，发起机构和受托机构应于交割日后几个工作日内将办理抵押权转让变更登记所必需的资料提交给中国有管辖权的政府机构登记部门批量办理一切必要的抵押权转让登记手续，并尽最大努力于交割日之后几个月内办理完毕变更登记手续，以确保受托机构合法受让抵押权。建元 2015-1，交易文件中有规定，发起机构和受托机构尽最大努力于交割日后的 12 个月内办理完毕抵押权转让涉及的变更登记手续，若未能于上述 12 个月内完成变更登记，发起机构与受托机构应继续承担变更登记义务并尽最大努力尽早完成。

但由于受限于各地抵押政策或债务人、抵押人不配合等原因，常常遇到难以办理变更登记的操作难题[②]，同时考虑到交易成本的问题，目前发行的 RMBS 普遍做法是，在将信托财产转让至信托公司名下之际，不办理抵押权转让变更登记，而是在信托合同约定出现特定情形（个别通知事件）后在规定的时间内办理抵押变更登记[③]。

2. 预告抵押登记

预告抵押登记是指在商品房预售中，购房者就尚未建成的住房进行预告登记，以制约开发商把已出售的住房再次出售或者进行抵押。对于个人住房抵押贷款中的抵押物，由于尚未交房、借款人不愿意办理等原因，拟证券化的资产池中，部分抵押物在封包时仅办理了预抵押登记，尚未转为正式抵押登记（这在目前发行的 RMBS 产品中较为常见），若在此期间

---

① 未办理变更登记不取得抵押权的判决：谢炳宽诉王连华等民间借贷纠纷一案二审民事判决书—上海市第一中级人民法院；未办理变更登记取得抵押权的判决：湖南绿兴源糖业有限公司、丁兴耀等与湖南绿兴源糖业有限公司、丁兴耀等借款合同纠纷申请再审民事裁定书—最高人民法院。

② http：//mp.weixin.qq.com/s/qaY74-FFuQOu0J1lF_K52Q.

③ 为了控制由于善意第三人导致的风险，信托合同中一般会约定，委托人和受托人应该根据相关法律（《物权法》《城市房地产抵押登记管理办法》《房屋登记法》《关于个人住房抵押贷款证券化涉及的抵押权变更登记有关问题的试行通知》等）于任一个别通知事件发生 9 个月内办理完毕变更登记手续，以确保抵押权登记在受托人名下。

贷款发生违约，预抵押权人是否享有该抵押物的优先受偿权存在很大的不确定性，最终有可能会导致投资人面临损失。

我国《物权法》第二十条规定，当事人签订买卖房屋或者其他不动产物权的协议，为保障将来实现物权，按照约定可以向登记机构申请预告登记。预告登记后，未经预告登记的权利人同意，处分该不动产的，不发生物权效力；预告登记后，债权消灭或者能够进行不动产登记之日起 3 个月内未申请登记的，预告登记失效。《房屋登记法》第六十七条规定以预购商品房设定抵押的，当事人可以申请预购商品房抵押权预告登记。并未将预购商品房预告登记与预购商品房抵押权预告登记加以区分对待，均列入预告登记范围。第六十八条规定，“预告登记后，未经预告登记的权利人书面同意，处分该房屋申请登记的，房屋登记机构应当不予办理。预告登记后，债权消灭或者自能够进行相应的房屋登记之日起三个月内，当事人申请房屋登记的，房屋登记机构应当按照预告登记事项办理相应的登记”。根据上述规定，抵押预告登记是否具有物权效力以及权利人是否因此而享有抵押权（优先受偿权），在理论上并没有明确规定，而在实务上一直都有争议，认定抵押权预告登记人对抵押物不享有优先受偿权的理由为：抵押权预告登记所登记的不是现实的物权，而是对将来发生抵押权变更的请求权，抵押权只有在进行抵押登记之后才生效，所以银行不能基于抵押权预告登记主张对抵押物的抵押权，进而主张对抵押物享有优先受偿权；认定抵押权预告登记人对抵押物享有优先受偿权的理由为：预告登记使得被登记的请求权具有了物权的效力，可以对抗普通债权人，银行享有优先受偿权。从北大法宝收集到的 2017 年涉及对“预告抵押登记权”认定的 57 个判例来看，有 15 个认为抵押权预告登记享有优先受偿权。

随着信托设立，债权转让，若资产池中的贷款发生违约，则预告登记的物权效力争议影响到贷款能否优先受偿，进而对投资人存在极大的不确定性风险。为了控制由于预告登记失效而导致的丧失抵押权风险，信托合同中约定，委托人应该在抵押权登记条件完备之日起 90 日内办理完毕相应的抵押权设立登记手续，如果由于生效日前已经存在委托人故意或重大过失的原因导致限定期限内未能办理完毕相关的抵押贷款项下的抵押权或抵押权预告登记权益的变更登记手续，则委托人应该根据信托合同，赎回该抵押贷款。

表 2　涉及预告抵押登记权的判例对优先受偿权的认定

判决法院	案件号	判决日期	是否支持
吉林省高级人民法院	（2017）吉民申 1978 号	2017/7/31	不支持
新疆维吾尔自治区高级人民法院	（2017）新民终 227 号	2017/6/29	不支持
浙江省高级人民法院	（2017）浙民申 265 号	2017/4/21	不支持
浙江省高级人民法院	（2016）浙民再 143 号	2016/10/31	支持
浙江省高级人民法院	（2016）浙民申 1180 号	2016/7/27	支持
安徽省高级人民法院	（2015）皖民二终字第 00891 号	2016/5/4	不支持
浙江省高级人民法院	（2015）浙民申字第 3298 号	2016/3/13	支持
湖北省高级人民法院	（2015）鄂民二终字第 00193 号	2015/11/18	不支持
陕西省高级人民法院	（2014）陕民二终字第 00100 号	2015/9/15	不支持
江苏省徐州市中级人民法院	（2017）苏 03 民终 1610 号	2017/6/28	不支持
重庆市第二中级人民法院	（2017）渝 02 民申 19 号	2017/3/1	不支持
浙江省金华市中级人民法院	（2016）浙 07 民申 9 号	2016/3/31	不支持
吉林省长春市中级人民法院	（2017）吉 01 民终 5835 号	2017/11/16	不支持
湖南省长沙市中级人民法院	（2017）湘 01 民终 5294 号	2017/10/15	不支持
湖南省长沙市中级人民法院	（2016）湘 01 民终 5378 号	2017/9/29	支持
山东省烟台市中级人民法院	（2017）鲁 06 民终 2868 号	2017/9/28	不支持
广东省广州市中级人民法院	（2017）粤 01 民终 12646 号	2017/9/21	不支持
福建省福州市中级人民法院	（2017）闽 01 民终 2660 号	2017/9/6	不支持
吉林省长春市中级人民法院	（2017）吉 01 民终 3202 号	2017/9/4	不支持
山东省青岛市中级人民法院	（2017）鲁 02 民终 4466 号	2017/8/24	支持
辽宁省沈阳市中级人民法院	（2017）辽 01 民终 8431 号	2017/8/21	不支持
辽宁省沈阳市中级人民法院	（2017）辽 01 民终 8440 号	2017/8/21	不支持
山西省太原市中级人民法院	（2017）晋 01 民终 2280 号	2017/8/16	不支持
江苏省盐城市中级人民法院	（2017）苏 09 民终 3115 号	2017/8/11	不支持

续表

判决法院	案件号	判决日期	是否支持
天津市第一中级人民法院	（2017）津 01 民终 6100 号	2017/8/8	不支持
广东省广州市中级人民法院	（2017）粤 01 民终 7921 号	2017/8/7	不支持
福建省厦门市中级人民法院	（2017）闽 02 民终 2108 号	2017/7/31	支持
吉林省长春市中级人民法院	（2017）吉 01 民终 4170 号	2017/7/31	不支持
四川省成都市中级人民法院	（2017）川 01 民终 8251 号	2017/7/28	不支持
辽宁省沈阳市中级人民法院	（2017）辽 01 民终 7295 号	2017/7/25	不支持
山东省济宁市中级人民法院	（2017）鲁 08 民再 56 号	2017/7/17	不支持
陕西省榆林市中级人民法院	（2017）陕 08 民终 2161 号	2017/6/27	不支持
浙江省温州市中级人民法院	（2017）浙 03 民终 988 号	2017/6/27	支持
湖南省邵阳市中级人民法院	（2017）湘 05 民终 731 号	2017/6/23	不支持
浙江省绍兴市中级人民法院	（2017）浙 06 民终 938 号	2017/6/12	不支持
四川省德阳市中级人民法院	（2017）川 06 民终 737 号	2017/6/6	不支持
四川省成都市中级人民法院	（2017）川 01 民终 2946 号	2017/6/5	不支持
福建省宁德市中级人民法院	（2016）闽 09 民终 1776 号	2017/5/24	不支持
浙江省杭州市中级人民法院	（2016）浙 01 民终 8067 号	2017/5/23	支持
江苏省南京市中级人民法院	（2016）苏 01 民再 24 号	2017/5/23	支持
广东省佛山市中级人民法院	（2017）粤 06 民终 2811 号	2017/5/22	不支持
湖北省黄石市中级人民法院	（2017）鄂 02 民终 304 号	2017/5/19	支持
广东省湛江市中级人民法院	（2017）粤 08 民终 672 号	2017/5/3	不支持
安徽省芜湖市中级人民法院	（2017）皖 02 民终 945 号	2017/4/26	不支持
山东省青岛市中级人民法院	（2017）鲁 02 民终 1197 号	2017/4/20	支持
广西壮族自治区防城港市中级人民法院	（2017）桂 06 民终 50 号	2017/4/5	不支持
福建省厦门市中级人民法院	（2017）闽 02 民终 993 号	2017/4/1	支持
广西壮族自治区钦州市中级人民法院	（2017）桂 07 民终 78 号	2017/3/31	不支持
河南省许昌市中级人民法院	（2017）豫 10 民终 779 号	2017/3/20	支持
广东省惠州市中级人民法院	（2017）粤 13 民终 169 号	2017/3/15	不支持
广东省韶关市中级人民法院	（2016）粤 02 民终 1297 号	2017/3/6	不支持
江苏省南京市中级人民法院	（2017）苏 01 民终 753 号	2017/2/27	支持

续表

判决法院	案件号	判决日期	是否支持
浙江省金华市中级人民法院	（2016）浙 07 民终 5601 号	2017/2/20	不支持
湖南省常德市中级人民法院	（2016）湘 07 民终 1535 号	2017/2/15	不支持
浙江省金华市中级人民法院	（2016）浙 07 民终 5943 号	2017/1/20	不支持
湖北省武汉市中级人民法院	（2016）鄂 01 民终 7172 号	2017/1/20	支持
广东省湛江市中级人民法院	（2016）粤 08 民终 2016 号	2017/1/9	不支持

3. 唯一住房处置

唯一住房问题是指由于抵押房产为借款人的唯一住房，出于人道主义精神与法律的人文关怀，唯一住房的强制执行比一般住宅更为困难。对于以个人住房作为基础资产的证券化项目，当贷款出现违约，发起机构行使抵押权的时候，唯一住房是否能够处置，在很大程度上影响了贷款的回收情况。

根据 2004 年颁布的《最高人民法院关于人民法院民事执行中查封、扣押、冻结财产的规定》第六条规定，对被执行人及其所扶养家属生活所必需的居住房屋，人民法院可以查封，但不得拍卖、变卖或者抵债。第七条规定，对于超过被执行人及其所扶养家属生活所必需的房屋和生活用品，人民法院根据申请执行人的申请，在保障被执行人及其所扶养家属最低生活标准所必需的居住房屋和普通生活必需品后，可予以执行。为明确第七条的适用情形，2015 年颁布的《关于人民法院办理执行异议和复议案件若干问题的规定》第二十条规定，金钱债权执行中，符合下列情形之一，被执行人以执行标的是本人及所扶养家属维持生活必需的居住房屋为由提出异议的，人民法院不予支持：

“（一）对被执行人有扶养义务的人名下有其他能够维持生活必需的居住房屋的；

（二）执行依据生效后，被执行人为逃避债务转让其名下其他房屋的；

（三）申请执行人按照当地廉租住房保障面积标准为被执行人及所扶

养家属提供居住房屋，或者同意参照当地房屋租赁市场平均租金标准从该房屋的变价款中扣除五至八年租金的。”

执行依据确定被执行人交付居住的房屋，自执行通知送达之日起，已经给予三个月的宽限期，被执行人以该房屋系本人及所扶养家属维持生活的必需品为由提出异议的，人民法院不予支持。

从以上法律规定来看，如果执行标的系被执行人本人及其所扶养家属维持生活必需的居住房屋，可以豁免执行。如果被执行人名下的唯一住房，超出了被执行人及其所扶养家属生活必需的范围，人民法院可以执行。但在实践中，唯一住房是否可以处置，存在不确定性，各地法院操作不一。通过项目经验及各地判例[①]来看，中债资信整理的有处置案例的 160 个城市中，可以处置的有 123 个，发现宁夏、安徽、黑龙江、河南、广东、陕西、浙江、内蒙古、江苏、四川、湖北、辽宁、云南等省份的部分地区对于唯一住房不能处置。

4. 非首封问题

RMBS 产品中的个人住房抵押贷款，虽然抵押权人就贷款项下的抵押物享有优先受偿权，但如果该抵押物被其他法院或其他个人因债务纠纷查封之后，会由于他人处置延迟，导致处置时间变长，甚至会侵蚀部分处置金额，这在一定程度上也会影响到投资人的利益。

2016 年 4 月 12 日，最高人民法院发布了《关于首先查封法院与优先债权执行法院处分查封财产有关问题的批复》（2016 年 4 月 14 日起施行），要求在执行过程中，应当由首先查封、扣押、冻结的法院负责处分查封财产。但是，对于已进入其他法院执行程序的债权对查封财产有顺位在先的担保物权、优先权，如果自首先查封之日起已超过 60 日，且首先查封法院就该查封财产尚未发布拍卖公告或者进入变卖程序，优先债权执行法院可以要求将该查封财产移送执行。这个安排在一定程度上对于维护抵押权

① http：//wenshu.court.gov.cn 收集到的案例没有完全穷尽，统计可能会有误差。

人的合法利益、提高抵押物处置效率起到了积极的促进作用。但是，其实际效果还有待于司法实践的检验。因此，如果拟入资产池的抵押物已经被抵押权人之外第三人申请了法院查封，则视该查封法院与抵押物所在地法院是否为同一个法院等具体情况，来判断未来该抵押物的处置效率。

第二节　RMBS 产品分析

一、发行情况分析

1. 发行数据概览

自 2012 年信贷资产证券化重启以来，监管机构出台了一系列鼓励发起机构发行 RMBS 的政策，极大地提升了发行管理效率、激活了参与机构能动性和创造性，使得 RMBS 的发行规模持续攀升。截至 2017 年 12 月 31 日，银行间市场共发行 52 单 RMBS，总计规模 3 573.45 亿元，其中公积金贷款 RMBS 发行 7 单，共 416.77 亿元，商业银行贷款 RMBS 产品共发行 45 单，共 3 156.68 亿元；龙岩、泉州、滁州、苏州、泸州、三明、湖州、武汉、杭州住房公积金中心在交易所市场共发行 9 单[①]住房公积金贷款资产支持专项计划，共 66.75 亿元。

（1）从发行增速看，2015 年之前增速缓慢，2015 年之后增速显著提高

自 2012 年我国正式重启信贷资产证券化试点工作后，邮储银行于 2014 年发行了重启后的首单 RMBS，发行规模 68.14 亿元。2015 年随着监管机构对 RMBS 政策支持力度的加强，RMBS 发行规模增长近 4 倍，规模达到 329.43 亿元，并且增长势头一直持续，规模到 2017 年超 1 700 亿元，其间发行规模是 2015 年的 5.18 倍（见图 1、图 2、图 3）。

（2）从市场占比看，RMBS 占比逐渐上升，2017 年发行规模超过 CLO 成为银行间市场发行占比最大的产品

2014 年、2015 年 RMBS 的占比在市场上均处于 10% 以下，企业贷款资产支持证券仍然占市场一半以上，处于资产支持证券的主导地位。自

① 由于 RMBS 绝大部分在银行间市场发行，交易所公开信息较少，所以暂时不单独进行分析。

2016 年开始，RMBS 的规模明显增长，市场占比高达 35.73%，基本上与 CLO（36.78%）持平，2017 年，RMBS 发行规模全年占比 28.57%，成为银行间 ABS 市场发行占比最高的产品（见图 1）。

（3）从发起机构种类[①]看，从全国性国有银行占主导地位，逐步转向发起机构更多样化

2015 年之前发行的所有 RMBS 发起机构均为全国性国有银行，2015 年之后发起机构的种类逐渐增多，包括全国性股份制银行、地区性银行、公积金中心，但整体看，全国性国有银行依然占主导地位。其中排名前三的商业银行为中国建设银行、中国银行、中国工商银行（见图 4），各家发起机构的发行情况（见表 3）。

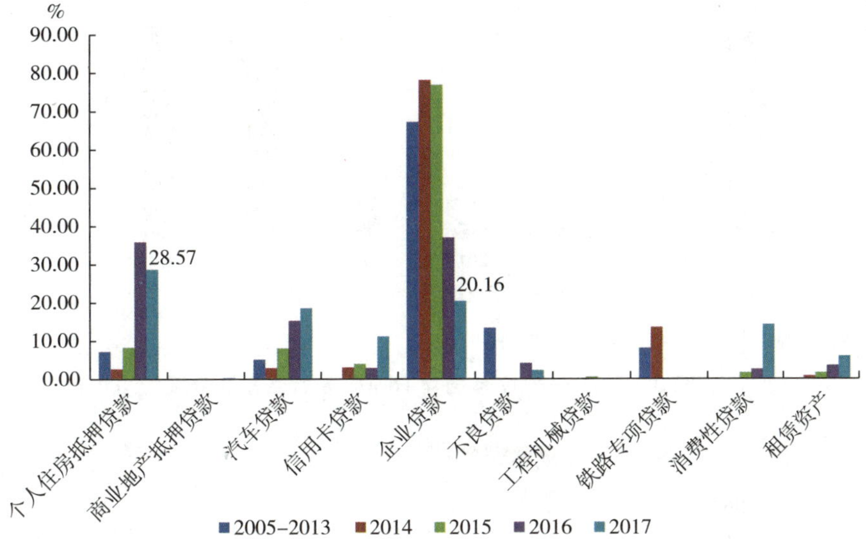

数据来源：中债资信根据相关资料整理。

图 1 各类型 ABS 的规模占比

① 全国性国有银行包括：中国建设银行、中国银行、中国工商银行、邮储银行；全国性股份制银行包括：招商银行、中国民生银行；地区性银行（发达地区）包括：北京银行、苏州银行；地区性银行（非发达地区）包括：江苏江南农商行、广东顺德农商行、徽商银行；公积金中心包括：沪公积金、武汉公积金、杭州公积金、湖州公积金。

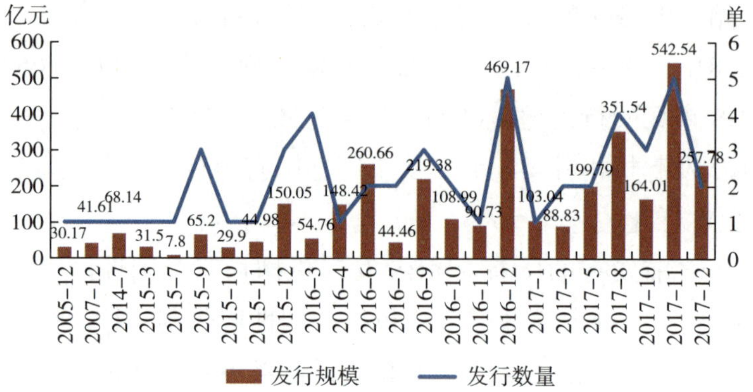

数据来源：中债资信根据相关资料整理。

图 2　2005—2017 年各月 RMBS 发行数量及金额

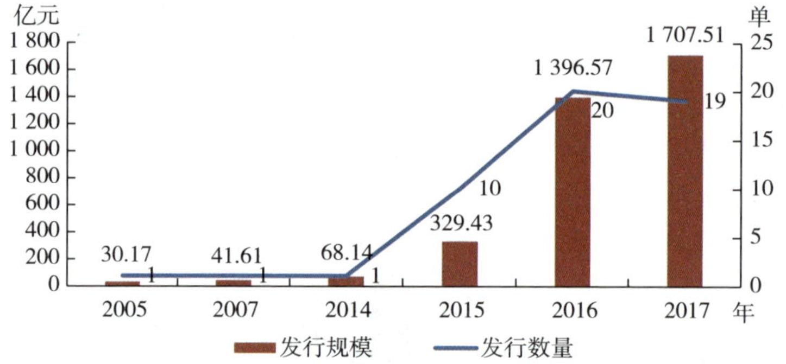

数据来源：中债资信根据相关资料整理。

图 3　2005—2017 年各年 RMBS 发行数量及金额

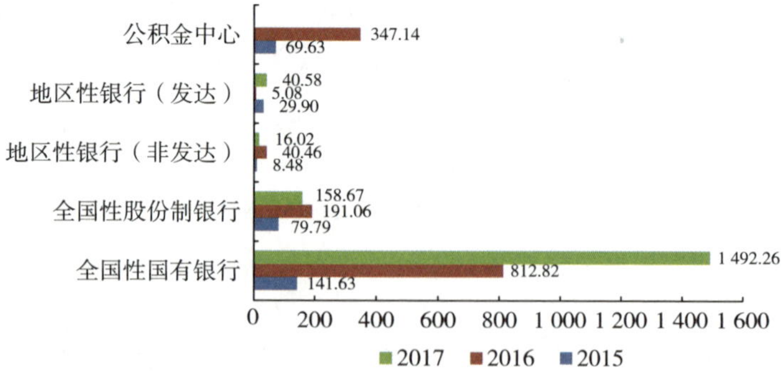

数据来源：中债资信根据相关资料整理。

图 4　2005—2017 年各类型发起机构 RMBS 发行数量及金额

表 3 2005—2017 年各发起机构 RMBS 发行数量及金额

发起机构	发行数量（单）	发行规模（亿元）
中国建设银行股份有限公司	17	1 369.78
中国银行股份有限公司	7	610.98
中国工商银行股份有限公司	4	499.55
上海市公积金管理中心	4	381.22
招商银行股份有限公司	3	172.18
兴业银行股份有限公司	1	136.66
中国邮政储蓄银行股份有限公司	2	106.31
中国民生银行股份有限公司	2	98.69
杭州银行股份有限公司	1	40.58
江苏江南农村商业银行股份有限公司	3	39.46
北京银行股份有限公司	1	29.90
华夏银行股份有限公司	1	22.01
武汉住房公积金管理中心	1	20.41
广东顺德农村商业银行股份有限公司	1	19.21
杭州市住房公积金管理中心	1	10.00
徽商银行股份有限公司	1	6.29
湖州市住房公积金管理中心	1	5.14
苏州银行股份有限公司	1	5.08
合计	52	3 573.45

数据来源：中债资信根据相关资料整理。

2. 基础资产情况①

我国个人住房抵押贷款整体不良率水平很低（见图 5）。商业银行个人住房贷款不良率从 2008 年 0.9% 的水平下降到 2016 年的 0.4%，形成较为稳定的低位趋势。与商业银行相比，公积金中心发放住房贷款通常有更严格的限制条件，如借款人需连续几个月缴纳住房公积金，且对贷款额度有上限要求，该上限通常远低于购房总额扣除首付的剩余金额，因此公积金贷款与商业银行个人住房贷款相比，逾期率水平更低，2016 年年末仅为 0.02%。从商业银行、公积金中心发放的个人住房贷款中，筛选出满足交

① 此处开始的关于 RMBS 产品发行情况分析的数据截至 2017 年 6 月底。

易文件规定的合格资产作为基础资产，该类资产由于较低的违约水平，会产生相对稳定的现金流用来支付 RMBS 证券端的费用、利息及本金。

数据来源：中国金融稳定报告、全国住房公积金年度报告，中债资信整理。

图 5　中国商业银行个人住房贷款不良率与公积金中心个人住房贷款逾期率水平

（1）基础资产池情况统计

个人住房抵押贷款形成的基础资产除了较低的违约率水平外，还表现出以下特点：抵押率充足，初始贷款价值比平均在 59.77% 的水平；资产池加权平均贷款利率较低，平均在 4.80% 的水平，具体情况如下：

①从时间趋势看，主要存在如下规律：

● 入池贷款的加权平均利率逐年降低，由于 RMBS 产品的基础资产为个人住房抵押贷款，时间期限比较长，多为浮动利率，而央行分别于 2012 年进行了两次降息、2014 年进行了一次降息、2015 年进行了 5 次降息，导致入池贷款的利率也随之进行了下调；

● LTV[①] 相对稳定，平均水平在 59.77% 左右；

● 由于各发起机构在发放贷款时的客群、政策以及发放之后的风控、清收能力不同，账龄、剩余期限、回收率并没有表现出规律性。

②从发起机构种类看，主要呈现以下规律：

① 初始贷款价值比（loan to value），合同金额 / 抵押物初始评估价格。

● 从基础资产笔数来看，入池资产笔数较多的仍然是全国性国有银行，取决于其本身的存量规模；

● 从加权平均利率来看，公积金贷款利率远低于商业银行的贷款利率；

● 加权平均账龄、加权平均剩余期限的长短，取决于各发起机构在发行每单产品时，出于不同的发行目的，对合格资产有不同的选择，相比而言全国性国有银行的账龄、剩余期限都会稍长一些；

● LTV、回收率取决于资产的分布地区。就商业银行而言，全国性国有银行的资产相对来说比较分散，而地区性银行的贷款分布相对集中，回收水平依赖于地区的房价水平及司法环境。对于公积金贷款，由于统计发行的 7 单都是较为发达地区的（杭州、湖州、武汉、上海），所以其回收率相对较高（见表 5）。

表 4 各年 RMBS 产品基础资产特征

基础资产特征	平均值						
	2005	2007	2014	2015	2016	2017	公积金
基础资产笔数（笔）	15 162	12 254	23 680	9 523	20 971	24 586	22 541
加权平均贷款利率(%)	5.31	5.95	5.88	5.80	4.55	4.72	3.87
加权平均账龄（年）	2.67	1.95	2.62	3.79	3.74	3.02	2.78
加权平均剩余期限（年）	14.33	16.58	15.17	9.42	11.78	10.67	10.83
LTV（%）	67.19	72.85	59.09	62.09	62.00	62.57	47.23
加权平均回收率（%）	—	—	57.49	59.62	56.14	60.57	74.94

数据来源：中债资信根据相关资料整理。

表 5 各种类型银行 RMBS 产品基础资产特征

基础资产特征	全国性国有银行	全国性股份制银行	地区性银行（发达）	地区性银行（非发达）	公积金中心
基础资产笔数（笔）	24 956	11 071	5 195	4 919	22 541
加权平均贷款利率(%)	4.80	5.72	5.06	5.11	3.87
加权平均账龄（年）	3.93	2.60	2.53	3.36	2.78
加权平均剩余期限（年）	11.67	11.03	10.52	10.75	10.83
LTV（%）	64.44	57.42	60.28	62.08	47.23
加权平均回收率（%）	61.82	55.41	56.78	45.25	74.94

数据来源：中债资信根据相关资料整理。

（2）入池资产合格标准梳理

入池资产的合格标准是决定贷款质量的“筛子”，交易文件主要通过以下几个维度的相关规定来对资产池进行约束，以便更好地控制由于借款人本身还款意愿、还款能力或抵押物瑕疵等问题引起的优先档证券损失风险。借款人主要涉及年龄、国籍、职业等特征；抵押贷款主要涉及抵押权、期限、贷款金额、抵押率、逾期情况等规定；抵押房产主要涉及产权问题。

①借款人

- 入池贷款的借款人年龄不能太高，保证借款人的收入来源较为稳定，进而对住房抵押贷款具有较高的保障水平，一般交易文件中会从年龄及贷款剩余期限方面进行约束，借款人在贷款发放日至少为 18 周岁但不超过 60（65、70）周岁、借款人年龄与贷款剩余期限之和不超过 65（68、70、75、85、93）周岁；
- 部分项目要求贷款发放时，借款人不是发起机构签订劳动合同雇员及存在正当职业，保证回收款的充足性；
- 公积金项目[①]要求借款人在初始起算日均正常缴纳公积金，满足借款人足够的偿付能力。

②抵押贷款

- 交易文件约定[②]抵押贷款已向相关的房地产登记机关办理了相关抵押权的登记或预登记手续，保证发起机构对入池贷款具有优先受偿权，防止出现违约之后回收无法保证的情况；
- 每单项目[③]对抵押贷款在发放时的初始抵押率有一定的限制，其中规定抵押率不超过 80% 的占一半以上，还有部分项目规定了抵押率不超过 70%，1 单项目规定了抵押率不超过 75%（具体见表 6），保证每笔贷

① 7 单公积金项目除武汉公积金 2016-1 外，都有要求。

② 建元 2016-1、创盈 2016-1、中盈 2016-1、中盈 2016-2、建元 2016-2、建元 2016-3、中盈 2016-3、建元 2016-4、工元 2016-4、中盈 2017-1、中盈 2017-2、建元 2017-1、建元 2017-2 等 13 单项目没有规定。

③ 杭盈 2017-1 交易文件没有规定。

款都有足额的抵押物作为贷款违约后违约贷款的回收保障；

● 各发起机构会对抵押贷款初始的贷款期限、初始起算日的剩余期限进行规定，例如抵押贷款的初始贷款期限为 5 年（不含）至 30 年（含）之间，于初始起算日时的剩余期限不超过 30 年，但也不少于 1 年（具体见表 7）；

● 抵押贷款[①]在发放时、初始起算日的本金余额会根据不同的发起机构进行上下限的设置，贷款发放时的平均区间在 10 万 ~720 万元之间，初始起算日的平均区间在 7 万 ~530 万元之间。公积金相比于商业贷款的项目，最高额会略低一些（具体见表 8）；

● 各单项目对资产池中每笔贷款的历史逾期情况进行了约束，在一定程度上降低了后续资产池的违约概率，从合格标准来看，主要分为无逾期、逾期不超过 30 天、逾期不超过 60 天、逾期不超过 90 天、五级分类为“正常类”，其中规定较多的为无逾期、逾期不超过 30 天的，合计 22 单，占比 58%（具体见表 9），从各单项目的《主定义表》看，首先，项目并不关注入池资产的历史逾期情况，只对其在初始起算日或信托设立日的逾期情况进行约束。其次，部分项目仅在初始起算日对贷款的逾期情况进行规定，并不保证信托设立日也具有同样的信用质量。

表 6　入池资产的初始抵押率的合格标准要求

项目简称	初始抵押率合格标准
建元 2005-1	≤ 80%
建元 2007-1	≤ 80%
邮元 2014-1	≤ 70%
招元 2015-1	≤ 70%
企富 2015-1	≤ 70%
和家 2015-1	≤ 70%
居融 2015-1	≤ 70%

① 杭盈 2017-1 交易文件没有规定。

续表

项目简称	初始抵押率合格标准
建元 2015-1	≤ 70%
京诚 2015-2	≤ 80%
中盈 2015-2	≤ 80%
沪公积金 1 号 2015-1	≤ 80%
沪公积金 2 号 2015-1	≤ 80%
建元 2015-2	≤ 70%
武汉公积金 2016-1	一手房≤ 80%；二手房≤ 70%
杭州公积金 2016-1	≤ 80%
湖州公积金 2016-1	≤ 80%
信融 2016-1	≤ 80%
沪公积金 2016-1	≤ 80%
建元 2016-1	≤ 70%
沪公积金 2016-2	≤ 80%
创盈 2016-1	≤ 70%
家美 2016-1	≤ 70%
中盈 2016-1	≤ 80%
居融 2016-1	≤ 70%
和家 2016-1	≤ 80%
苏福 2016-1	≤ 75%
中盈 2016-2	≤ 80%
建元 2016-2	≤ 80%
建元 2016-3	≤ 80%
企富 2016-13	≤ 70%
中盈 2016-3	≤ 80%
建元 2016-4	≤ 80%
工元 2016-4	≤ 80%
中盈 2017-1	≤ 80%
杭盈 2017-1	—
中盈 2017-2	≤ 80%
建元 2017-1	≤ 80%
建元 2017-2	≤ 80%

数据来源：中债资信根据相关资料整理。

表 7　入池资产期限的合格标准要求

项目简称	初始贷款的期限标准	初始起算日时的期限标准
建元 2005-1	5 年（不含）至 30 年（含）之间	剩余期限不超过 30 年，但也不少于 1 年
建元 2007-1	5 年（不含）至 30 年（含）之间	剩余期限不超过 30 年，但也不少于 1 年
邮元 2014-1	5 年（不含）至 30 年（含）之间	剩余期限不超过 30 年，但也不少于 1 年
招元 2015-1	5 年（不含）至 30 年（含）之间	剩余期限不超过 30 年，但也不少于 1 年
企富 2015-1	5 年（不含）至 30 年（含）之间	剩余期限不超过 30 年，但也不少于 9 个月
和家 2015-1	—	剩余期限不超过 10 年
居融 2015-1	2 年（不含）至 30 年（含）之间	剩余期限不超过 30 年，但也不少于 9 个月
建元 2015-1	5 年（不含）至 30 年（含）之间	剩余期限不超过 30 年，但也不少于 1 年
京诚 2015-2	3 年至 30 年（含）之间	剩余期限不超过 27 年，但也不少于 6 个月
中盈 2015-2	5 年至 20 年（含）之间	剩余期限不超过 10 年，但也不少于 1 年
沪公积金 1 号 2015-1	不超过 20 年（不含） 其中，二手房贷款不超过 15 年	剩余期限不超过 15 年，但也不少于 0.5 年
沪公积金 2 号 2015-1	不超过 20 年， 其中，二手房贷款不超过 15 年	剩余期限不超过 10 年，但也不少于 0.5 年
建元 2015-2	5 年（不含）至 30 年（含）之间	剩余期限不超过 30 年，但也不少于 1 年
武汉公积金 2016-1	—	—
杭州公积金 2016-1	不超过 20 年	剩余期限不超过 10 年，但也不少于 0.5 年
湖州公积金 2016-1	不超过 21 年	剩余期限不超过 10 年，但也不少于 0.5 年
信融 2016-1	4.5 年（不含）至 30 年（含）之间	不超过 15 年，但也不少于 1 年
沪公积金 2016-1	不超过 20 年， 其中，二手房贷款不超过 15 年	剩余期限不超过 15 年，但也不少于 0.5 年
建元 2016-1	5 年（不含）至 30 年（含）之间	剩余期限不超过 30 年，但也不少于 1 年
沪公积金 2016-2	不超过 30 年	剩余期限不超过 29 年
创盈 2016-1	1 年（不含）至 30 年（含）之间	剩余期限不超过 30 年
家美 2016-1	5 年（不含）至 30 年（含）之间	剩余期限不超过 30 年，但不少于 1 年
中盈 2016-1	5 年（含）至 28 年（含）之间	剩余期限不超过 15 年，但也不少于 1 年
居融 2016-1	2 年（不含）至 30 年（含）之间	剩余期限不超过 30 年，但也不少于 9 个月
和家 2016-1	2 年（不含）至 30 年（含）之间	剩余期限不超过 30 年，但也不少于 9 个月
苏福 2016-1	2 年（含）至 21 年（含）之间	剩余期限不超过 19 年，但也不少于 0.5 年
中盈 2016-2	5 年（含）至 30 年（含）之间	剩余期限不超过 15 年，但也不少于 1 年

续表

项目简称	初始贷款的期限标准	初始起算日时的期限标准
建元 2016-2	5 年（不含）至 30 年（含）之间	剩余的还款日不超过 360 个，且不少于 12 个
建元 2016-3	5 年（不含）至 30 年（含）之间	剩余的还款日不超过 360 个，且不少于 12 个
企富 2016-13	5 年（不含）至 30 年（含）之间	剩余期限不超过 30 年，但也不少于 9 个月
中盈 2016-3	5 年（含）至 30 年（含）之间	剩余期限不超过 15 年，但也不少于 0.4 年
建元 2016-4	5 年（不含）至 30 年（含）之间	剩余的还款日不超过 360 个，且不少于 12 个
工元 2016-4	4 年（含）至 25 年（含）之间	剩余期限不超过 15 年，但也不少于 1 年
中盈 2017-1	5 年（含）至 30 年（含）之间	剩余期限不超过 15 年，但也不少于 1 年
杭盈 2017-1	—	—
中盈 2017-2	5 年（含）至 30 年（含）之间	剩余期限不超过 15 年，但也不少于 1 年
建元 2017-1	1 年（不含）至 30 年（含）之间	剩余期限不超过 30 年，但也不少于 1 年
建元 2017-2	1 年（不含）至 30 年（含）之间	剩余期限不超过 30 年，但也不少于 1 年

数据来源：中债资信根据相关资料整理。

表 8　抵押贷款本金区间的合格标准

项目简称	贷款发放时本金区间（万元）	初始起算日本金区间（万元）
建元 2005-1	5~200	5~200
建元 2007-1	5~300	5~300
邮元 2014-1	10~300	10~300
招元 2015-1	10~300	10~300
企富 2015-1	5~500	3~300
和家 2015-1	2.5~2 000	1~1 500
居融 2015-1	5~500	1~500
建元 2015-1	10~300	9.6~300
京诚 2015-2	4~4 000	1~1 800
中盈 2015-2	50~800	5~600
沪公积金 1 号 2015-1	10~90	10~90

续表

项目简称	贷款发放时本金区间（万元）	初始起算日本金区间（万元）
沪公积金 2 号 2015-1	10~80	10~80
建元 2015-2	5~500	10~500
武汉公积金 2016-1	大于 10	5~100
杭州公积金 2016-1	2~100	0.1~100
湖州公积金 2016-1	2~70	0.5~100
信融 2016-1	10~500	4~300
沪公积金 2016-1	10~80	10~80
建元 2016-1	10~500	5~500
沪公积金 2016-2	5~80	5~80
创盈 2016-1	0~500	0~400
家美 2016-1	10~300	10~300
中盈 2016-1	50~800	30~600
居融 2016-1	5~500	1~500
和家 2016-1	0~3 500	0~2 000
苏福 2016-1	5~900	3~700
中盈 2016-2	50~800	30~600
建元 2016-2	10~800	5~600
建元 2016-3	10~800	5~600
企富 2016-13	5~500	3~300
中盈 2016-3	50~800	5~600
建元 2016-4	10~800	5~800
工元 2016-4	10~500	5~500
中盈 2017-1	50~800	30~600
杭盈 2017-1	—	—
中盈 2017-2	25~800	5~600
建元 2017-1	10~800	5~800
建元 2017-2	10~800	5~800

数据来源：中债资信根据相关资料整理。

表 9　入池资产逾期标准

合格标准对应日期	标准	项目名称	单数
初始起算日、信托设立日	借款人迟延支付抵押贷款合同项下到期应付的金额未超过 60 天	邮元 2014-1、招元 2015-1、企富 2015-1、居融 2015-1、建元 2015-1、武汉公积金 2016-1、家美 2016-1、企富 2016-1	8
初始起算日、信托设立日	借款人迟延支付抵押贷款合同项下到期应付的金额未超过 30 天	京诚 2015-2、沪公积金 1 号 2015-1、沪公积金 2 号 2015-1、杭州公积金 2016-1、湖州公积金 2016-1、信融 2016-1、苏福 2016-1	7
初始起算日、信托设立日	借款人无迟延支付抵押贷款合同项下到期应付款项的情形	中盈 2015-2、中盈 2016-1、中盈 2016-2、中盈 2016-3、中盈 2017-1、中盈 2017-2	6
初始起算日、信托设立日	抵押贷款按照发起机构的五级分类属于正常类	建元 2015-2、建元 2016-2、建元 2016-3、建元 2016-4、工元 2016-4	5
初始起算日	借款人迟延支付抵押贷款合同项下到期应付的金额未超过 90 天	建元 2007-1	1
初始起算日	借款人迟延支付抵押贷款合同项下到期应付的金额未超过 60 天	居融 2016-1	1
初始起算日	借款人迟延支付抵押贷款合同项下到期应付的金额未超过 30 天	建元 2005-1、沪公积金 2016-1、创盈 2016-1	3
初始起算日	借款人无迟延支付抵押贷款合同项下到期应付款项的情形	和家 2015-1、和家 2016-1、杭盈 2017-1	3
初始起算日	抵押贷款按照发起机构的五级分类属于正常类	建元 2016-1、建元 2017-1、建元 2017-2	3
初始起算日	借款人迟延支付公积金贷款金额未超过 30 天且组合贷款合同项下的个人住房商业性贷款符合放款银行五级分类标准中的正常类标准	沪公积金 2016-2	1

数据来源：中债资信根据相关资料整理。

③抵押房产

抵押房产是指作为抵押权或抵押权预告登记权益标的的住宅房屋。合格标准中有规定如下：

- 于初始起算日，抵押担保已在中国相关的房地产登记机关办理完第一顺序抵押预登记或登记手续，登记的第一顺序抵押权人为发起机构，保证发起机构在处置抵押物之后，有优先受偿权；
- 抵押贷款的相关抵押房产不属于自建房屋；
- 公积金项目[①]规定抵押房产均为具有完全产权的房屋，不包含共有产权保障住房（经济适用住房）。

3. 交易结构分析

交易结构安排是资产证券化的重要环节，包括信用增信措施、支付顺序、信用触发机制等，都会一定程度降低优先档证券发生损失的可能性。以下从三方面对交易结构的设计进行分析探讨。

（1）增信措施

目前 RMBS 产品的交易结构都会设置信用增信措施，主要的信用增信措施包括：

①优先 / 次级分层设计

这是指将整个证券划分为优先档证券和次级档证券，资产池的回收款按照约定先支付优先档本金再支付次级档本金，次级档为优先档证券提供信用损失保护，目前发行的所有产品都进行了优先 / 次级的分层设计，绝大部分产品仅设置了优先 A 档，只有不到一半的产品设置了优先 B 档，优先 B 档与次级档证券为优先 A 档提供信用支持，次级档为优先 B 档提供信用支持。

②本金账户与收益账户的互转机制

这是指为了确保优先级费用及证券利息支付，本金账在支付本金之前，会对收益账进行差额补足，收益账在支付完优先级费用及证券利息之后，若有剩余，会转移到本金账户，目前所有产品都设置了互转机制。

① 武汉公积金 2016-1、沪公积金 2016-2 没有这项要求。

③超额抵押

这是指在初始起算日资产池余额超过资产支持证券本金余额的部分，超额抵押的现金流可用于弥补因低利率贷款或因贷款违约等因素造成的回收款不足。由于公积金项目的资产端利率较低，无法满足证券端利率需求，因此，都会设置超额抵押的内部增信结构[①]。初期未设置“超额抵押”增信措施的债券，随着后续证券的支付，也会出现超额抵押，2017 年跟踪发现有两只证券[②]的超额抵押在跟踪评级基准日为负值，主要是因为封包期利息不入池，资产池的利息回收款不足以支付应付利息及费用，在本金账回补收入账的交易结构下，利息和费用得以足额支付，未发生流动性风险事件。

④发起机构贴息

这是指发起机构在每一个回收款转付日，按上一回收款转付期间的期初未偿本金余额的一定比例向信托财产贴息，为证券端的支付提供现金流。截至目前，杭州公积金 2016-1 采用了这种方式的内部增信措施。

⑤信托（流动性）储备账户

这是指信托账户下设的一个分账户，受托人在每个信托分配日向该账户中转入必备（流动性）储备金额，并在下一个信托分配日将该账户中的余额转入收入分账户用于按照《信托合同》约定的顺序进行分配，必备流动性金额因不同项目规定不同，一般与贷款服务机构的信用评级相关联，若贷款服务机构具备必备信用等级，则为零，若不具备，则为优先级费用与优先档利息的一定倍数。目前，建元 2005-1、建元 2007-1、家美 2016-1 设置了信托（流动性）储备账户的内部增信结构。

⑥超额利差

这是指资产端的利率超出证券端利率的部分，大部分项目会选择封包期内的利息入池，而证券端在此期间不支付利息，这部分累计利息会为后续的支付提供信用支持。已发行项目中，封包期最长的为居融 2015-1，封

① 武汉公积金 2016-1、杭州公积金 2016-1 未设置“超额抵押”。

② 建元 2016-4、武汉公积金 2016-1。

包期为 8~9 个月，封包期最短的为建元 2005-1，封包期为 1~3 个月，整体平均封包期为 4~5 个月。封包期的利息基本上都会入池，只有招元 2015-1、企富 2015-1、和家 2016-1 三单项目的封包期利息没有入池。

⑦封包期赎回

封包期内赎回是指贷款服务机构保证在信托设立日，资产包中不存在不良资产①，对于不满足合格标准的资产进行赎回。目前发行的 RMBS 产品中，有 26 单产品保证在初始起算日和信托设立日基础资产为非不良资产，具体见表 10。贷款服务机构的这种资产保证，可以在一定程度上提高整个资产池的信用质量，降低违约概率。但如果是采用现金赎回的方式，若未来这一部分不良资产（目前替换成了现金）转为正常，就会损失掉未来的利息。所以封包期内赎回对证券偿付是否为正向影响，会取决于赎回方式以及发起机构本身的赎回能力。

表 10　不同日期下入池资产逾期状态需要满足的条件

合格标准对应日期	资产满足条件	项目名称	单数
初始起算日、信托设立日	借款人迟延支付抵押贷款合同项下到期应付的金额未超过 60 天	邮元 2014-1、招元 2015-1、企富 2015-1、居融 2015-1、建元 2015-1、武汉公积金 2016-1、家美 2016-1、企富 2016-1	8
初始起算日、信托设立日	借款人迟延支付抵押贷款合同项下到期应付的金额未超过 30 天	京诚 2015-2、沪公积金 1 号 2015-1、沪公积金 2 号 2015-1、杭州公积金 2016-1、湖州公积金 2016-1、信融 2016-1、苏福 2016-1	7
初始起算日、信托设立日	借款人无迟延支付抵押贷款合同项下到期应付款项的情形	中盈 2015-2、中盈 2016-1、中盈 2016-2、中盈 2016-3、中盈 2017-1、中盈 2017-2	6
初始起算日、信托设立日	抵押贷款按照发起机构的五级分类属于正常类	建元 2015-2、建元 2016-2、建元 2016-3、建元 2016-4、工元 2016-4	5
初始起算日	借款人迟延支付抵押贷款合同项下到期应付的金额未超过 90 天	建元 2007-1	1

① 不一定保证一定是正常类资产，允许逾期情况的出现，赎回也只是对逾期超过合格标准规定天数的贷款进行赎回。

续表

合格标准对应日期	资产满足条件	项目名称	单数
初始起算日	借款人迟延支付抵押贷款合同项下到期应付的金额未超过60天	居融2016-1	1
初始起算日	借款人迟延支付抵押贷款合同项下到期应付的金额未超过30天	建元2005-1、沪公积金2016-1、创盈2016-1	3
初始起算日	借款人无迟延支付抵押贷款合同项下到期应付款项的情形	和家2015-1、和家2016-1、杭盈2017-1	3
初始起算日	抵押贷款按照发起机构的五级分类属于正常类	建元2016-1、建元2017-1、建元2017-2	3
初始起算日	借款人迟延支付公积金贷款金额未超过30天且组合贷款合同项下的个人住房商业性贷款符合放款银行五级分类标准中的正常类标准	沪公积金2016-2	1

数据来源：中债资信根据相关资料整理。

（2）支付顺序

我国目前发行的RMBS产品支付顺序大体一致，违约发生前区分收入账、本金账，收入账优先支付各中介机构报酬及优先档利息，多余部分转入本金账，与本金账一起依次支付证券本金，不足部分由本金账回补，违约发生后不再区分收入账、本金账，具体以中盈2016-3举例说明；比较特殊的为家美2016-3，优先A-1、优先A-2采用固定摊还的方式支付，以下着重说明。

①中盈2016-3支付顺序

违约发生前会涉及到收入账、本金账，违约发生之后不区分账户。违约发生前的收入账在支付完税费及优先费用之后，依次支付优先A-1级、优先A-2级、优先A-3级的利息，再支付优先B档的利息。对于本金账，在未发生加速清偿事件时，按顺序支付优先A-1级、优先A-2级、优先A-3级的本金，然后支付优先B的本金；若发生加速清偿事件，则按顺序同比例支付优先A-1级、优先A-2级、优先A-3级的本金，再支付优先B的本金。

违约发生后，先支付优先A档的利息、优先A档的本金，再支付优先 B 档的利息、优先 B 档的本金。

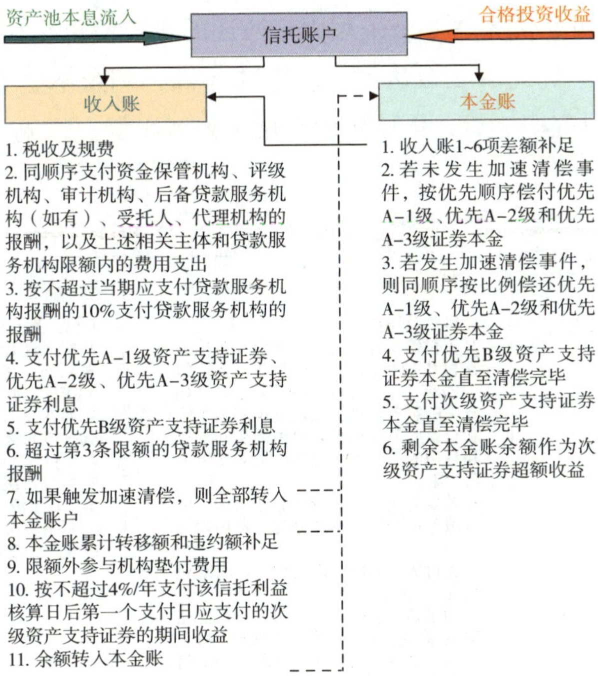

图 6　中盈 2016-3 违约事件发生前的现金流支付机制

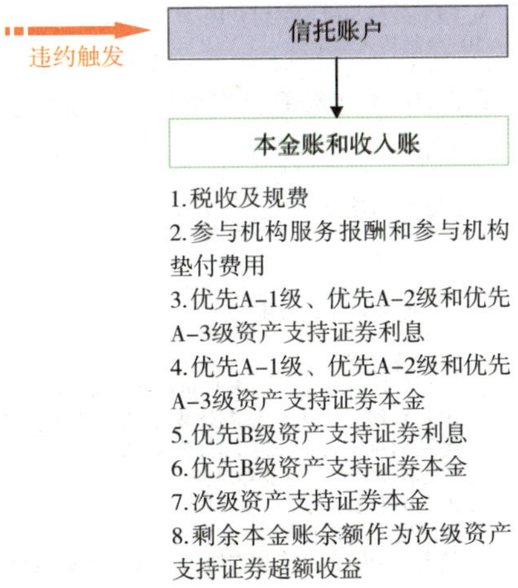

图 7　中盈 2016-3 违约事件发生后的现金流支付机制

②家美 2016-1 支付顺序

该单项目会通过累计违约率的大小来决定优先 B 档利息的支付顺序，并且优先 A-1 级、优先 A-2 级采用固定摊还的方式偿付，在本金偿付时，若优先 A-1 级、优先 A-2 级达到了固定摊还额，剩余本金支付优先 A3，当优先 A3 支付完毕之后，再按比例支付优先 A-1 级、优先 A-2 级。

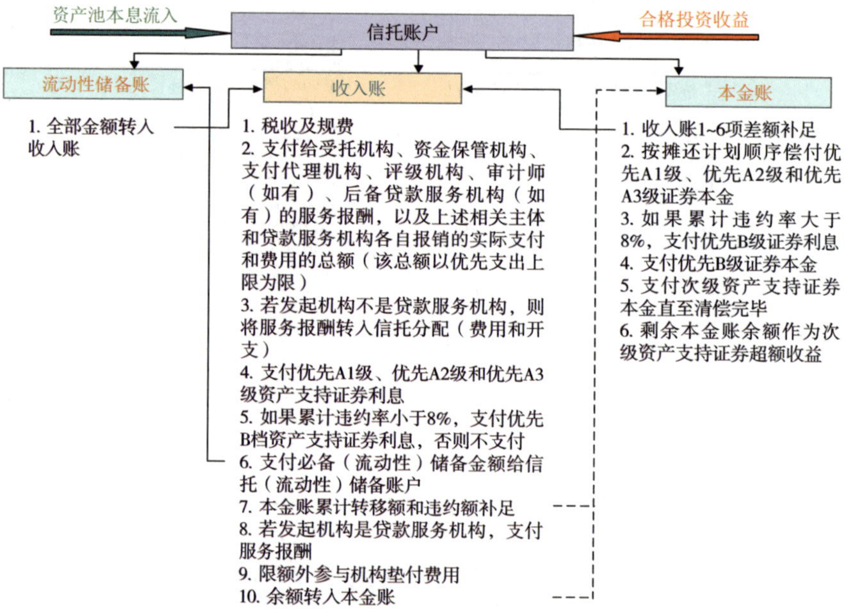

图 8　家美 2016-1 违约事件发生前的现金流支付机制

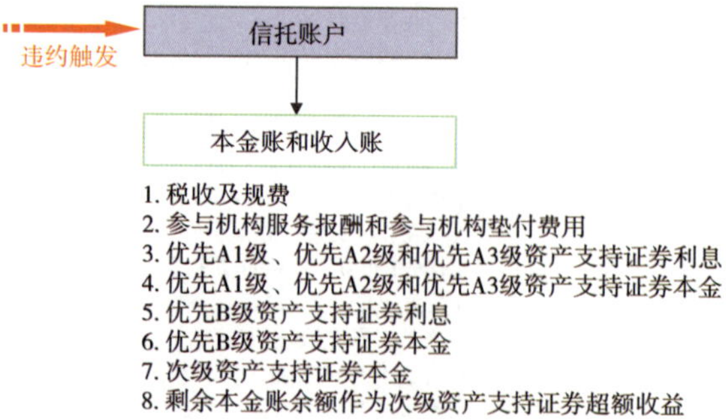

图 9　家美 2016-1 违约事件发生后的现金流支付机制

（3）触发机制

在信用事件触发机制的设置上，绝大部分产品都设置了加速清偿与违约事件触发机制，一旦触发信用机制，将引致基础资产现金流支付机制的重新安排，以保证优先级证券的偿付。

当触发了加速清偿事件后，收益账资金在支付完税费及优先档证券利息后，将不会支付次级档证券期间收益，而是将收益账中的剩余资金全部转入本金账，用于对优先级证券本金的支付；对于优先 A 档进行拆分（即设计了优先 A-1 级、优先 A-2 级等的证券）的证券而言，触发加速清偿事件后，优先 A 档会从按顺序支付变为同顺序按比例支付。

当触发了违约事件后，将不再区分本金账与收益账，且在支付完税费后将按照优先 A 档证券利息、本金，优先 B 档证券利息、本金，次级档本金，次级档收益的顺序支付，充分体现劣后档证券对优先档证券的保护。

①加速清偿事件

会触发加速清偿的事件分为自动生效和需经宣布生效两种事件，具体如下：

自动生效的加速清偿事件包括：累计违约率[①]，交易文件中一般规定，在信托生效日之后的相应周年年度内，某一“收款期间”结束时的“累计违约率”超过与之相对应数值时触发加速清偿，公积金项目第一年最低的为 0.5%，商业银行项目第一年最低的为 1.5%，最高的为第十年以后各年 9%，逐年递增（具体见表 11）。严重拖欠率[②]，在部分项目中也是触发加

① 就某一收款期间而言，该收款期间的累计违约率是指 A/B 所得的百分比，其中，A 为该收款期间以及之前各收款期间内的所有违约贷款在成为违约贷款时的未偿本金余额之和，B 为初始起算日资产池余额。

② 就某一收款期间而言，是指 A/（B-C）。其中，A 为该收款期间之最后一日日终时所有严重拖欠抵押贷款的未偿本金余额之和；B 为初始起算日资产池余额；C 为从初始起算日至该收款期间之最后一日日终时所有已从资产池内回收的本金回收款之和。严重拖欠抵押贷款，是指根据贷款服务机构标准服务程序的规定，抵押贷款合同项下本息的任何部分在支付日后逾期超过 90 日（不含）但不超过 180 日（含）的抵押贷款，部分银行约定逾期超过 60 日（不含）但不超过 90 日（含）的。

速清偿的条件之一，一般设置为 2%，和家 2016-1 设置较高为 7%。这两个量化条件设置得越高，越不容易触发加速清偿，对优先级证券的支付保护越小。一些非量化的条件包括发起机构丧失清偿能力、贷款服务机构解任、贷款服务机构未按时转付、后备贷款服务机构缺位等。较为特殊的一个条件是，部分项目[①]规定在优先级资产支持证券预期到期日前第一个信托分配日，按照《信托合同》分配顺序无法足额分配优先级资产支持证券的未偿本金余额的，也会触发加速清偿。

需经资产支持证券持有人大会宣布生效的加速清偿事件包括：发起机构或贷款服务机构未能履约并补救不及时，发起机构的陈述保证不实，发生对贷款服务机构、发起机构、受托机构或者抵押贷款抵押权附属担保权益有重大不利影响的事件，交易文件终止产生重大不利影响等。

表 11　触发加速清偿事件的累积违约率设置

项目简称	第一年	第二年	第三年	第四年	第五年	第六年及以后
建元 2005-1	2.00%	3.30%	4.50%	5.80%	7.00%	8.00%
建元 2007-1	2.00%	3.30%	4.50%	5.80%	7.00%	8.00%
招元 2015-1	1.50%	2.00%	2.50%	3.00%	3.50%	3.50%
和家 2015-1	1.50%	2.00%	2.50%	3.00%	3.50%	3.50%
居融 2015-1	1.50%	2.00%	3.00%	4.00%	5.00%	5.00%
建元 2015-1	2.00%	3.30%	4.50%	5.80%	7.00%	8.00%
京诚 2015-2	1.50%	2.50%	3.50%	4.50%	5.00%	5.00%
中盈 2015-2	1.50%	2.00%	2.50%	3.00%	3.50%	3.50%
沪公积金 1 号 2015-1	0.50%	1.50%	1.50%	1.50%	1.50%	3.00%
沪公积金 2 号 2015-1	0.50%	1.50%	1.50%	1.50%	1.50%	3.00%
建元 2015-2	2.00%	3.30%	4.50%	5.80%	7.00%	8.00%
杭州公积金 2016-1	在信托期限内，某一收款期间结束时的累计违约率超过 5%					
湖州公积金 2016-1	在信托期限内，某一收款期间结束时的累计违约率超过 5%					

① 招元 2015-1、和家 2015-1、京诚 2015-2、中盈 2015-2、中盈 2016-1、中盈 2016-3。

续表

项目简称	第一年	第二年	第三年	第四年	第五年	第六年及以后
信融 2016-1	1.50%	3.00%	3.00%	4.00%	4.00%	5.00%
沪公积金 2016-1	0.50%	1.50%	1.50%	1.50%	1.50%	3.00%
建元 2016-1	2.00%	3.30%	4.50%	5.80%	7.00%	8.00%
沪公积金 2016-2	0.50%	1.50%	1.50%	1.50%	1.50%	第六年至第十年为 3%，第十一年及以后为 6%
创盈 2016-1	2.50%	3.50%	4.50%	5.50%	6.50%	6.50%
家美 2016-1	未设置					
中盈 2016-1	1.50%	2.00%	2.50%	3.00%	3.50%	3.50%
居融 2016-1	1.50%	2.00%	3.00%	4.00%	5.00%	5.00%
和家 2016-1	1.50%	2.50%	3.50%	4.50%	第五到第十年为 7%，第十年以后为 9%	
苏福 2016-1	4.50%	4.50%	10.00%	10.00%	10.00%	10.00%
中盈 2016-2	1.50%	2.00%	2.50%	3.00%	3.50%	3.50%
建元 2016-2	2.00%	3.30%	4.50%	5.80%	7.00%	8.00%
建元 2016-3	2.00%	3.30%	4.50%	5.80%	7.00%	8.00%
企富 2016-13	1.50%	2.00%	3.00%	4.00%	5.00%	5.00%
中盈 2016-3	1.50%	2.00%	2.50%	3.00%	3.50%	3.50%
建元 2016-4	2.00%	3.30%	4.50%	5.80%	7.00%	8.00%
工元 2016-4	1.50%	2.00%	2.50%	3.00%	3.50%	3.50%
中盈 2017-1	1.50%	2.00%	2.50%	3.00%	3.50%	3.50%
杭盈 2017-1	1.50%	2.50%	3.50%	4.50%	5.00%	5.00%
中盈 2017-2	1.50%	2.00%	2.50%	3.00%	3.50%	3.50%
建元 2017-1	2.00%	3.30%	4.50%	5.80%	7.00%	8.00%
建元 2017-2	2.00%	3.30%	4.50%	5.80%	7.00%	8.00%

注：第一年、第二年等是指在交割日后的相应周年年度内，某一收款期间结束时的累计违约率超过与之相对应的值，若某一项目只涉及到第三年的数据，意味着之后几年的累积违约率与第三年设置一致，邮元 2014-1、企富 2015-1、武汉公积金 2016-1 未涉及“加速清偿事件”。

数据来源：中债资信根据相关资料整理。

②违约事件

主要的两个量化违约事件为：

利息违约：受托机构未能在支付日后允许的宽限期内，足额支付当时存在的最高级别的优先级资产支持证券应付未付利息的，但只要当时存在的最高级别的优先级资产支持证券的应付未付利息得到足额支付，即使其他低级别的优先级资产支持证券应付未付利息、次级资产支持证券收益未能得到足额支付的，也不构成违约事件（少数项目[①]约定，对当时存在的全部优先级资产支持证券的利息未能足额获得分配的就构成违约事件）。

本金违约：受托机构未能在法定最终到期日后允许的宽限期内，对当时应偿付但尚未清偿的资产支持证券还本的。

特殊项目：邮储银行发行的家美 2016-1 的违约事件，除上文提到的两项之外，还规定，若受托人未能在法定到期日后 5 个工作日内（或在资产支持证券持有人大会允许的宽限期内）足额支付优先 B 级资产支持证券应付未付利息的，属于违约事件。

（4）其他公积金项目的特殊交易结构

与商业银行 RMBS 相比，由于公积金贷款的利率普遍较低，存在资产池利率可能无法完全覆盖税费、服务费率及证券票面利率的风险，使得在一定条件下会损失部分次级资产收益以保证优先级证券本息的正常兑付。为了避免证券次级厚度过高影响销售以及资产出表等，通常会通过多种增信措施的交易结构设置来降低证券的次级厚度。常用的方法包括：延长证券的封包期，增加封包期利息收入对证券本息偿付的支持；发起机构向信托财产账户进行贴息，通过贴息金额对证券本息的偿付提供支持；设置超额抵押，由超额抵押资产为优先档证券本息的偿付提供支撑。

4. 证券分层设计分析

证券分层设计是指证券的优先 / 次级分层结构、比例及偿付方式，不

① 中盈 2016-2、中盈 2016-3、工元 2016-4、中盈 2017-1。

同的证券设计会使得证券表现出不同的期限结构，下文主要从已发行产品的分层概况、不同类型的偿付方式、期限表现等方面进行论述。

在信用级别给定的情况下，影响证券分层厚度的因素主要包括：银行历史数据表现、资产池的选择及交易结构安排等。银行历史数据表现，一方面，代表了银行历史贷款的违约水平，以及银行针对违约贷款的尽职能力，历史数据表现越好，映射到资产池上，资产池的违约水平就会越低，优先档所需要的信用增级越小；另一方面，历史数据表现也会反映借款人的提前还款情况，提前还款越高，贷款未来发生违约的可能性越低，同时贷款未来的利息流入越低，其最终影响结果取决于资产端现金流的流入及证券端的流出情况。资产池的选择，是从静态池数据中挑选出来的符合一定合格标准的资产。一方面，资产池表现出来的账龄、剩余期限、历史逾期情况等在一定程度上都会影响到资产池整体违约水平，随着入池贷款的账龄增加，违约率先升后降，因此账龄对违约水平的影响取决于银行借款人的特点，若账龄超过违约上升拐点，违约水平会下降，剩余期限越短，违约率水平越低，入池贷款中历史逾期天数较长的贷款越少，违约水平越低；另一方面，资产池中一二线城市的占比越高、LTV 越低，整体的回收会更好，出现违约之后的损失风险会较低，优先档达到相应级别所需要的信用增级越小。交易结构安排是发行资产证券化产品的重要环节，信用触发机制、流动性安排、现金流支付顺序、封包期长短、支付日的设置等的改变，都会影响到证券的分层结果。在信用触发机制方面，主要关注信用触发条件的设置、触发信用事件前后现金流支付顺序的变化；在流动性安排方面，主要关注流动性准备金资金来源、准备金计提规模、准备金启用条件、启用后现金流支付顺序的变化、准备金回补机制、流动性准备金账户监管完备性等；在现金流支付顺序方面，主要关注交易结构中对于违约事件发生前和违约事件发生后的现金流支付机制，中介机构费用的支付顺序等。对于不同的证券设计，同样的现金流入，对受评证券本息偿付的保障程度不同，进而影响到分层结果。

（1）证券分层统计

目前我国发行的 RMBS 都是按照优先 A 档、优先 B 档、次级档来进行结构设计，部分发起机构会将优先 A 档拆分为优先 A-1 级、优先 A-2 级、优先 A-3 级。其中，设计了优先 B 档的证券共 15 单，占比不到 40%（具体见表 12）。优先 A 档的信用支持平均为 11.58%，优先 B 档的信用支持平均为 8.43%，具体详见下文。

表 12　2005—2017 年上半年发行 RMBS 产品分层设计

分层设计	项目个数	项目名称	发起机构
优先档	7	沪公积金 2 号 2015-1、武汉公积金 2016-1、湖州公积金 2016-1、沪公积金 2016-1、沪公积金 2016-2、建元 2016-4、杭盈 2017-1	公积金中心 中国建设银行 杭州银行
优先 A-1 级 / 优先 A-2 级	8	沪公积金 1 号 2015-1、杭州公积金 2016-1、创盈 2016-1、建元 2016-3、企富 2016-13、中盈 2017-1、中盈 2017-2、建元 2017-1	公积金中心 徽商银行 中国建设银行 中国民生银行 中国银行
优先 A-1 级 / 优先 A-2 级 / 优先 A3	8	建元 2015-1、建元 2015-2、建元 2016-1、中盈 2016-1、和家 2016-1、建元 2016-2、工元 2016-4、建元 2017-2	中国建设银行 中国银行 招商银行 中国工商银行
优先 A/ 优先 B	4	邮元 2014-1、企富 2015-1、居融 2016-1、苏福 2016-1	邮储银行 中国民生银行 江南农商行 苏州银行
优先 A-1 级 / 优先 A-2 级 / 优先 B	4	招元 2015-1、居融 2015-1、京诚 2015-2、信融 2016-1	招商银行 江南农商行 北京银行 顺德农商行
优先 A-1 级 / 优先 A-2 级 / 优先 A3/ 优先 B	5	和家 2015-1、中盈 2015-2、家美 2016-1、中盈 2016-2、中盈 2016-3	招商银行 中国银行 邮储银行
优先 A/ 优先 B/ 优先 C	2	建元 2005-1、建元 2007-1	中国建设银行

数据来源：中债资信根据相关资料整理。

①整体分层情况

● 从产品的分层结果看（见表 13），2012 年资产证券化重启以来，优先 A 档信用增级量最小的是 2016 年工商银行发行的工元 2016-4，次级厚度为 5.75%，工商银行此单项目次级厚度较薄的主要原因有以下几点：第一，发起机构的历史数据表现良好，整体违约水平较低；第二，入池贷款加权平均剩余期限（9.07 年）小于 38 单的整体水平（11.24 年）；第三，入池贷款的历史逾期情况表现较好，连续逾期 1 期以上的贷款（余额）占比为 0.09%；第四，抵押物地区分布中一二线城市的占比高达 92.18%，回收率水平很高，在一定程度上降低了违约之后的损失风险。

● 从各种类型发起机构的信用增级量水平看（见表 15），就商业银行而言，全国性银行优先 A 档、优先 B 档的增级量都是最小的，主要原因在于这类银行的信用风险管理水平较高，资产违约风险较低；地区性银行与全国性国有银行相比，风控水平较弱，并且抵押物的分布较为集中，同样的级别所需要的信用增级量就会更高。公积金中心共发行 7 单，其中 4 单是上海公积金贷款，抵押物虽然分布集中，但上海整体房价走高，回收很高，优先 A 档达到相应级别需要的信用支持较低。

表 13 2005—2017 年上半年各档证券信用增级量

项目简称	偿付顺序	发行总额	计息起始日	到期日期	债券期限（年）	中债评级	信用增级量
建元 2005-1	优先 A	266 976.45	2005/12/19	2037/11/26	31.96	AAA	11.50%
建元 2005-1	优先 B	20 362.61	2005/12/19	2037/11/26	31.96	A	4.75%
建元 2005-1	优先 C	5 279.19	2005/12/19	2037/11/26	31.96	BBB	3.00%
建元 2007-1	优先 A	358 234.86	2007/12/14	2039/1/26	31.14	AAA	13.90%
建元 2007-1	优先 B	35 615.45	2007/12/14	2039/1/26	31.14	A	5.34%
建元 2007-1	优先 C	8 238.00	2007/12/14	2039/1/26	31.14	BBB	3.36%
邮元 2014-1	优先 A	599 600.00	2014/7/25	2039/12/31	25.45	AAA	12.01%
邮元 2014-1	优先 B	47 700.00	2014/7/25	2039/12/31	25.45	A-	5.01%

续表

项目简称	偿付顺序	发行总额	计息起始日	到期日期	债券期限（年）	中债评级	信用增级量
招元 2015-1	优先 A-1 级	20 000.00	2015/3/10	2015/4/26	0.13	AAA	12.95%
招元 2015-1	优先 A-2 级	254 200.00	2015/3/10	2021/2/26	5.97	AAA	12.95%
招元 2015-1	优先 B	22 200.00	2015/3/10	2021/11/26	6.72	AA−	5.90%
企富 2015-1	优先 A	67 000.00	2015/7/15	2025/11/26	10.38	AAA	14.05%
企富 2015-1	优先 B	7 000.00	2015/7/15	2027/6/26	11.96	A+	5.07%
和家 2015-1	优先 A-1 级	16 000.00	2015/9/23	2015/12/26	0.26	AAA	13.00%
和家 2015-1	优先 A-2 级	32 000.00	2015/9/23	2016/8/26	0.93	AAA	13.00%
和家 2015-1	优先 A3	304 330.00	2015/9/23	2022/1/26	6.35	AAA	13.00%
和家 2015-1	优先 B	24 500.30	2015/9/23	2022/11/26	7.18	AA−	6.95%
居融 2015-1	优先 A-1 级	5 000.00	2015/9/25	2015/10/26	0.08	AAA	22.00%
居融 2015-1	优先 A-2 级	61 165.12	2015/9/25	2023/7/26	7.84	AAA	22.00%
居融 2015-1	优先 B	8 482.71	2015/9/25	2025/4/26	9.59	AA	12.00%
建元 2015-1	优先 A-1 级	50 000.00	2015/9/29	2019/10/26	4.08	AAA	12.15%
建元 2015-1	优先 A-2 级	31 500.00	2015/9/29	2022/12/26	7.25	AAA	12.15%
建元 2015-1	优先 A3	61 000.00	2015/9/29	2030/10/26	15.08	AAA	12.15%
京诚 2015-2	优先 A-1 级	17 000.00	2015/10/21	2015/11/26	0.10	AAA	13.71%
京诚 2015-2	优先 A-2 级	241 000.00	2015/10/21	2022/11/26	7.10	AAA	13.71%
京诚 2015-2	优先 B	21 000.00	2015/10/21	2023/11/26	8.10	AA−	6.68%
中盈 2015-2	优先 A-1 级	30 000.00	2015/11/25	2015/12/26	0.08	AAA	11.68%
中盈 2015-2	优先 A-2 级	40 000.00	2015/11/25	2016/7/26	0.67	AAA	11.68%
中盈 2015-2	优先 A3	327 300.00	2015/11/25	2020/12/26	5.09	AAA	11.68%
中盈 2015-2	优先 B	17 000.00	2015/11/25	2021/5/26	5.50	AA−	7.90%
沪公积金 1 号 2015-1	优先 A-1 级	48 490.00	2015/12/9	2018/12/26	3.05	AAA	12.17%
沪公积金 1 号 2015-1	优先 A-2 级	134 500.00	2015/12/9	2028/9/26	12.81	AAA	12.17%
沪公积金 2 号 2015-1	优先档	466 990.00	2015/12/9	2022/9/26	6.80	AAA	8.47%
建元 2015-2	优先 A-1 级	241 000.00	2015/12/24	2018/4/26	2.34	AAA	9.97%
建元 2015-2	优先 A-2 级	80 000.00	2015/12/24	2019/1/26	3.09	AAA	9.97%

续表

项目简称	偿付顺序	发行总额	计息起始日	到期日期	债券期限（年）	中债评级	信用增级量
建元 2015-2	优先 A3	403 000.00	2015/12/24	2026/8/26	10.68	AAA	9.97%
武汉公积金 2016-1	优先档	176 000.00	2016/3/15	2031/12/26	15.79	AAA	13.75%
杭州公积金 2016-1	优先 A-1 级	60 000.00	2016/3/17	2018/11/26	2.70	AAA	6.97%
杭州公积金 2016-1	优先 A-2 级	33 000.00	2016/3/17	2021/9/26	5.53	AAA	6.97%
湖州公积金 2016-1	优先 A	48 800.00	2016/3/17	2023/3/26	7.03	AAA	11.77%
信融 2016-1	优先 A-1 级	50 000.00	2016/3/18	2018/4/26	2.11		17.76%
信融 2016-1	优先 A-2 级	108 000.00	2016/3/18	2025/1/26	8.87	AAA	17.76%
信融 2016-1	优先 B	7 800.00	2016/3/18	2025/9/26	9.53	AA+	13.70%
沪公积金 2016-1	优先档	1 375 000.00	2016/5/5	2028/8/26	12.32	AAA	10.39%
建元 2016-1	优先 A-1 级	243 717.00	2016/6/8	2018/11/26	2.47	AAA	10.86%
建元 2016-1	优先 A-2 级	194 973.00	2016/6/8	2021/1/26	4.64	AAA	10.86%
建元 2016-1	优先 A3	430 307.00	2016/6/8	2027/2/26	10.73	AAA	10.86%
沪公积金 2016-2	优先档	1 520 000.00	2016/6/17	2032/4/26	15.87	AAA	9.27%
创盈 2016-1	优先 A-1 级	45 000.00	2016/7/13	2021/7/26	5.04	AAA	10.32%
创盈 2016-1	优先 A-2 级	11 400.00	2016/7/13	2023/8/26	7.12	AAA	10.32%
家美 2016-1	优先 A-1 级	50 000.00	2016/7/13	2017/8/26	1.12	AAA	13.33%
家美 2016-1	优先 A-2 级	90 000.00	2016/7/13	2020/5/26	3.87	AAA	13.33%
家美 2016-1	优先 A3	190 800.00	2016/7/13	2025/11/26	9.38	AAA	13.33%
家美 2016-1	优先 B	15 600.00	2016/7/13	2026/10/26	10.29	AA	9.24%
中盈 2016-1	优先 A-1 级	156 364.00	2016/9/8	2017/5/26	0.71	AAA	9.75%
中盈 2016-1	优先 A-2 级	552 486.00	2016/9/8	2022/6/26	5.80	AAA	9.75%
中盈 2016-1	优先 A3	231 940.00	2016/9/8	2025/3/26	8.55	AAA	9.75%
居融 2016-1	优先 A	116 970.00	2016/9/9	2027/6/26	10.80	AAA	21.83%
居融 2016-1	优先 B	10 320.00	2016/9/9	2028/10/26	12.14	AA	14.93%
和家 2016-1	优先 A-1 级	143 500.00	2016/9/13	2018/9/26	2.04	AAA	10.41%
和家 2016-1	优先 A-2 级	435 000.00	2016/9/13	2024/2/26	7.46	AAA	10.41%
和家 2016-1	优先 A3	319 000.00	2016/9/13	2030/2/26	13.46	AAA	10.41%
苏福 2016-1	优先 A	41 700.00	2016/10/18	2025/5/26	8.61	AAA	17.87%
苏福 2016-1	优先 B	2 000.00	2016/10/18	2025/12/26	9.19	AA+	13.93%

续表

项目简称	偿付顺序	发行总额	计息起始日	到期日期	债券期限（年）	中债评级	信用增级量
中盈 2016-2	优先 A-1 级	200 000.00	2016/10/27	2017/12/26	1.16	AAA	9.19%
中盈 2016-2	优先 A-2 级	400 000.00	2016/10/27	2021/6/26	4.67	AAA	9.19%
中盈 2016-2	优先 A3	343 600.00	2016/10/27	2025/10/26	9.00	AAA	9.19%
中盈 2016-2	优先 B	17 100.00	2016/10/27	2026/3/26	9.42	AA	7.55%
建元 2016-2	优先 A-1 级	150 000.00	2016/11/29	2018/10/26	1.91	AAA	10.18%
建元 2016-2	优先 A-2 级	300 000.00	2016/11/29	2022/11/26	5.99	AAA	10.18%
建元 2016-2	优先 A3	365 000.00	2016/11/29	2029/6/26	12.58	AAA	10.18%
建元 2016-3	优先 A-1 级	150 000.00	2016/12/13	2021/2/26	4.21	AAA	8.17%
建元 2016-3	优先 A-2 级	587 600.00	2016/12/13	2027/9/26	10.79	AAA	8.17%
企富 2016-13	优先 A-1 级	100 000.00	2016/12/14	2021/2/26	4.21	AAA	10.99%
企富 2016-13	优先 A-2 级	709 000.00	2016/12/14	2029/1/26	12.13	AAA	10.99%
中盈 2016-3	优先 A-1 级	200 000.00	2016/12/22	2018/1/26	1.10	AAA	9.93%
中盈 2016-3	优先 A-2 级	450 000.00	2016/12/22	2021/12/26	5.01	AAA	9.93%
中盈 2016-3	优先 A3	262 000.00	2016/12/22	2025/1/26	8.10	AAA	9.93%
中盈 2016-3	优先 B	25 000.00	2016/12/22	2025/5/26	8.43	AA	7.46%
建元 2016-4	优先 A	867 000.00	2016/12/23	2026/4/26	9.35	AAA	7.92%
工元 2016-4	优先 A-1 级	150 000.00	2016/12/27	2017/8/26	0.66	AAA	5.75%
工元 2016-4	优先 A-2 级	410 000.00	2016/12/27	2021/1/26	4.08	AAA	5.75%
工元 2016-4	优先 A3	406 500.00	2016/12/27	2026/5/26	9.42	AAA	5.75%
中盈 2017-1	优先 A-1 级	288 500.00	2017/1/24	2021/6/26	4.42	AAA	8.58%
中盈 2017-1	优先 A-2 级	653 500.00	2017/1/24	2027/4/26	10.26	AAA	8.58%
杭盈 2017-1	优先 A	357 700.00	2017/3/24	2027/10/26	10.60	AAA	11.85%
中盈 2017-2	优先 A-1 级	120 000.00	2017/3/30	2020/7/26	3.33	AAA	9.33%
中盈 2017-2	优先 A-2 级	317 500.00	2017/3/30	2026/5/26	9.16	AAA	9.33%
建元 2017-1	优先 A-1 级	300 000.00	2017/5/23	2021/2/26	3.77	AAA	7.49%
建元 2017-1	优先 A-2 级	623 700.00	2017/5/23	2027/6/26	10.10	AAA	7.49%
建元 2017-2	优先 A-1 级	50 000.00	2017/5/31	2018/3/26	0.82	AAA	9.01%
建元 2017-2	优先 A-2 级	400 000.00	2017/5/31	2020/2/26	2.74	AAA	9.01%
建元 2017-2	优先 A3	459 400.00	2017/5/31	2024/2/26	6.75	AAA	9.01%

数据来源：中债资信根据相关资料整理。

表 14　2005—2017 年上半年 RMBS 优先 A 档证券信用增级量变化情况

发行年份	发行单数	最大值	最小值	平均值
2005	1	11.50%	11.50%	11.50%
2007	1	13.90%	13.90%	13.90%
2014	1	12.01%	12.01%	12.01%
2015	10	22.00%	8.47%	13.02%
2016	20	21.83%	5.75%	11.32%
2017	5	11.85%	7.49%	9.25%

数据来源：中债资信根据相关资料整理。

表 15　各种类型银行的平均信用增级量

	优先 A 档的信用增级量	优先 B 档的信用增级量
全国性国有银行	10.04%	4.90%
全国性股份制银行	12.28%	7.36%
地区性银行（发达）	14.47%	5.48%
地区性银行（非发达）	17.98%	6.99%
公积金中心	10.40%	—

数据来源：中债资信根据相关资料整理。

②优先 A 档情况

截至 2017 年上半年，优先档得到平均 11.58% 的信用增级量。其中，优先 A 档信用增级量最大的为江南农商行发行的居融 2015-1，优先 A 档得到优先 B 档和次级档的信用支撑为 22%；优先 A 档信用增级量最小的产品为工商银行发行的工元 2016-4，优先档得到次级档的信用支持为 5.75%（见图 10）。

③优先 B 档情况

38 单产品中只有不到一半产品涉及夹层（优先 B 档），平均有 8.43% 的信用增级。其中，信用增级最大的为江南农商行发行的居融 2016-1RMBS，信用增级量为 14.93%；最小的为建行 2005 年发行的建元 2005-1RMBS，信用增级量为 4.75%（见图 11）。

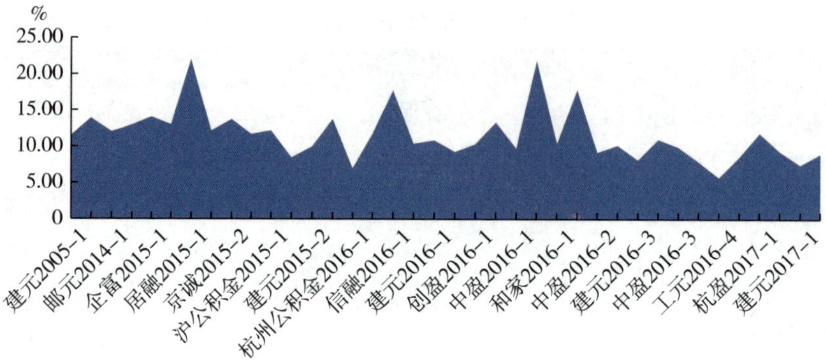

数据来源：中债资信根据相关资料整理。

图 10　RMBS 优先 A 档证券信用增级量情况

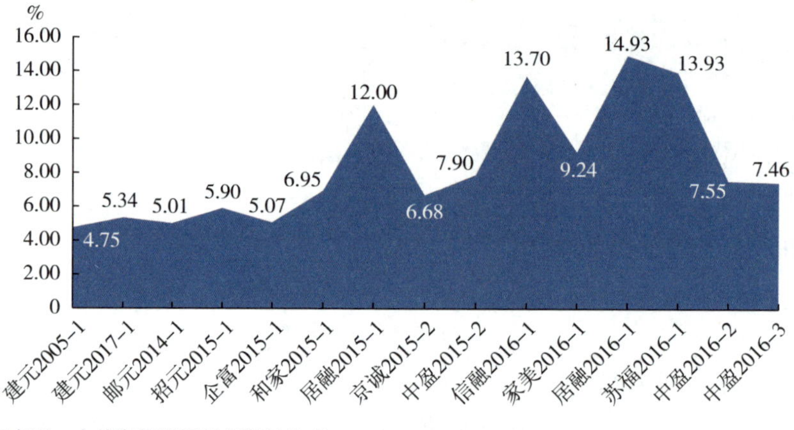

数据来源：中债资信根据相关资料整理。

图 11　RMBS 优先 B 档证券信用增级量情况

（2）证券偿付类型统计

目前我国发行的 RMBS 偿付类型以过手型为主，发行过的共 93 只优先档证券中，纯过手型的共 78 只，固定摊还型的共 13 只，到期一次性还本的共 2 只。从时间趋势上看，2005—2014 年发行的 3 单 RMBS 产品均为过手型产品，2015 年开始出现了过手偿付型与到期一次性付[①]、过手与

① 招元 2015-1、居融 2015-1 的优先 A-1 级档为到期一次支付。

固定摊还相混合[①]的偿付模式，具体情况见图 12。

①过手型

这是指在每个支付日没有固定的还本金额安排，而是根据现金流的实际流入情况，在扣除相关费用后直接按比例分配给投资者。与其他单一主体发行债券的不同之处在于，其他债券的偿付时间和金额在发行时就会有明确的约定，如果不能按照约定完成兑付，将会引发债券违约事件。过手型的支付方式可以有效地减少现金在信托账户里的沉淀闲置成本，然而由于这种支付机制完全依赖于资产池在当期的现金流入情况，因此对于过手型证券而言，其本金在每期的偿付金额具有一定的不确定性，从而也使得证券的到期期限具有不确定性。

②固定摊还型

这是指证券本金的偿付在支付日期和支付金额方面具有固定的摊还计划，证券的本金偿付按照预先约定的计划进行，因此投资者对其未来现金流更容易计算和量化，证券的期限也相对确定。通常为了契合投资人的管理需求、降低销售的难度，RMBS 的优先档证券中同时包含固定摊还型与过手摊还型两种证券。固定摊还型偿付方式，一般出现在优先 A-1 级、优先 A-2 级档。目前在固定摊还计划中涉及两单到期一次还本，期限都很短，其中招元 2015-1 优先 A-1 级，期限 1.5 个月，居融 2015-1 优先 A-1 级，期限 1 个月。

表 16　各档证券的偿付类型

发行机构	项目简称	偿付顺序	发行金额（万元）	计息起始日	偿付类型
中国建设银行	建元 2005-1	优先 A	266 976.45	2005/12/19	过手型
中国建设银行	建元 2005-1	优先 B	20 362.61	2005/12/19	过手型

① 和家 2015-1 的优先 A-1 级、优先 A-2 级，京诚 2015-2 的优先 A-1 级，中盈 2015-2 的优先 A-1 级，家美 2016-1 的优先 A-1 级、优先 A-2 级，和家 2016-1 的优先 A-1 级，建元 2016-3 的优先 A-1 级，企富 2016-1 的优先 A-1 级均采用固定摊还的方式偿付。

续表

发行机构	项目简称	偿付顺序	发行金额（万元）	计息起始日	偿付类型
中国建设银行	建元 2005-1	优先 C	5 279.19	2005/12/19	过手型
中国建设银行	建元 2007-1	优先 A	358 234.86	2007/12/14	过手型
中国建设银行	建元 2007-1	优先 B	35 615.45	2007/12/14	过手型
中国建设银行	建元 2007-1	优先 C	8 238.00	2007/12/14	过手型
邮储银行	邮元 2014-1	优先 A	599 600.00	2014/7/25	过手型
邮储银行	邮元 2014-1	优先 B	47 700.00	2014/7/25	过手型
招商银行	招元 2015-1	优先 A-1 级	20 000.00	2015/3/10	固定摊还型
招商银行	招元 2015-1	优先 A-2 级	254 200.00	2015/3/10	过手型
招商银行	招元 2015-1	优先 B	22 200.00	2015/3/10	过手型
中国民生银行	企富 2015-1	优先 A	67 000.00	2015/7/15	过手型
中国民生银行	企富 2015-1	优先 B	7 000.00	2015/7/15	过手型
招商银行	和家 2015-1	优先 A-1 级	16 000.00	2015/9/23	固定摊还型
招商银行	和家 2015-1	优先 A-2 级	32 000.00	2015/9/23	固定摊还型
招商银行	和家 2015-1	优先 A3	304 330.00	2015/9/23	过手型
招商银行	和家 2015-1	优先 B	24 500.30	2015/9/23	过手型
江苏江南农商行	居融 2015-1	优先 A-1 级	5 000.00	2015/9/25	固定摊还型
江苏江南农商行	居融 2015-1	优先 A-2 级	61 165.12	2015/9/25	过手型
江苏江南农商行	居融 2015-1	优先 B	8 482.71	2015/9/25	过手型
中国建设银行	建元 2015-1	优先 A-1 级	50 000.00	2015/9/29	过手型
中国建设银行	建元 2015-1	优先 A-2 级	31 500.00	2015/9/29	过手型
中国建设银行	建元 2015-1	优先 A3	61 000.00	2015/9/29	过手型
北京银行	京诚 2015-2	优先 A-1 级	17 000.00	2015/10/21	固定摊还型
北京银行	京诚 2015-2	优先 A-2 级	241 000.00	2015/10/21	过手型
北京银行	京诚 2015-2	优先 B	21 000.00	2015/10/21	过手型
中国银行	中盈 2015-2	优先 A-1 级	30 000.00	2015/11/25	固定摊还型
中国银行	中盈 2015-2	优先 A-2 级	40 000.00	2015/11/25	过手型
中国银行	中盈 2015-2	优先 A3	327 300.00	2015/11/25	过手型
中国银行	中盈 2015-2	优先 B	17 000.00	2015/11/25	过手型
沪公积金	沪公积金 1 号 2015-1	优先 A-1 级	48 490.00	2015/12/9	过手型
沪公积金	沪公积金 1 号 2015-1	优先 A-2 级	134 500.00	2015/12/9	过手型

续表

发行机构	项目简称	偿付顺序	发行金额（万元）	计息起始日	偿付类型
沪公积金	沪公积金 2 号 2015-1	优先档	466 990.00	2015/12/9	过手型
中国建设银行	建元 2015-2	优先 A-1 级	241 000.00	2015/12/24	过手型
中国建设银行	建元 2015-2	优先 A-2 级	80 000.00	2015/12/24	过手型
中国建设银行	建元 2015-2	优先 A3	403 000.00	2015/12/24	过手型
武汉公积金	武汉公积金 2016-1	优先档	176 000.00	2016/3/15	过手型
湖州公积金	杭州公积金 2016-1	优先 A-1 级	60 000.00	2016/3/17	过手型
湖州公积金	杭州公积金 2016-1	优先 A-2 级	33 000.00	2016/3/17	过手型
杭州公积金	湖州公积金 2016-1	优先 A	48 800.00	2016/3/17	过手型
广东顺德农商行	信融 2016-1	优先 A-1 级	50 000.00	2016/3/18	过手型
广东顺德农商行	信融 2016-1	优先 A-2 级	108 000.00	2016/3/18	过手型
广东顺德农商行	信融 2016-1	优先 B	7 800.00	2016/3/18	过手型
沪公积金	沪公积金 2016-1	优先档	1 375 000.00	2016/5/5	过手型
中国建设银行	建元 2016-1	优先 A-1 级	243 717.00	2016/6/8	过手型
中国建设银行	建元 2016-1	优先 A-2 级	194 973.00	2016/6/8	过手型
中国建设银行	建元 2016-1	优先 A3	430 307.00	2016/6/8	过手型
沪公积金	沪公积金 2016-2	优先档	1 520 000.00	2016/6/17	过手型
徽商银行	创盈 2016-1	优先 A-1 级	45 000.00	2016/7/13	过手型
徽商银行	创盈 2016-1	优先 A-2 级	11 400.00	2016/7/13	过手型
邮储银行	家美 2016-1	优先 A-1 级	50 000.00	2016/7/13	固定摊还型
邮储银行	家美 2016-1	优先 A-2 级	90 000.00	2016/7/13	固定摊还型
邮储银行	家美 2016-1	优先 A3	190 800.00	2016/7/13	过手型
邮储银行	家美 2016-1	优先 B	15 600.00	2016/7/13	过手型
中国银行	中盈 2016-1	优先 A-1 级	156 364.00	2016/9/8	过手型
中国银行	中盈 2016-1	优先 A-2 级	552 486.00	2016/9/8	过手型
中国银行	中盈 2016-1	优先 A3	231 940.00	2016/9/8	过手型
江苏江南农商行	居融 2016-1	优先 A	116 970.00	2016/9/9	过手型
江苏江南农商行	居融 2016-1	优先 B	10 320.00	2016/9/9	过手型
招商银行	和家 2016-1	优先 A-1 级	143 500.00	2016/9/13	固定摊还型
招商银行	和家 2016-1	优先 A-2 级	435 000.00	2016/9/13	过手型
招商银行	和家 2016-1	优先 A3	319 000.00	2016/9/13	过手型

续表

发行机构	项目简称	偿付顺序	发行金额（万元）	计息起始日	偿付类型
苏州银行	苏福 2016-1	优先 A	41 700.00	2016/10/18	过手型
苏州银行	苏福 2016-1	优先 B	2 000.00	2016/10/18	过手型
中国银行	中盈 2016-2	优先 A-1 级	200 000.00	2016/10/27	过手型
中国银行	中盈 2016-2	优先 A-2 级	400 000.00	2016/10/27	过手型
中国银行	中盈 2016-2	优先 A3	343 600.00	2016/10/27	过手型
中国银行	中盈 2016-2	优先 B	17 100.00	2016/10/27	过手型
中国建设银行	建元 2016-2	优先 A-1 级	150 000.00	2016/11/29	过手型
中国建设银行	建元 2016-2	优先 A-2 级	300 000.00	2016/11/29	过手型
中国建设银行	建元 2016-2	优先 A3	365 000.00	2016/11/29	过手型
中国建设银行	建元 2016-3	优先 A-1 级	150 000.00	2016/12/13	固定摊还型
中国建设银行	建元 2016-3	优先 A-2 级	587 600.00	2016/12/13	过手型
中国民生银行	企富 2016-1	优先 A-1 级	100 000.00	2016/12/14	固定摊还型
中国民生银行	企富 2016-1	优先 A-2 级	709 000.00	2016/12/14	过手型
中国银行	中盈 2016-3	优先 A-1 级	200 000.00	2016/12/22	过手型
中国银行	中盈 2016-3	优先 A-2 级	450 000.00	2016/12/22	过手型
中国银行	中盈 2016-3	优先 A3	262 000.00	2016/12/22	过手型
中国银行	中盈 2016-3	优先 B	25 000.00	2016/12/22	过手型
中国建设银行	建元 2016-4	优先 A	867 000.00	2016/12/23	过手型
中国工商银行	工元 2016-4	优先 A-1 级	150 000.00	2016/12/27	过手型
中国工商银行	工元 2016-4	优先 A-2 级	410 000.00	2016/12/27	过手型
中国工商银行	工元 2016-4	优先 A3	406 500.00	2016/12/27	过手型
中国银行	中盈 2017-1	优先 A-1 级	288 500.00	2017/1/24	固定摊还型
中国银行	中盈 2017-1	优先 A-2 级	653 500.00	2017/1/24	过手型
杭州银行	杭盈 2017-1	优先 A	357 700.00	2017/3/24	过手型
中国银行	中盈 2017-2	优先 A-1 级	120 000.00	2017/3/30	固定摊还型
中国银行	中盈 2017-2	优先 A-2 级	317 500.00	2017/3/30	过手型
中国建设银行	建元 2017-1	优先 A-1 级	300 000.00	2017/5/23	固定摊还型
中国建设银行	建元 2017-1	优先 A-2 级	623 700.00	2017/5/23	过手型
中国建设银行	建元 2017-2	优先 A-1 级	50 000.00	2017/5/31	固定摊还型
中国建设银行	建元 2017-2	优先 A-2 级	400 000.00	2017/5/31	过手型

数据来源：中债资信根据相关资料整理。

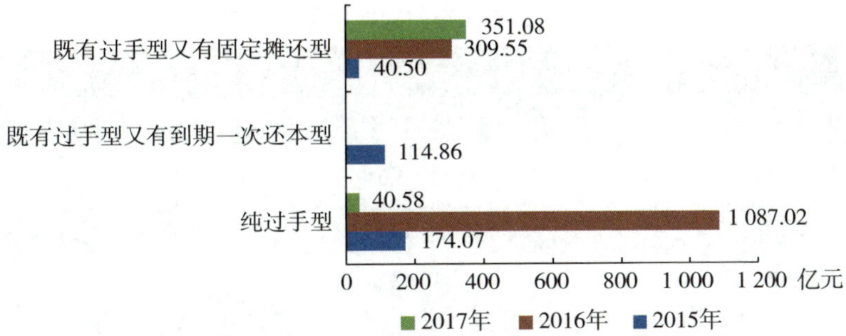

数据来源：中债资信根据相关资料整理。

图 12　2015—2017 年上半年不同偿付类型 RMBS 发行金额

（3）期限

RMBS 产品的存续期平均在 17.45 年，其中最长的为中国建设银行发行的建元 2005-1（31.96 年），最短的为杭州公积金中心发行的杭州公积金 2016-1（7.11 年）。2015 年 3 月，招商银行发行的招元 2015-1 首次出现了 1.5 个月的短期限证券。2017 年 5 月，中国建设银行发行的建元 2017-2 在计算预期到期日的时候，首次考虑了发起机构历史平均违约率和早偿率，缩短了到期期限，优先 A-2 的到期期限比基准情景提前了 3 年，优先 A-3 的到期期限比基准提前了 5 年。

对于优先 A 档证券没有进行进一步划分的 RMBS（共 11 单[①]），优先 A 档的期限都较长，平均在 11.14 年，最长的为沪公积金中心发行的沪公积金 2016-2，到期期限为 15.87 年，最短的为沪公积金中心发行的沪公积金 1 号 2015-1，到期期限为 6.80 年。对于优先 A 档拆分为优先 A-1 级、优先 A-2 级、优先 A3 的产品，优先 A-1 级的期限较短，平均在 2.08 年，最长只有 5.04 年，最短不到 1 个月；优先 A-2 级的期限较长，平均在 6.56 年，最长为 12.81 年，最短为 8 个月；优先 A3 的期限最长，平均在 9.63 年，最长为 15.08 年，最短为 5.09 年（见表 17、图 13）。

① 未涉及建元 2005-1、建元 2007-1，虽然为过手型，但是优先档没有预期到期日。

表 17 各档证券的到期期限（年）

资产支持证券	发行单数	最大值	最小值	平均值
优先 A	10	15.87	6.80	10.75
优先 A-1 级	25	5.04	0.08	2.08
优先 A-2 级	25	12.81	0.67	6.56
优先 A3	13	15.08	5.09	9.63
优先 B	13	16.52	5.50	9.58
次级档	38	31.96	7.11	17.45

数据来源：中债资信根据相关资料整理。

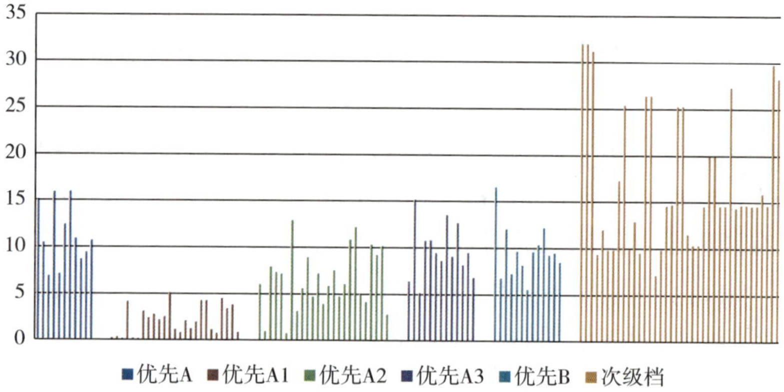

数据来源：中债资信根据相关资料整理。

图 13 RMBS 产品各档证券的期限分布

5. 发行利率分析

RMBS 的发行定价，既是投资者获得投资价值和进行风险管理的关键，也关乎着 RMBS 市场的健康发展，其盘活存量、降低社会融资成本以及优化社会融资结构等作用的发挥。不同资产证券化产品的固有价值和特定风险，以及发行期间资金面的具体情况，均体现在投资者的报价当中。下文我们主要通过发行利率与资产池利率、市场利率、其他产品的信用利差等的对比，来发现其中的规律。

（1）证券加权平均发行利率[①]与资产池加权平均利率对比分析

通常的 ABS 产品不会出现利率倒挂[②]的问题，但这种现象在 RMBS 产品中较容易出现，主要原因是流入端房贷的利率较低，证券端资金面紧张导致利率较高。已发行的 RMBS 产品中，倒挂最严重的是建元 2015-1，资产池加权平均利率为 4.31%，证券端加权平均发行利率高达 5.05%；正利差最大为建元 2005-1，资产池加权平均利率为 5.31%，加权平均发行利率为 2.59%，利差为 2.72%（见表 18、图 14）。

从利差的时间趋势来看，2005 年出现较高的正利差，2015 年底到 2016 年初、2016 年中旬、2016 年底 2017 年初三个阶段出现了负利差，一方面是由于市场上资金供求变动导致发行利率的波动，另一方面是由于不同时点发起机构不同，导致资产池加权平均利率的波动（如公积金在 2015 年底 2016 年初发行较多）。

表 18　利率倒挂的 RMBS 情况表现

项目简称	发行总额（亿元）	计息起始日	债券存续期（年）	资产池加权平均贷款利率（%）	发行利率（%）	利差（%）
建元 2015-1	16.22	2015/9/29	17.27	4.31	5.05	-0.74
沪公积金 1 号 2015-1	19.40	2015/12/9	12.81	3.81	4.08	-0.27
沪公积金 2016-1	148.42	2016/5/5	14.65	3.26	3.65	-0.39
沪公积金 2016-2	163.17	2016/6/17	25.23	3.28	3.78	-0.50
建元 2016-4	94.15	2016/12/23	14.60	4.02	4.30	-0.28
杭盈 2017-1	40.58	2017/3/24	15.85	4.48	4.80	-0.32
建元 2017-1	99.85	2017/5/23	29.70	4.90	5.33	-0.43
建元 2017-2	99.94	2017/5/31	28.17	4.83	5.28	-0.45

数据来源：中债资信根据相关资料整理。

① 以证券端各优先档的规模为权重对发行利率进行加权。

② 证券端的发行利率超过了资产池的加权平均利率。

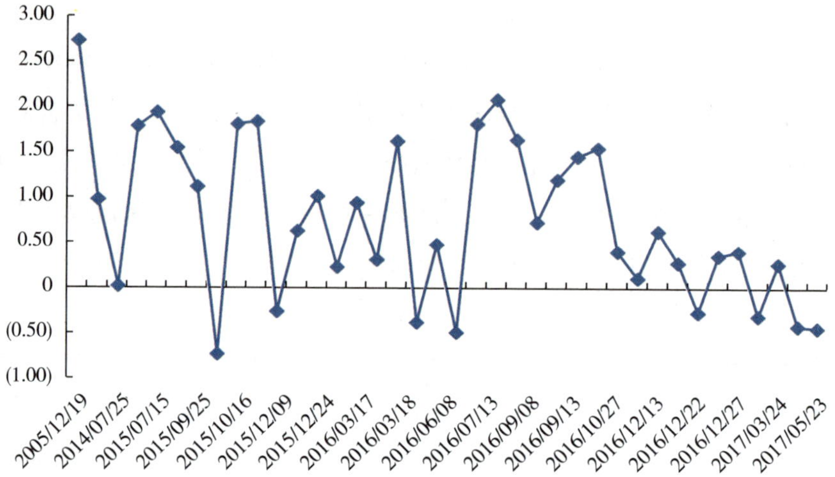

注：资产池加权平均利率—证券端加权平均利率。

数据来源：中债资信根据相关资料整理。

图 14　利差时间趋势图

（2）同期限不同信用级别的利差情况

为了比较同期限不同信用级别证券利率水平，消除由于市场基准利率波动带来的影响，此处采用每只证券的发行利率扣除当时发行的同期限国债利率来进行分析。

从表 19 可以看出，整体而言，在同期限的 RMBS 产品中，信用级别高的证券相对于信用级别低的，存在更大的风险溢价；期限长的相比于期限短的，风险暴露时间更长，因而也表现出更高的风险利差。

但 1~3 年期的 AAA 级证券平均利率小于 0~1 年期 AAA 级证券的平均利率，未表现出相应的期限溢价；5~10 年期 AA 级证券的平均利率小于 5~10 年期 AA+ 级证券的平均利率，未表现出相应的信用风险溢价。这两处较为特殊的表现一方面是由于我国尚未实现 RMBS 市场真正的利率市场化；另一方面是由于统计样本太小。

表 19 同期限不同信用级别的平均发行利率水平—同期限国债收益率

单位：基点

期限	AAA	AA+	AA	AA-	A+	A	A-
0~1 年	91	—	—	—	—	—	—
1~3 年	82	—	—	—	—	—	—
3~5 年	94	—	—	—	—	—	—
5~10 年	98	188	152	189	—	—	—
10~15 年	106	—	159	—	195	—	—
15 年以上	115	—	—	—	—	—	203

注：由于建行于 2005 年、2007 年发行的产品没有披露各档的到期期限，所以此处统计没有包括这两单。

数据来源：中债资信根据相关资料整理。

（3）发行利率与市场利率对比分析

RMBS 的发行利率通过投资人报价来最终确定，反映了市场上 RMBS 的供求关系。与市场上基准利率及其他产品的发行定价密切相关。基准利率反映宏观经济的短期波动与长期趋势，所有市场上发行的债券均围绕着基准上下波动；具体波动的幅度又取决于各种产品在市场上的交易活跃度及信用风险大小，以下我们主要从无风险利率、流动性风险两方面来考量 RMBS 的发行利率。

①无风险利率

主要体现在无风险利率作为固定收益类产品的定价基石，其波动反映了市场对于无风险债券的最低收益要求。各类型固定收益产品的定价以发行时点的无风险利率为基准，通过加上风险溢价以及流动性溢价等溢价收益，形成最终的产品发行价格。无风险利率的提升会抬升整个市场产品的发行价格，资产证券化产品作为固定收益类产品的一种，也必然受无风险利率的影响。通过与 RMBS 产品发行时期，类似期限的无风险利率对比发现：

- 无论是长期限还是短期限的 RMBS，其发行利率都受到发行时点无风险利率波动显著影响；

● 2014—2015 年是我国基准利率的下降通道，在此期间，RMBS 的发行利率也随之下降，并在 2016 年之后开始上升。

②流动性风险

在固定收益产品投资中，二级市场流动性是影响产品定价的重要因素。虽然信贷资产证券化产品存在二级市场交易以及质押式回购交易（RMBS 产品只有现券交易），但是由于市场体量较小、参与者相对集中、产品结构相对复杂，资产证券化产品二级市场并不十分活跃。通过对比发现：

● 整体来看，流动性不足导致大部分 RMBS 产品，相对于相同期限国债发行利率，存在一定的流动性溢价；

● 相对于不同期限的 AAA 级非金融企业债务融资工具而言，大部分 RMBS 产品并没有表现出流动性风险溢价，基本上都低于非金融企业债务融资工具发行价格，一方面是由于 RMBS 尚未实现完全的市场化，另一方面也反映出市场机构对 RMBS 产品的认可度相对于非金融企业债务融资工具更高；

● 从产品期限上看，短期产品由于存在更高的活跃性，其发行利率波动更强烈。

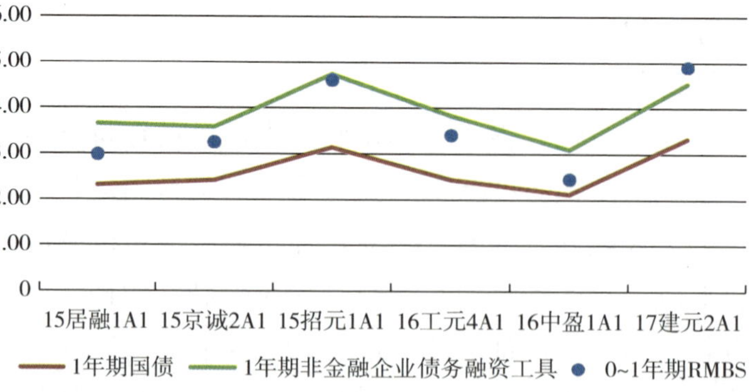

数据来源：中债资信根据相关资料整理。

图 15　0~1 年期 AAA 级 RMBS 发行利率与 1 年期国债、1 年期 AAA 级非金融企业债务融资工具发行利率趋势图

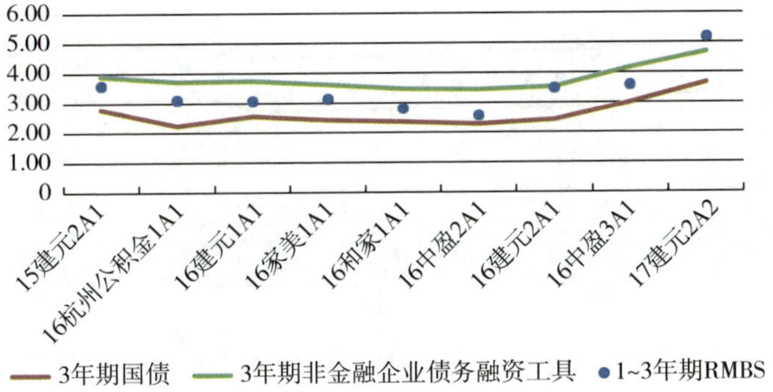

数据来源：中债资信根据相关资料整理。

图 16　1~3 年期 AAA 级 RMBS 发行利率与 3 年期国债、3 年期 AAA 级非金融企业债务融资工具发行利率趋势图

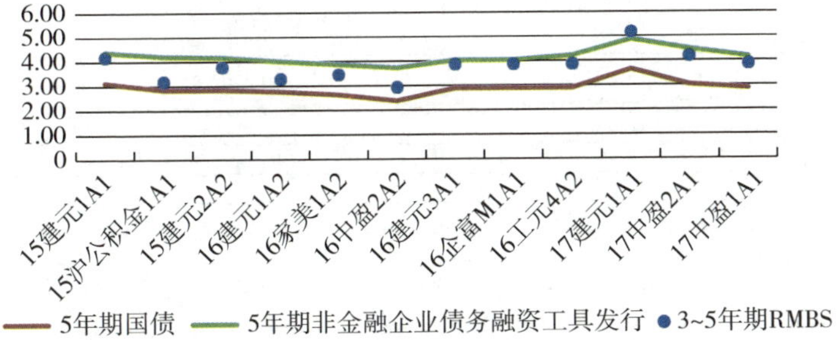

数据来源：中债资信根据相关资料整理。

图 17　3~5 年期 AAA 级 RMBS 发行利率与 5 年期国债、5 年期 AAA 级非金融企业债务融资工具发行利率趋势图

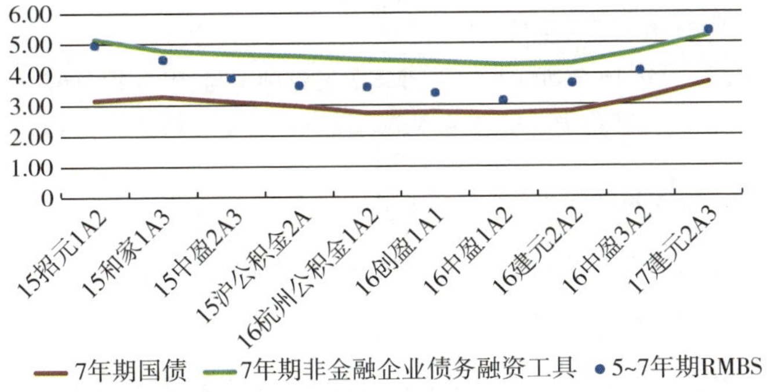

数据来源：中债资信根据相关资料整理。

图 18　5~7 年期 AAA 级 RMBS 发行利率与 7 年期国债、7 年期 AAA 级非金融企业债务融资工具发行利率趋势图

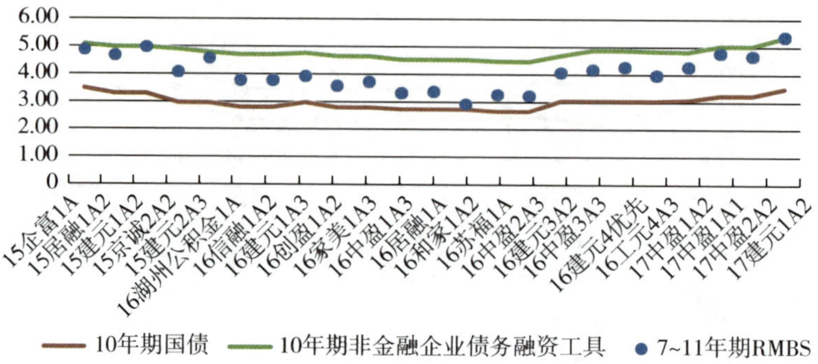

数据来源：中债资信根据相关资料整理。

图 19　7~11 年期 AAA 级 RMBS 发行利率与 10 年期国债、10 年期 AAA 级非金融企业债务融资工具发行利率趋势图

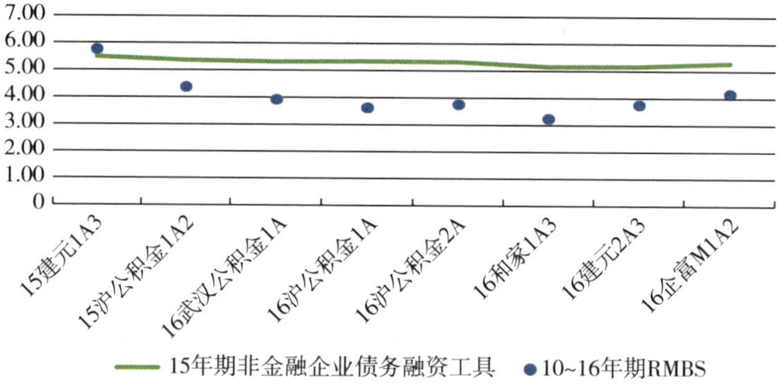

注：2009 年 6 月 10 日后没有再发行 15 年期国债产品，所以此处不与国债发行利率进行对比。
数据来源：中债资信根据相关资料整理。

图 20　11~16 年期 AAA 级 RMBS 发行利率与 15 年期 AAA 级非金融企业债务融资工具发行利率趋势图

（4）票面利率的类型及调整方式

发行的 RMBS 产品利率设置多数为浮动利率（82 档），固定利率（11 档）的设置均出现在到期期限较短的优先 A-1 级档（其中，期限最短的为 1 个月，最长的为 2 年），浮动利率的浮动基准分为三类：人民银行公布的 1 年期定期存款利率、人民银行公布的 5 年期以上贷款基准利率、中国外汇交易中心每天公布的 7 天回购加权利率 20 个交易日的算术平均值。

其中，浮动利率中，主要以 1 年期定期利率、7 天回购利率、5 年期贷款利率作为三种基准利率，采用央行公布的 5 年期贷款利率（包括公积金贷款利率）的最多，占比 77.42%。具体情况见表 20。

表 20　利率类型

利率调整方式		证券简称	证券个数
固定利率		15 招元 1A1、15 和家 1A1、15 居融 1A1、15 京诚 2A1、15 中盈 2A1、15 中盈 2A2、16 家美 1A1、16 和家 1A1、16 建元 2A1、16 中盈 3A1、17 建元 2A1	11
浮动利率①	基准利率为人民银行公布的 1 年期定期存款利率，调整日为人民银行调整 1 年期定期存款利率生效日后下一年度的 1 月 1 日	15 京诚 2A2、15 京诚 2B、14 邮元 1A、14 邮元 1B	4
	基准利率为人民银行公布的 1 年期定期存款利率，每 6 个计息期间调整一次	07 建元 1A、07 建元 1B、07 建元 1C	3
	基准利率为人民银行公布的五年期以上贷款基准利率，调整日为人民银行调整五年期以上贷款基准利率生效日次年的 1 月 1 日	15 招元 1A2、15 招元 1B、15 企富 1A、15 企富 1B、15 和家 1A2、15 和家 1A3、15 和家 1B、15 居融 1A2、15 居融 1B、15 中盈 2A3、15 中盈 2B、16 信融 1A1、16 信融 1A2、16 信融 1B、16 创盈 1A1、16 创盈 1A2、16 中盈 1A1、16 中盈 1A2、16 中盈 1A3、16 居融 1A、16 居融 1B、16 和家 1A2、16 和家 1A3、16 苏福 1A、16 苏福 1B、16 企富 M1A1、16 企富 M1A2、16 工元 4A1、16 工元 4A2、16 工元 4A3、16 家美 1A2、16 家美 1A3、16 家美 1B、17 杭盈 1 优先	34
	基准利率为人民银行公布的五年期以上贷款基准利率，调整日为人民银行调整五年期以上贷款基准利率生效日次年的 1 月 26 日	15 建元 1A1、15 建元 1A2、15 建元 1A3、15 建元 2A1、15 建元 2A2、15 建元 2A3、16 建元 1A1、16 建元 1A2、16 建元 1A3、16 建元 2A2、16 建元 2A3、16 建元 3A1、16 建元 3A2、16 建元 4 优先、17 建元 1A1、17 建元 1A2、17 建元 2A2、17 建元 2A3	18

① 票面利率 = 基准利率 + 基本利差，基本利差根据簿记建档结果确定，建元 2005-1、邮元 2014-1、建元 2015-1 在后续利率调整过程中，取“票面利率”与“资产池加权平均利率 ± 点差”低者；家美 2016-1 在后续利率调整过程中，若票面利率达到或超过 9%，则票面利率 = 资产池加权平均贷款利率 ± 基本利差。

续表

利率调整方式	证券简称	证券个数
基准利率为人民银行公布的五年期以上贷款基准利率，调整日为人民银行调整五年期以上贷款基准利率生效日后第6个自然月的对应日	16中盈2A1、16中盈2A2、16中盈2A3、16中盈2B、16中盈3A2、16中盈3A3、16中盈3B	7
基准利率为人民银行公布的五年期以上贷款基准利率，调整日为人民银行调整五年期以上贷款基准利率生效日后第12个自然月的对应日	17中盈1A1、17中盈1A2、17中盈2A1、17中盈2A2	4
基准利率为中国外汇交易中心（同业拆借中心）每天公布的7天回购加权利率20个交易日的算术平均值（B_1M），按月浮动	05建元1A、05建元1B、05建元1C	3
基准利率为人民银行公布的五年期以上个人住房公积金贷款的基准利率，调整日为人民银行调整个人住房公积金贷款的基准利率生效日后下一年的公历1月1日	15沪公积金1A1、15沪公积金1A2、15沪公积金2A、16武汉公积金1A、16杭州公积金1A1、16杭州公积金1A2、16湖州公积金1A、16沪公积金1A、16沪公积金2A	9

数据来源：中债资信根据相关资料整理。

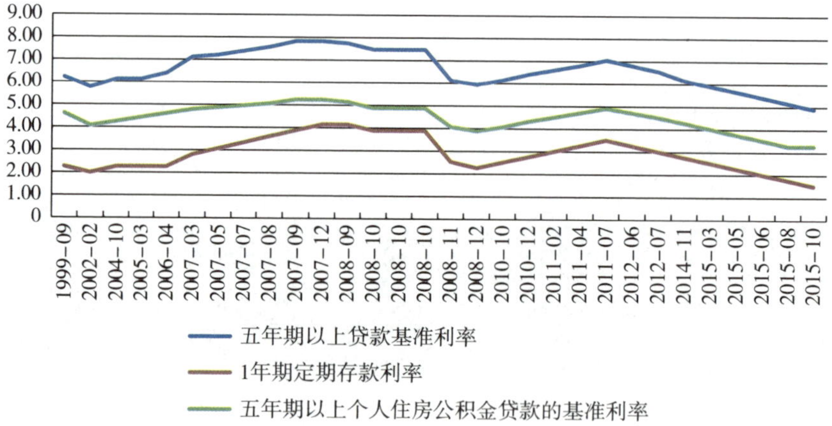

数据来源：中债资信根据相关资料整理。

图21　央行调息

二、存续情况分析

RMBS优先级证券的违约风险主要取决于资产池的损失程度，资产池的损失程度主要受资产池的违约水平和违约后回收水平两方面因素影响。资产池的逾期率水平、提前还款率、逾期后的回收率在一定程度上反映了资产池的违约和回收水平，进而影响到优先级证券的违约风险。通过跟踪，对 RMBS 基础资产在存续期的表现有如下的观察与总结。

1. 存续期信用增级量的变化及级别变化

（1）级别变动

2017 年跟踪评级中涉及的个人住房贷款资产支持证券共有 31 单[①]，其中 1 单为 2014 年发行，10 单为 2015 年发行，另外 20 单均为 2016 年发行。共涉及 77 只优先档资产支持证券，截至跟踪基准日，15 只 AAA_{sf} 级优先档证券已兑付，剩余 62 只依然处于存续期，整体信用表现良好，各级别序列证券信用等级调升明显，平均上调 3.2 个子级，无级别降调情况（具体见表 21）。

表 21 2017 年 RMBS 产品跟踪评级优先档证券级别变化情况统计

RMBS		本年度跟踪级别									
		AAA_{sf}	$AA+_{sf}$	AA_{sf}	$AA-_{sf}$	$A+_{sf}$	A_{sf}	$A-_{sf}$	WR	合计	加权级别变动
初评或上次跟踪级别	AAA_{sf}	51	0	0	0	0	0	0	15	66	0.0
	$AA+_{sf}$	1	0	0	0	0	0	0	0	1	2.0
	AA_{sf}	6	0	1	0	0	0	0	0	7	2.6
	$AA-_{sf}$	3	0	0	0	0	0	0	0	3	4.0
	$A+_{sf}$	0	0	0	0	0	0	0	0	0	0.0
	A_{sf}	0	0	0	0	0	0	0	0	0	0.0
	$A-_{sf}$	0	0	0	0	0	0	0	0	0	0.0
	合计	61	0	1	0	0	0	0	15	77	—

数据来源：中债资信根据相关资料整理。

① 不包含建元 2005-1、建元 2007-1。

（2）信用增级量变动

跟踪的 31 单个人住房抵押资产支持证券产品全部采用优先级 / 次级结构，随着优先级证券的持续兑付，次级档的分层比例逐渐升高并出现超额抵押，次级证券虽然绝对规模没有上升，但是相对优先级证券的覆盖倍数在上升，对优先级的支撑作用增强，直接提升了优先档证券的信用增级量，进而使优先级证券的信用级别有所调升（如图 22）。

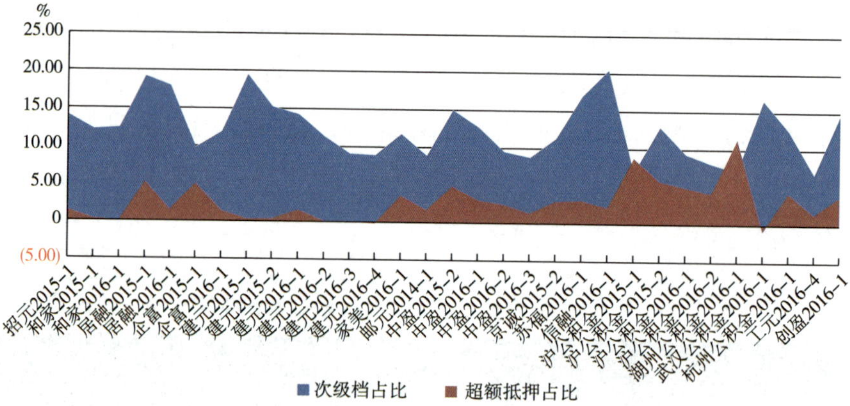

数据来源：中债资信根据相关资料整理。

图 22　跟踪基准时点各项目次级与超额抵押占比

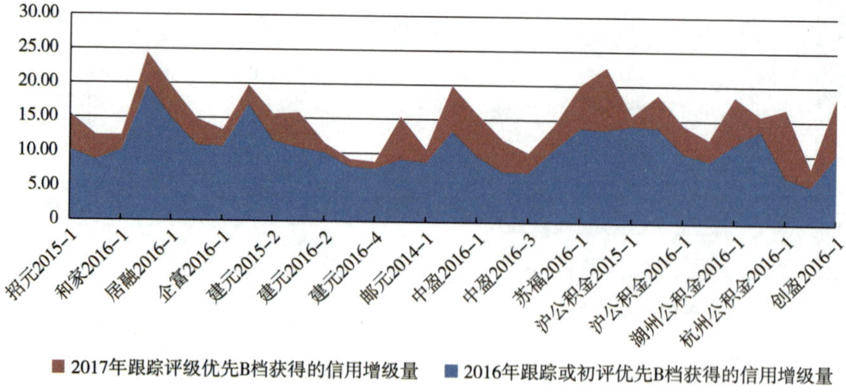

数据来源：中债资信根据相关资料整理。

图 23　优先 B 档证券信用增级量变化情况

2. 资产池逾期率

逾期是指根据贷款服务机构标准服务程序的规定，抵押贷款合同项下本息的任何部分在约定的支付日未支付的抵押贷款，一般会以逾期 1~30 天、逾期 31~60 天、逾期 61~90 天、逾期 91~120 天、逾期 121~150 天、逾期 151~180 天、逾期 180 天以上来区分不同贷款的风险水平。下文所提及的逾期率是以相应口径的逾期本金占初始未偿本金的比重来衡量的。RMBS 的入池资产笔数较多，出现少量逾期和违约均属于正常现象。而且由于同质化产品基础资产分散度很高，个别资产的逾期不会引发整体的违约风险。总体上看，我国 RMBS 基础资产的逾期率较低，每期平均逾期率①水平为 2.47%，基础资产的信用质量较高。

- 从逾期 1 天以上逾期率时间趋势上看（见图 24），呈现出波动式上升的趋势，最高达到 5.35%，最低为 0.33%；
- 从逾期状态的迁移规律看（见图 25），逾期 1~30 天转化为逾期 31~60 天的比例较小（22.01%），而逾期 31~60 天转化至 61~90 天的比例较大（33.88%）。一方面因为处于逾期初期的贷款并非完全由于借款人的还款能力弱化，另一方面是反映了贷款服务机构能够及时地采取措施进行催收和补救，而逾期 30 天以上的借款人还款意愿不强或还款能力不足，催收和化解的空间不大；
- 与商业银行 RMBS 相比，住房公积金贷款逾期率更低（见图 26）。公积金中心 1~30 天的逾期率最高不到 0.4%，商业银行 1~30 天的逾期率最高接近 4%，基本上是公积金中心的 10 倍，主要原因在于公积金中心发放的住房贷款通常有更严格的限制条件，且对贷款额度有上限要求，该上限通常远低于购房总额扣除首付的剩余金额，同时借款人的公积金缴纳额对贷款余额也有一定的覆盖；
- 从不同类型银行的逾期率水平看（见图 27），地区性银行（非发

① 这里的逾期包括逾期 1 天以上的所有拖欠贷款，每一期的逾期率取算数平均。

达地区）的逾期率水平都处于较高的水平，其中逾期1~30天的比率在五类发起机构中处于最高水平，公积金中心由于前期放款的条件更为严格，其逾期率在五种类型发起机构中，处于最低水平。

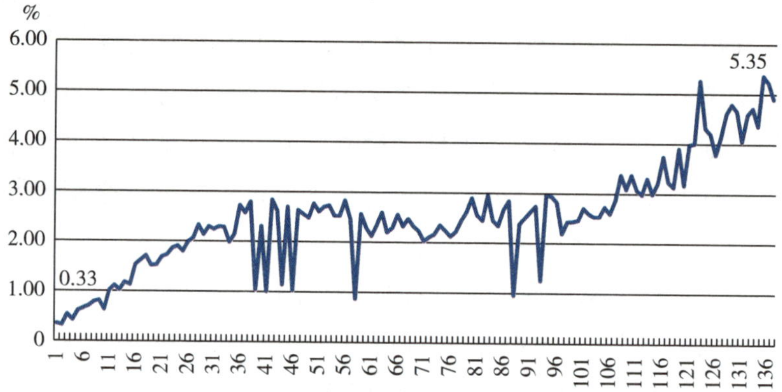

注：横轴为发行后的第1期、第2期，依次类推；纵轴为每1期对应的各单产品逾期率的算数平均，逾期率=受托报告中逾期1~30天、逾期31~60天、逾期61~90天、逾期91~120天、逾期121~150天、逾期151~180天、违约抵押贷款（未被注销）的合计/期初未偿本金余额。

数据来源：中债资信根据相关资料整理。

图24　商贷RMBS基础资产总体平均逾期率统计

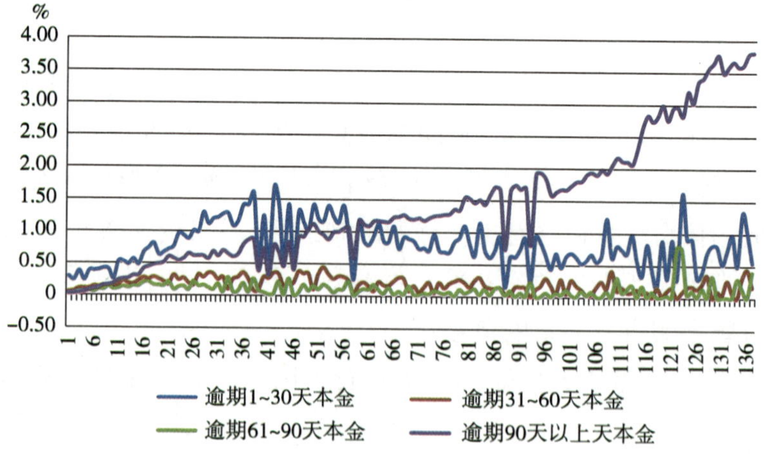

数据来源：中债资信根据相关资料整理。

图25　商贷RMBS基础资产不同逾期天数贷款的平均逾期率统计

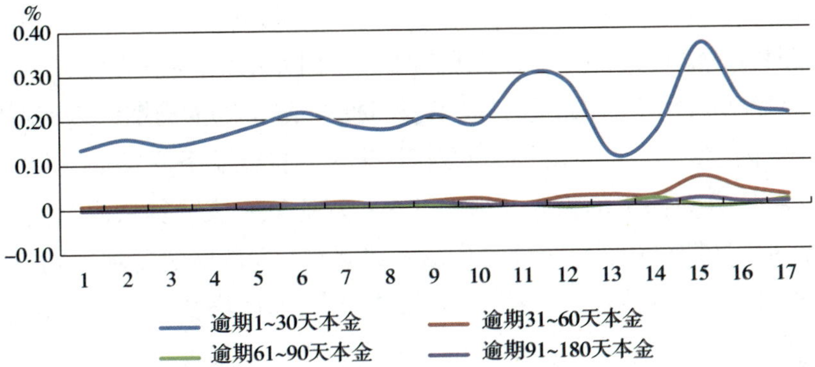

数据来源：中债资信根据相关资料整理。

图 26　公积金 RMBS 基础资产平均逾期率统计

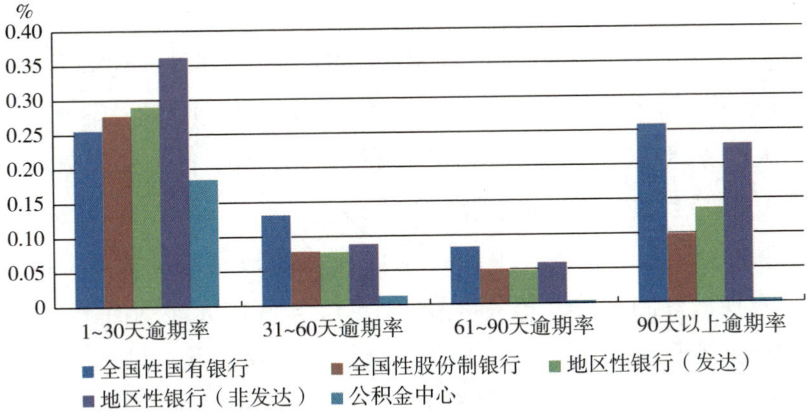

数据来源：中债资信根据相关资料整理。

图 27　各类型发起机构的平均逾期率

3. 累计违约率分析①

对于违约贷款的定义，各项目的交易文件规定不同，有 9 个②发起机构认为，抵押贷款的任何部分，在抵押贷款合同中约定的本息支付日后，

① 由于武汉公积金的受托报告数据口径不清晰，后面分析暂不考虑武汉公积金项目。

② 中国建设银行、邮储银行、招商银行、中国民生银行、江南农商行、北京银行、顺德农商行、徽商银行、武汉公积金中心、杭州银行，由于杭州公积金交易文件缺失，暂不统计。

超过 180 日（不含 180 日）仍未偿还的属于违约贷款；有的[①]发起机构认为，抵押贷款的任何部分，在抵押贷款合同中约定的本息支付日后，超过 90 日（不含 90 日）仍未偿还的属于违约贷款。除了以上逾期天数的规定外，还有以下内容：（1）贷款服务机构根据其《贷款服务手册》规定的标准服务程序认定为损失的抵押贷款；（2）为避免使该笔贷款成为拖欠抵押贷款或违约抵押贷款，而对该笔贷款予以重组、重新确定还款计划或展期；（3）抵押贷款在被认定为违约抵押贷款后，即使借款人又正常还款或结清该笔抵押贷款，该笔抵押贷款仍不能恢复为正常抵押贷款。

某一收款期间的累计违约率是指该收款期间以及之前各收款期间内的所有违约贷款在成为违约贷款时的未偿本金余额之和占初始起算日资产池余额的比例。

从违约率水平看，所有发行的 RMBS 的年化平均累计违约率[②]为 0.09%，处于较低水平。每个发起机构的累计违约率趋势具体见图 28、图 29。

- 从表现期超过 1 年的 18 单产品的累计违约率看（见表 22），违约定义为 90 天以上的，第一年累计违约率最高的是中盈 2015-2，达 0.35%，违约定义为 180 天以上的，第一年累计违约率最高的是建元 2007-1，达 0.27%，表现最好的是沪公积金 1 号 2015-1，1 年内无违约出现；
- 从表现期较长的建元 2005-1 与建元 2007-1 看（见图 28），建元 2005-1 在第 138 期累计违约率达到 0.75%，建元 2007-1 在第 114 期累计违约率达到 0.96%，均处于相对较低的水平；
- 从建行在不同年份发行的 5 单产品看（见图 30），2007 年发行的建元 2007-1 表现最差，在第 18 期，就表现出了 0.48% 的累计违约率；建

---

① 中国工商银行、中国银行、苏州银行、沪公积金中心、湖州公积金中心。

② 年化累计违约率 = 截至 2017 年 6 月 30 日的累计违约率 ×12/（表现期长度 + 封包期长度），平均值为 38 单项目的算数平均值，由于部分项目的存续期较短，违约表现尚不充分，会在一定程度影响年化累计违约率的说服力，后续我们继续跟踪。此处披露的累计违约率数据均来自受托报告，各银行对违约的口径可能不太一致，例如建行披露的违约贷款中包括了展期贷款。

元 2005-1 与建元 2015-1 表现较好，整体水平在前 18 期末超过 0.21%。

● 从发起机构的类型看（见图 31、图 32），逾期 180 天以上为违约：地区性银行（非发达地区）的累计违约率在第 18 期，表现高达 0.62%，处于五类发起机构的最高水平，地区性银行（发达地区）的累计违约率在 14 期之前表现在 0.2% 以下，在之后几期飙升到 0.40%；全国性股份制银行的累计违约率平稳增长，前 18 期均维持在 0.2% 以下，全国性国有银行表现平稳，但略高于全国性股份制银行；逾期 90 天以上为违约：由于公积金中心发放住房贷款通常有更严格的限制条件，如借款人需连续几个月有缴纳住房公积金，且对贷款额度有上限要求，该上限通常远低于购房总额扣除首付的剩余金额，导致公积金中心发放的贷款违约率表现最低，前 18 期均处于 0.04% 以下；

● 从发起机构年化累计违约率看（见图 33），逾期 180 天以上的全国性股份制银行水平最低，逾期 90 天以上的地区性银行（发达地区）最高。

表 22 表现期超过 1 年的累计违约率数据

项目 \ 年份	违约定义	1	2	3	4	5	6	7	8	9	10	11
建元 2005-1	180	0.13%	0.25%	0.39%	0.49%	0.56%	0.60%	0.65%	0.66%	0.68%	0.71%	0.55%
建元 2007-1	180	0.27%	0.67%	0.75%	0.76%	0.82%	0.88%	0.91%	0.96%	0.74%		
邮元 2014-1	180	0.06%	0.18%									
招元 2015-1	180	0.08%	0.40%									
企富 2015-1	180	0.14%										
和家 2015-1	180	0.03%										
居融 2015-1	180	0.17%										
京诚 2015-2	180	0.03%										
中盈 2015-2	90	0.35%										
建元 2015-2	180	0.23%										

续表

年份 项目	违约定义	1	2	3	4	5	6	7	8	9	10	11
信融 2016-1	180	0.13%										
湖州公积金 2016-1	90	0.03%										
沪公积金 2016-1	90	0.01%										
沪公积金 2016-2	90	0.02%										
杭州公积金 2016-1	—	0										
沪公积金 1 号 2015-1	90	0										
沪公积金 2 号 2015-1	90	0.05%										

注：区分为逾期 180 天以上、逾期 90 天以上。

数据来源：中债资信根据相关资料整理。

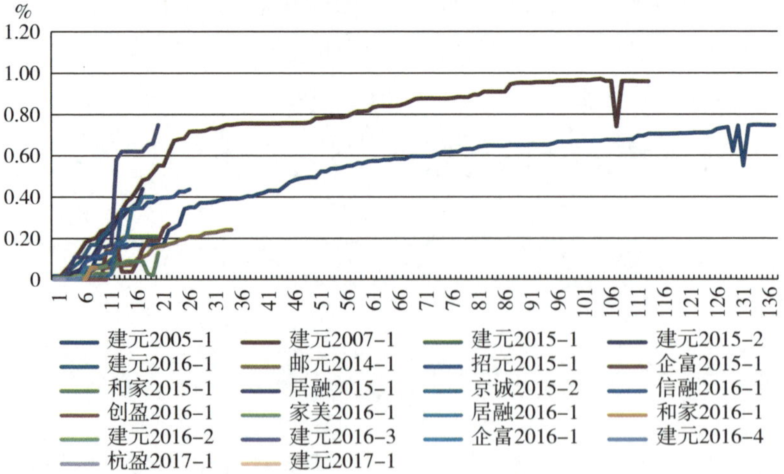

数据来源：中债资信根据相关资料整理。

图 28　不同银行违约率表现（逾期 180 天以上为违约）

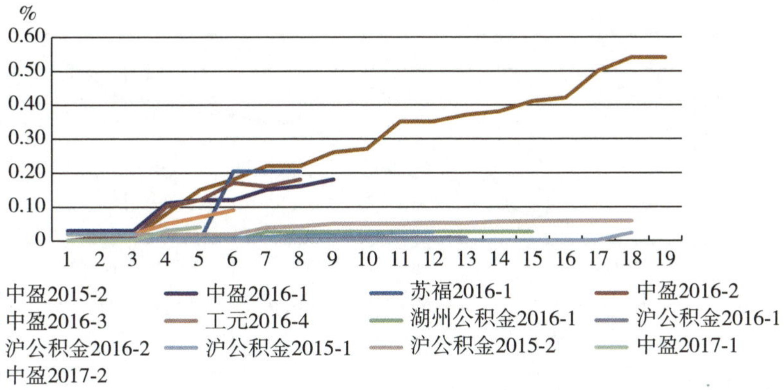

数据来源：中债资信根据相关资料整理。

图 29　不同银行违约率表现（逾期 90 天以上为违约）

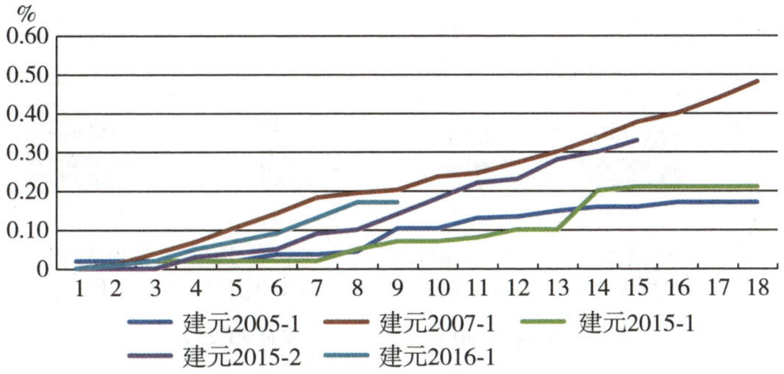

数据来源：中债资信根据相关资料整理。

图 30　建行发行表现期大于 10 期的产品在存续期累计违约率的表现

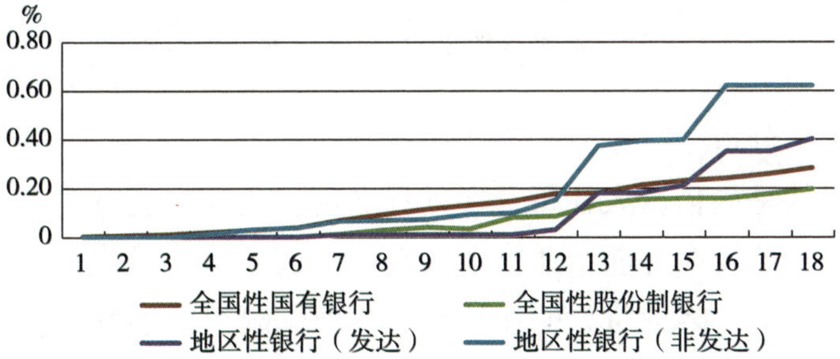

数据来源：中债资信根据相关资料整理。

图 31　不同类型银行在前 18 期的违约率表现（逾期 180 天以上为违约）

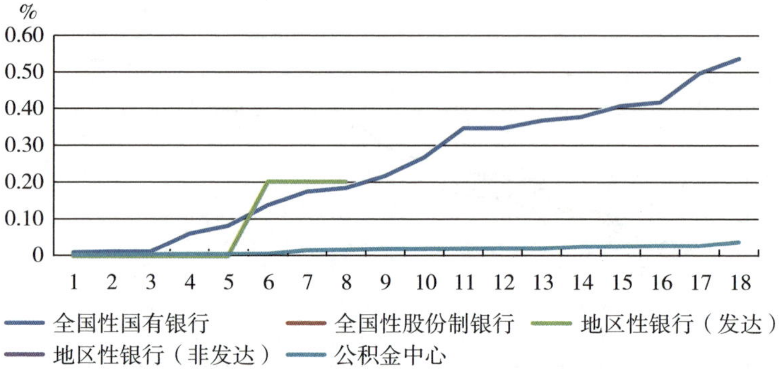

数据来源：中债资信根据相关资料整理。

图 32　不同类型银行在前 18 期的违约率表现（逾期 90 天以上为违约）

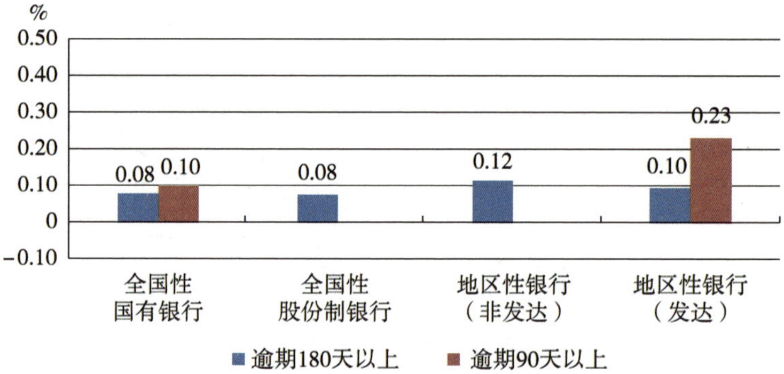

注：由于银行对于违约的定义不同，此处分开披露。其中将违约定义为逾期 90 天以上的全国性国有银行为中国银行、中国工商银行；地区性银行（发达）的为苏州银行；公积金中心为上海公积金中心、湖州公积金中心。

数据来源：中债资信根据相关资料整理。

图 33　不同类型银行年化累计违约率表现

4. 早偿率分析

提前还款是指借款人在每月还款日之前提前偿付利息、本金的行为，包括部分提前还款和提前结清。个人选择提前还款可以使得资产池能提前回收到一笔本金，降低贷款的违约风险。但同时提前还款可使借款人免除一部分利息支出，会使资产池损失部分利息收入。对于入池贷款利率水平较高，且明显高于税费、服务费率和证券票面利率之和的正利差资产池，利息收入在支付完税费、服务费以及优先级证券利息后剩余资金将作为利差为优先级证券本金支付提供信用支持，提前还款后减少的利息收入将削弱利差支持程度，在一定程度上属于负面因素；但对于入池贷款利率水平低于税费、服务费率和证券票面利率之和的负利差资产池，提前偿还资金可用于快速偿付证券本金，减少了负利差的拖累，属于正面因素，因此需要对提前还款风险做具体情景分析。

早偿率跟贷款利率设置、还款方式、房价上涨预期和国家的房地产调控政策息息相关。贷款利率越高，借款人越倾向于提前还款，降低借款成本，但由于我国房贷利率大部分都是浮动利率，利率设置对提前还款率的影响相对较小；等额本金的借款人由于前期还的大部分是本金，提前还款会节省后续的利息，所以等额本金的借款人更倾向于提前还款，但还款方式对提前还款率的影响在不同经济周期中应该是比较稳定的；过去两年，我国大部分地区都处于房价快速上涨期，在限购的情况下，借款人换房的动力会增加，提前还款率也会更高，而当未来房价上涨的预期不足或房价下跌时，较高的提前还款率能否持续有很大的不确定性，同时因为我国有限购政策，未来的提前还款率受政策的影响也会很大。

RMBS 整体贷款的平均年化提前还款率①为 12.30%，处于较高水平。从历史发行项目来看，年化提前还款率最高的是企富 2016-1，高达 17.45%，最低的是武汉公积金 2016-1，年化提前还款率为 6.22%（见图 34）。

从各类型银行的平均提前还款率（见图 35）可以看出，全国性国有银行、全国性股份制银行、地区性银行（发达）、地区性银行（非发达）的提前还款率相对较高，差异不明显；公积金中心由于贷款利率较低，借款人提前还款动力不足，表现出较低的提前还款率。

① 简化月度 SMMn= 提前还款本金金额 / 月初本金余额，每期对应的 CPR=1-（1-SMMn）^12，此处每单的平均 CPR 为每期对应 CPR 的算数平均值，其中第 1 期月度提前还款率 = 提前还款本金金额 / 月初本金余额 / 封包期（月）。

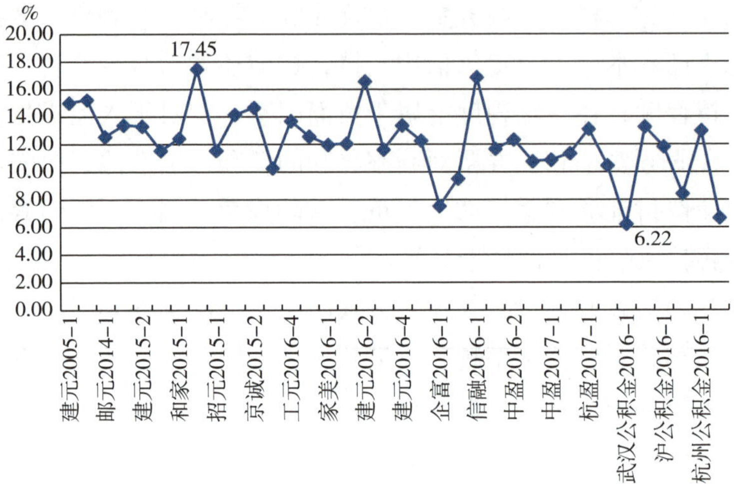

数据来源：中债资信根据相关资料整理。

图 34　RMBS 的基础资产年化提前还款率统计

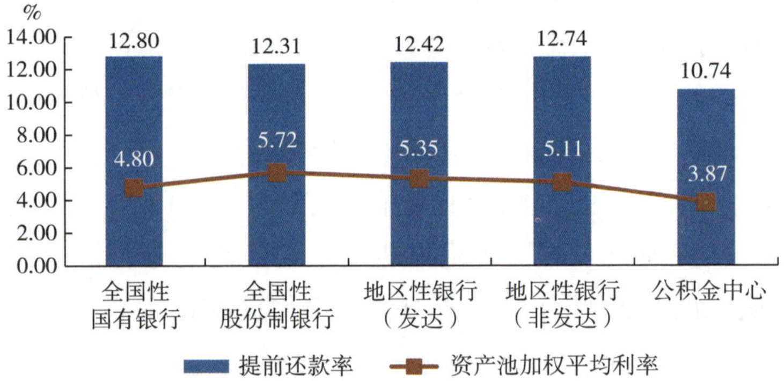

数据来源：中债资信根据相关资料整理。

图 35　各类型银行提前还款率

5. 违约回收情况分析

违约回收率[①]，是指发起机构针对违约贷款，通过正常还款、处置抵押物等方式回收的金额占总违约金额的比例。

① 此处披露的第 n 期的违约回收率 = 截至第 n 期累计回收本金 / 截至第 n 期累计违约金额。

● 从违约回收率来看，建行发行的建元 2005-1、建元 2007-1 两单项目，基本上在第 32 期之后回收率达到 50% 的水平（见图 36）。

● 从不同银行类型来看，全国性国有银行平稳上升，1 年半的回收率大概在 20% 的水平；全国性股份制银行先上升后下降再上升，前期回收很少，经过 10 个月左右的时间，开始回收，18 个月之后的回收水平为 15% 左右；地区性银行的回收水平一直处于较低位（见图 37）。

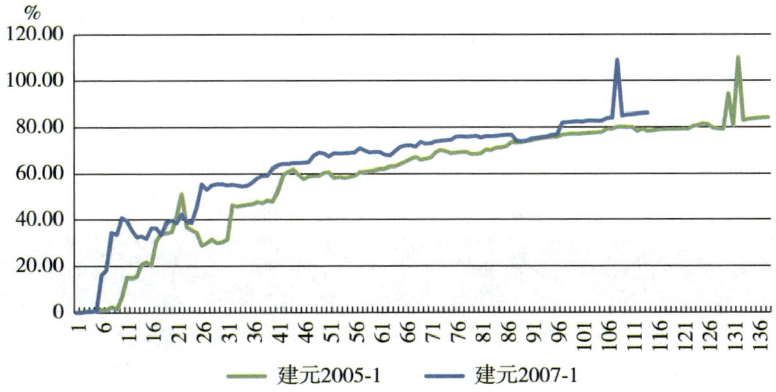

数据来源：中债资信根据相关资料整理。

图 36　建元 2005-1、建元 2007-1 存续期累计违约回收率

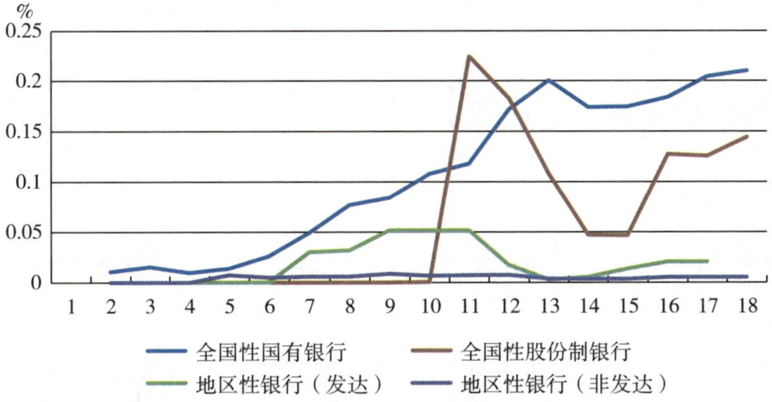

数据来源：中债资信根据相关资料整理。

图 37　不同类型银行在前 18 期的累计违约回收率

6. 证券兑付情况分析

截至 2017 年 6 月 30 日，93 只证券中已经兑付完毕的证券共 18 只，占比为 19.35%；18 只已经兑付完毕的证券中有 11 只提前兑付（占比 61.11%），7 只正常兑付（具体情况见表 23）。

证券提前兑付完毕主要是由于资产端早偿率较高导致，早偿率跟贷款利率设置、还款方式、房价上涨预期和国家的房地产调控政策息息相关。贷款利率越高，借款人越倾向于提前还款，降低借款成本；等额本金的借款人由于前期还的大部分是本金，提前还款会节省后续的利息，所以等额本金的借款人更倾向于提前还款；房价上涨越快，借款人换房的动力会增加，提前还款率也会更高。

表 23　RMBS 已兑付完毕的情况

项目简称	发起机构	偿付顺序	偿付方式	发行总额	发行日期	预期到期日	实际兑付到期日	提前月份
建元 2005-1	中国建设银行	优先 A	过手	266 976.45	2005/12/19	2037/11/26	2013/2/26	301
建元 2005-1	中国建设银行	优先 B	过手	20 362.61	2005/12/19	2037/11/26	2015/12/26	267
建元 2005-1	中国建设银行	优先 C	过手	5 279.19	2005/12/19	2037/11/26	2017/3/26	252
建元 2007-1	中国建设银行	优先 A	过手	358 234.86	2007/12/14	2039/1/26	2015/2/26	291
招元 2015-1	招商银行	优先 A-1 级	到期一次还本	20 000.00	2015/3/10	2015/4/26	2015/4/26	—
和家 2015-1	招商银行	优先 A-1 级	固定摊还	16 000.00	2015/9/23	2015/12/26	2015/12/26	—
和家 2015-1	招商银行	优先 A-2 级	固定摊还	32 000.00	2015/9/23	2016/8/26	2016/8/26	—
居融 2015-1	江苏江南农商行	优先 A-1 级	到期一次还本	5 000.00	2015/9/25	2015/10/26	2015/10/26	—
建元 2015-1	中国建设银行	优先 A-1 级	过手	50 000.00	2015/9/29	2019/10/26	2016/11/26	35
京诚 2015-2	北京银行	优先 A-1 级	固定摊还	17 000.00	2015/10/16	2015/11/26	2015/11/26	—
中盈 2015-2	中国银行	优先 A-1 级	固定摊还	30 000.00	2015/11/25	2015/12/26	2015/12/26	—
中盈 2015-2	中国银行	优先 A-2 级	过手	40 000.00	2015/11/25	2016/7/26	2016/7/26	—

续表

项目简称	发起机构	偿付顺序	偿付方式	发行总额	发行日期	预期到期日	实际兑付到期日	提前月份
沪公积金1号 2015-1	沪公积金	优先 A-1 级	过手	42 851.00	2015/12/9	2018/12/26	2017/4/26	20
建元 2015-2	中国建设银行	优先 A-1 级	过手	241 000.00	2015/12/24	2018/4/26	2017/3/26	13
信融 2016-1	广东顺德农商行	优先 A-1 级	过手	50 000.00	2016/3/18	2018/4/26	2016/12/26	16
建元 2016-1	中国建设银行	优先 A-1 级	过手	243 717.00	2016/6/8	2018/11/26	2017/5/26	18
中盈 2016-1	中国银行	优先 A-1 级	过手	156 364.00	2016/9/8	2017/5/26	2016/12/26	5
工元 2016-4	中国工商银行	优先 A-1 级	过手	150 000.00	2016/12/27	2017/8/26	2017/3/26	5
中盈 2016-2	中国银行	优先 A-1 级	过手	200 000.00	2016/10/27	2017/12/26	2017/2/26	10

数据来源：中债资信根据相关资料整理。

三、交易情况分析

1. 银行间市场债券交易整体情况

《全国银行间债券市场债券交易规则》规定债券交易包括债券买卖和债券回购两种。债券买卖是指参与者以商定的价格转让债券所有权的交易行为。债券回购是参与者进行的以债券为权利质押的短期资金融通业务，分为质押式回购和买断式回购，回购是指正回购方[①]（资金融入方）在将债券出质给逆回购方[②]（资金融出方）融入资金的同时，双方约定在将来某一指定日期由正回购方按约定回购利率计算的资金额向逆回购方返还资金，逆回购方向正回购方返还原出质债券的融资行为。从图 38 可以看出，在银行间市场发行的 ABS 主要通过质押式回购交易方式流通，以质押式回购方式进行交易的 ABS 占全部交易金额的 53.40%，以现券交易方式进行交易的 ABS 占全部交易金额的 46.60%。

① 在债券回购交易中融入资金、出质债券的一方。

② 在债券回购交易中融出资金、享有债券质权的一方。

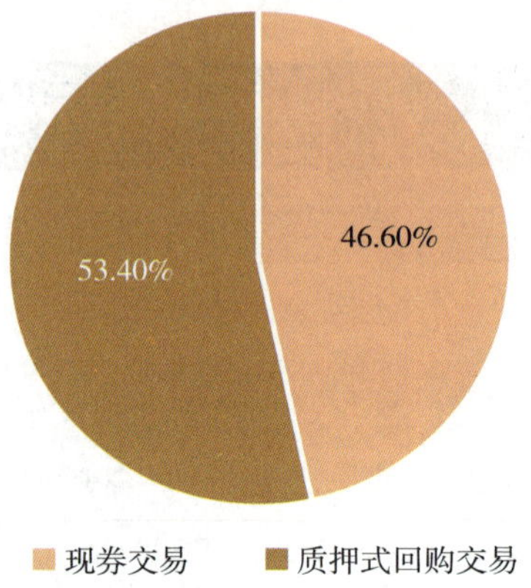

数据来源：中债资信根据相关资料整理。

图 38　2014 年 1 月至 2016 年 12 月银行间市场 ABS 交易方式结构

2. 银行间市场 RMBS 的交易情况

银行间市场发行的 RMBS 主要通过现券交易（即现券买卖）的方式在二级市场流通。从图 39 可以看出，与 ABS、中期票据、记账式国债相比，RMBS 现券交易量很小，RMBS 现券交易量逐年增加，从 2014 年的 4 亿元增长到 2016 年的 141.26 亿元，但现券交易量占存量的比例下降幅度较大，整体来看，RMBS 二级市场整体活跃度比较低。

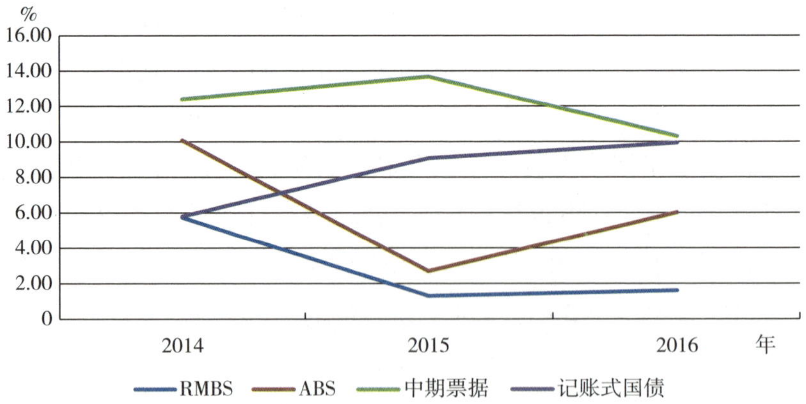

数据来源：中债资信根据相关资料整理。

图 39　2014—2016 年 RMBS、ABS、中期票据、记账式国债现券交易量占存量的比例

表 24　2014—2017 年 RMBS、ABS、中期票据、记账式国债现券交易量

单位：亿元

	2014 年	2015 年	2016 年	2017 年
RMBS	4.00	20.70	141.26	323.78
ABS	146.89	394.29	1 435.28	1 694.29
中期票据	35 466.49	31 282.40	16 593.46	63 155.60
记账式国债	57 291.91	94 625.35	123 463.01	120 159.43

数据来源：中债资信根据相关资料整理。

第二章

我国 RMBS 市场主要参与机构

第一节　发起机构

住房抵押贷款证券化是指将缺乏流动性但能够产生可预见的稳定现金流的银行房贷产品，通过一定的结构重组和信用增级，转换成可在金融市场上流通的证券。对于发起机构（一般为拥有住房贷款资产的储贷机构），住房抵押贷款证券化具有盘活存量资产，优化信贷结构，降低杠杆水平，稳定资产质量等多重作用。

2005 年，中国建设银行发起设立了境内第一单资产支持证券——建元 2005-1 个人住房抵押贷款资产支持证券，开启了资产证券化业务先河；2012 年，沉寂 8 年之后，信贷资产证券化扩大试点工作重启征程，发起机构从国有商业银行延至股份制等银行；2015 年，注册制颁布，中国建设银行和中国民生银行率先成为首批住房抵押贷款证券化注册额度获批机构，各获批 500 亿元发行规模。截至 2017 年 12 月 31 日，银行间市场已发行 52 单个人住房贷款资产支持证券，总规模 3 573.45 亿元，涉及 18 家发起机构，覆盖国有银行、股份制银行、城市商业银行、公积金中心等几乎全部具有住房贷款发放资质的机构类型，其中建设银行已发行住房抵押贷款证券化 1 369.78 亿元，在整个住房贷款证券化领域规模占比 38.33%，为市场第一（详见第一章表 3）。

表 1　建设银行各期 RMBS 发行情况

单位：亿元

	证券名称	发行时间	发行金额
早期试点	建元 2005-1 个人住房抵押贷款证券化信托资产支持证券	2005/12/15	30.17
	建元 2007-1 个人住房抵押贷款证券化信托资产支持证券	2007/12/11	41.61
注册制额度下	建元 2015 年第一期个人住房抵押贷款资产支持证券	2015/9/25	16.22
	建元 2015 年第二期个人住房抵押贷款资产支持证券	2015/12/22	80.42
	建元 2016 年第一期个人住房抵押贷款资产支持证券	2016/6/6	97.49
	建元 2016 年第二期个人住房抵押贷款资产支持证券	2016/11/25	90.73
	建元 2016 年第三期个人住房抵押贷款资产支持证券	2016/12/8	80.32
	建元 2016 年第四期个人住房抵押贷款资产支持证券	2016/12/19	94.15

续表

	证券名称	发行时间	发行金额
	建元 2017 年第一期个人住房抵押贷款资产支持证券	2017/5/18	99.85
	建元 2017 年第二期个人住房抵押贷款资产支持证券	2017/5/26	99.94
	建元 2017 年第三期个人住房抵押贷款资产支持证券	2017/8/11	99.88
	建元 2017 年第四期个人住房抵押贷款资产支持证券	2017/8/17	98.98
	建元 2017 年第五期个人住房抵押贷款资产支持证券	2017/10/12	75.74
	建元 2017 年第六期个人住房抵押贷款资产支持证券	2017/10/26	66.26
	建元 2017 年第七期个人住房抵押贷款资产支持证券	2017/11/17	98.57
	建元 2017 年第八期个人住房抵押贷款资产支持证券	2017/11/23	99.45
	建元 2017 年第九期个人住房抵押贷款资产支持证券	2017/11/28	100.00
合计			1 369.78

数据来源：wind，截至 2017 年 12 月。

一、发起机构 RMBS 发行动因

1. 落实政策导向，支持实体经济

自 2012 年扩大试点至今，各层监管机构共发布了二十余份针对资产证券化领域的指导意见和管理规定。在国家层面，公告了《国务院办公厅关于金融支持经济结构调整和转型升级的指导意见》、《国务院办公厅关于金融支持小微企业发展的实施意见》以及《关于金融支持工业稳增长调结构增效益的若干意见》等多个政策文件，提出要稳步推进资产证券化发展。具体包括，通过推进信贷资产证券化，支持银行加大对工业的信贷支持力度，加快推进住房和汽车贷款资产证券化等。在监管层面，下发了《关于进一步扩大信贷资产证券化试点有关事项的通知》、《关于信贷资产证券化备案登记工作流程的通知》、《关于信贷资产支持证券实行注册制的公告》、《个人住房抵押贷款资产支持证券信息披露指引（试行）》等多个文件，启动了住房抵押贷款证券化备案制和注册制工作，优化住房抵押贷款证券化信息披露内容。

文件的发布，充分肯定了“三去一降一补”改革需求下，资产证券化在盘活存量资产，降低企业杠杆，提效资金周转，助力货币收缩等方面的重大作用，鼓励市场开展资产证券化业务，各类型机构纷纷响应监管号召，

创新扩容，住房贷款证券化市场呈现了爆发式增长。其中，以建设银行为代表的国有商业银行发挥了引领和稳定性作用，以“常态化、标准化”为发展导向，以精准支持实体经济为最终目标，设立专门的住房抵押贷款证券化团队，精耕深作，满足居民的住房消费需求，并积极推动资产证券化市场可持续发展。

2. 发挥金融工具能效，支持业务发展

住房抵押贷款证券化起源于美国，最初目的是为了满足美国住房抵押贷款市场流动性需求以解决银行面临的贷款资金约束。建设银行充分认识和应用这一工具，在支持主营业务发展方面取得了良好成效。资产证券化主要包括以下优势：

一是良好的流动性管理工具。通过资产证券化，将住房抵押贷款这类长期限，流动性差的资产转化为现金和流动性较高的证券，一方面能够补足银行即期资金，缓解信贷规模紧张局面；另一方面在一定程度上解决了银行资产负债的期限错配的问题，流动性管理能力得到有效提高。

二是良好的信贷结构优化工具。通过资产证券化，能够根据业务需求，将不同区域、利率类型的资产进行组合打包出售，如早期低利率贷款，信贷规模紧张的热点城市贷款等，从而灵活调整商业银行信贷资产结构，实现综合收益率不断提升。

三是良好的风险缓释工具。通过资产证券化，能够将信贷风险分散至不同风险偏好的市场投资主体，尤其是基础资产为不良住房贷款时，可以有效降低发起机构的不良规模和不良率。

此外，资产证券化还具备其他多种优势。一是更低的融资成本。在欧美市场，住房抵押贷款支持证券无论在发行规模还是信用等级上，都与国债相匹配，对于发行主体而言，是成本低于信用债（公司债）的融资途径。如果发起人的主体信用评级低于其相关资产支持证券所获得的评级，那么与发行公司债相比，资产证券化可使发起人以更低的成本进行融资；并且对于同一资产池的非流动性资产而言，在将其进行证券化后，证券便可在二级市场上交易。因此会带来正的流动性溢价，从而使非流动性的基础资产本身获得更高的总估价。二是资产负债表表外融资。由于存在 SPV/SPE 这一风险隔离机制设计，发起机构的资产可以脱离资产负债表单独实现融资。通过这种新型表外融资的方式，能够降低财务杠杆比率及负债水平，为净资产收益率或其他财务比率带来正面影响。三是降低资本监管压力。发起机构通过调整自持结构和比例，尤其是在次级市场的接受程度更高的情况下，可以实现风险加权资产和监管资本的节约，在相同的资本充足率要求下开展更多的业务。随着经济形势变化和市场制度不断完善，这些优势都将在未来不同的客观条件下发挥相应的作用。

3. 持续业务创新，推动战略转型

住房抵押贷款证券化作为创新型金融工具或金融产品，对发起机构的主营业务经营形成良好支持，正逐步成为发起机构行内常规经营战略的有机组成部分。资产证券化业务开展，对商业银行的资产管理内容提出了更为细致的要求，对风险管控和盈利预测也提出了新的挑战，促使商业银行持续更新管理方法，完善系统建设，提升了内部管理标准化、精细化程度。

当前，宏观经济去杠杆趋势已经十分明显，新的产业爆发尚待时日，房地产行业在一定时间内仍然是中国的支柱产业。如何在经济触底调整之际解决资金“紧平衡”与房地产“软着陆”之间的矛盾，使得商业银行持续蓄力，保持向上弹性是当前转型的重要关注点。住房抵押贷款证券化业务不仅仅作为内部管理工具，也为银行战略转型提供了发展方向。一是探索“轻资产”运营模式。在“稳外汇，去杠杆”的大背景下，住房抵押贷款证券化可以及时补充银行现金储备，伴随估值体系、质押回购和做市市场配套成熟，一旦形成规模化发展，可以有效缓解资产负债表快速扩张的“负重压力”，实现“轻资产”运营，充分规避流动性风险。二是探索“两房模式”。承担国有银行社会责任，配合住房租赁市场的发展，通过资产证券化保护低收入人群租房、购房权益，保障住房领域资金的精准投放和体内循环，实现“居者有其屋”的良好社会生态。

二、发起机构主要工作职责

根据《信贷资产证券化试点管理办法》规定，信贷资产证券化“发起机构”指“通过设立特定目的信托转让信贷资产的金融机构”。作为资产出售方，发起机构需要设立一套严格审慎的内部流程，确保入池资产既符合内部利益诉求，又保障外部投资人权益。以建设银行为例，发起机构业务流程主要包括：注册申请—确定项目启动及选聘中介机构—基础资产筛选—推动项目实施—跟进存续期管理。

1. 注册申请

（1）提交注册申请：个人住房抵押贷款证券化项目履行行内审批程序后，与受托机构联合向中国人民银行申请注册。一般不超过 1 000 亿元。

（2）分期发行：个人住房抵押贷款证券化注册申请获批后，在注册有效期内安排分期发行。

（3）确定分期发行额度、区域和基础资产标准：根据个人住房抵押贷款证券化注册额度和分期发行计划，确定本期个人住房抵押贷款证券化发行额度、基础资产所在区域和基础资产筛选标准。

2. 启动单期项目

一般来讲，发起机构将根据前文所述的部分动因决定开展持续性或阶段性资产证券化发行工作，并在项目启动前进行制度文件规定以及系统建设工作。由于住房抵押贷款整体规模较大，建设银行一般单期发行规模接近 100 亿元。

发起机构根据人民银行、银监会等监管机构的规定，遵循公开、公平、公正的原则，服务效率和质量优先，兼顾经济性。一般由采购部门负责个人住房抵押贷款资产证券化中介机构的集中采购工作。

3. 基础资产筛选

发起机构的基础资产的筛选标准是根据交易商协会信息披露指引、市场投资人需求和业务实际情况综合确定，目前，经过 2 年的注册制运行，各大机构资产筛选标准和筛选流程已基本成熟。

（1）基础资产筛选标准

一般来讲，个人住房贷款基础资产从以下三个范围内进行筛选。一是关于借款人标准；二是关于抵押贷款标准；三是关于抵押物（或担保物）

标准。根据某商业银行注册额度申请报告内容，其入池贷款合格标准见表2。

表 2　某商业银行入池贷款合格标准

一、关于“借款人”的标准
“抵押贷款”发放时，“借款人”（含共同借款人）至少有一人为中国公民或永久居民，且年满18周岁。
二、关于“抵押贷款”的标准
1. “抵押贷款”已经存在并由“发起机构”管理；
2. “抵押贷款”不属于组合贷款；
3. “抵押贷款”不属于公转商贴息贷款；
4. “抵押贷款”以人民币为单位；
5. “抵押贷款”未根据“发起机构”的标准程序予以核销；
6. 在“初始起算日”，“借款人”无迟延支付“《贷款合同》”项下到期应付款项的情形；
7. “《贷款合同》”“《抵押合同》”和“抵押权”“抵押权预告登记权益”合法有效，并构成相关“借款人”“抵押人”合法、有效和有约束力的义务，债权人和抵押权人可根据其条款向“借款人”“抵押人”主张权利；
8. “抵押贷款”按照“发起机构”的五级分类属于正常类；
9. “抵押贷款”的到期日均不晚于“资产支持证券”的法定到期日前24个月；
10. “抵押贷款”的发放日不晚于某一特定日期（具体根据每期项目的实际情况填写）；
11. “抵押贷款”发放时，其本金金额至少为人民币10万元且不超过人民币800万元；
12. “抵押贷款”的“初始起算日本金余额”至少为人民币5万元且不超过人民币800万元；
13. “抵押贷款”发放时，其初始抵押率不超过80%（初始抵押率＝“《贷款合同》”金额/“抵押房产”价值 ×100%）；
14. “抵押贷款”为有息贷款；
15. “抵押贷款”的初始贷款期限至少为1年且不超过30年；
16. “抵押贷款”于“初始起算日”的剩余期限至少为1年且不超过30年；
17. “抵押贷款”为每月还本付息，且还款方式为等额本金、等额本息或“《贷款合同》”明确约定的其他方式；
18. 除非相关“借款人”（或其代表）全部提前偿还了所有的应付款项（包括现时的和将来的，已有的和或有的），任何“借款人”均无权选择终止该“《贷款合同》”；
19. 针对该“抵押贷款”或“抵押权”而言，“发起机构”和相关的“借款人”“担保人”之间不存在尚未解决的诉讼、仲裁或执行程序。
三、关于“抵押物/担保物”的标准
1. 于“初始起算日”，如果该“抵押贷款”已经以“抵押房产”作为抵押物办理抵押担保，该抵押担保已在中国相关的房地产登记机关办理完第一顺位抵押权登记手续，登记的第一顺位抵押权人为“××银行”；于“初始起算日”，如果该“《贷款合同》”“《抵押合同》”约定为“抵押贷款”设立“抵押权预告登记权益”的，登记的抵押权预告登记权利人为“××银行”；
2. “抵押房产”均位于“中国”境内，“发起机构”将根据具体安排确定各地区入池比例。

数据来源：建设银行根据相关资料整理。

从业务实际操作来讲，发起机构内部的资产负债管理部门会协同业务部门首先确定发行目标，主要涉及规模、利率和区域结构。发行规模将根据金融机构对信贷规模或流动资金的需求来进行规划；发行利率将根据发起机构的内部资金成本来确定，一般入池资产的发行利率将尽可能不高于当期新投放利率；入池资产所在区域（分行）将由业务部门统筹根据监管政策和市场供需情况进行分配。

（2）基础资产筛选流程

目前，大部分参与市场的发起机构已形成了较为成熟的基础资产管理流程和资产证券化系统，整个资产筛选过程主要通过系统进行操作。以某商业银行为例，其资产筛选分为预选、备选和入库三个主要环节。

预选环节：根据即将发行的项目设立新的证券化库，输入入池分行、金额、勾选入池资产标准。系统生成入池资产明细。

备选环节：预选生效后，点击某个预选库，提交成备选库。在预选的标准上按照更严格和更多的标准进一步对资产池进行筛选，进行贷款批量删除。备选环节资产池将下发至分行进行核对，分行将再次剔除不符合合格标准或无入池意愿的贷款，校对拟入池资产的信息，同步进入系统修正错误信息。

入库环节：确定入池资产后，选定封包日期，在该日将整包资产进行锁定。入库后可下载资产池数据并下发分行，进行最终确认和校订信息。入库后资产可进行删除或增加等微调动作。

资产池最终确定后，将发送至监管及中介机构。

4. 推动项目实施

资产池确定后，发起机构将组织协调行内相关部门及行外中介机构共同推进项目进展，主要包括：配合资产抽样尽职调查、参与产品交易结构设计和相关测算、组织申报材料（含合同）撰写和审查、发起申报流程、进行路演销售、完成资产交割交付和会计账务处理工作等。

尽职调查：信用评级机构、会计顾问、法律顾问开展尽职调查工作及执行商定程序，对资产证券化基础资产的权属、真实性、风险状况等进行全面调查评估，并出具相应的报告。发起机构负责组织中介机构开展尽职调查，经办行和相关部门配合提供尽职调查相关材料并对所提供材料的真实性负责。

交易结构设计：发起机构需会同受托机构、主承销商、信用评级机构对基础资产的现金流、收益率等因素进行测算，并对基础资产整体现金流分配设定先后次序，形成不同级别的资产支持证券，同时协商确定交易结构，包括资产真实出售和破产隔离、证券类型设计、内外部增信措施、现金流偿付顺序、项目账户安排、会计与税收处理、信息披露要求、信用触发机制等。

申报材料撰写及上报：根据监管要求、行业惯例和实际情况，发起机构需组织中介机构起草相关法律文件、申报材料。法律性文件和申报材料需由总行法律事务部门审查同意，会计师和律师应出具会计意见书和法律意见书。发起机构负责组织签署相关合同协议，并会同受托机构向监管机构上报相关文件。根据监管部门的设定发行日期。

路演销售：发起机构协同主承销商、受托机构等，共同开展证券发行销售中的投资者沟通、路演推介等工作。

资产交割及会计做账：证券发行完成信托设立之后，受托机构以扣除交易费用后的发行净收入和发起机构持有的资产支持证券作为发起机构转让基础资产的对价。发起机构转让基础资产，并进行相关账务和系统处理。

5. 跟进存续期管理

资产证券化发行结束后，发起机构仍与整个产品有着千丝万缕的联系，包括在特定情况下完成抵押权变更手续，在特定情况下进行不合格资产赎回，当资产池余额不足 10% 时进行相应回购，协助完成产品到期的清算工作。尤其是目前我国特色的监管文件中还规定，发起机构信用风险自留比例不低于发行规模的 5%，且持有的最低档次资产支持证券的比例不低于该档次资产支持证券发行规模的 5%，若各档次均持有，那么各档持有比例需相同。该项规定将发起机构与所发行的产品进行了更为严格的绑定，以确保在试点期间，投资者权益能够得到充分保障，证券化市场可以稳定发展。有相当比例的商业银行一般采用全部自持住房贷款证券化次级档金额，以实现对 AAA 级优先档证券化的信用支持。

三、RMBS 发行对商业银行经营管理的影响

RMBS 在国内市场的成功探索，给发起机构的经营和管理模式带来了积极的影响，主要体现在以下几个方面。

1. 盘活存量资产

RMBS 的成功发行，使得商业银行能够在贷款资金供给不足的情况下，通过自身存量优质资产吸引市场资金，既没造成货币供给压力，又满足了银行自身的业务需求。

2. 优化信贷结构

除补充流动性之外，商业银行也需要根据市场趋势，对过往投放策略进行修正和提升，将补足的流动资金投入到盈利能力更高的地区和资产上。以某商业银行为例，2016 年，该行发行的 4 单 RMBS 产品入池资产加权平均利率分别为 4.03%、4.09%、4.15% 和 4.02%，全年全行新投放资产的加权平均利率为 4.62%，所释放的信贷资源得到了更有效的投放，提升了综合资产收益率。

3. 实现效益贡献

对于正常类住房抵押贷款证券化资产，商业银行可以从以下四个方面实现再盈利。一是自持次级档部分收益。根据某商业银行 2016 年发行的 RMBS 产品测算结果，该行未来的次级档收益基本占自持次级规模的 10% 以上。二是中间业务收入。当前，商业银行一般将贷款服务费率定为余额的 0.1%，一般产品的加权平均存续期 10 年，100 亿元的发行规模可在存续期内收取约 1 亿元服务费收入。三是再投资收益。所释放的信贷规模将重新进行投放，变为新的利润来源。一般来讲，30 年期房贷等额本息产生的利息约等于放款金额的一半。四是不良证券化在理想的产品估值情况下，减值准备计提小于证券化前的减值计提，能够直接增加商业银行的即期利润，某商业银行发行的不良贷款证券化项目，为该行当年带来了约 1 亿元的中收利润。

4. 形成资本节约

根据巴塞尔协议Ⅲ的资本管理规定，商业银行投放的住房贷款类资产风险权重为 50%。根据《中国人民银行中国银行业监督管理委员会公告〔2013〕21 号》规定，发起机构需持有不低于证券化产品全部发行规模的 5% 的资产支持证券。一般来讲，垂直持有各档证券规模的 5% 将会形成较大的风险资本节约，水平持有次级档需不超过整体规模的 4% 才可能实现资本节约，而监管要求至少要持有 5%，因此，一般水平持有次级档不会产生资本节约。目前，为提高发行效率，商业银行往往持有所发行 RMBS 产品全部次级档，每期产品次级档规模基本在 7% 以上，暂未形成资本节约。未来，伴随着投资机构对次级档的充分认可，发起机构将逐步尝试垂直持有各档 5% 模式，对外销售 95% 的次级档，可产生较好的资本节约效果。

5. 提升精细化管理水平

在发行资产证券化过程中，需要从多个维度对外披露底层资产信息，整个信息披露的过程促进了发起机构内部对底层资产管理的精细化程度，校对并提高了系统信息的准确性，使得住房贷款的管理更加规范严谨。此外，为充分发挥该金融工具在匹配资金供需，调节资产负债结构、管理经营风险等方面的作用，而不断提升自身系统支持能力与数据分析水平，以及对货币政策、债券市场、商业银行资本管理和会计管理等业务知识的研究能力，并将其技术有效融入到其他的管理领域，提升了信贷管理水平。

6. 提高创新能力

开展金融创新前沿的资产证券化业务，传统商业银行在基础资产估值、回收预测模型、发行定价等方面都面临较大挑战，近年来通过不懈努力，积极尝试不同类型基础资产，商业银行逐步建立了不同类型资产证券化发行体系，自身创新水平得到快速提升。以建设银行为例，在住房抵押贷款证券化方面，根据历史早偿率的测算，优化了资产支持证券的到期日披露形式，一个是现金流测算后的产品到期日，另一个是早偿率测算后的到期日，更能够体现产品实际的存续时间。

7. 增强品牌形象

在产品发行的过程中，发起机构也积极推动资产证券化市场发展。一是积极培育多元化买方市场，不断吸引基金、保险、优质民营企业等新型的投资人参与债券的投资发行。二是完善市场价值发现机制，通过公开发行和充分信息披露，打通信贷市场和资本市场的联系，使得市场对中国房地产市场和商业银行住房按揭业务有了更为深入的了解，商业银行住房信贷资产的价值越来越具有公允性和可信度。三是积极推动市场可持续发展，以建设银行为例，作为市场规模最大的发起机构，其积极投身各类证券化产品创新实践、监管制度拟定和行业研究工作，为证券化市场作出了有益尝试和积极贡献，促进资本市场资源合理有效配置，获得了监管和市场的认可，在业内树立了资产证券化标杆形象。

四、小结

RMBS 作为技术成熟、特征稳定，资产相对集中的证券化核心领域，发起机构不仅承担着资产提供方的角色，更承担着建设整个资产证券化生态的重要职责。自 2015 年证券化注册制启动后，发起机构克服多重困难，在内生需求巨大，时间紧迫的不利条件下，2 年来不仅完善了自身住房抵押贷款证券化基础建设工作，而且不间断完成千亿元资产证券化发行工作，无论是在效率、规模还是质量上，为资产证券化市场发展奠定了坚实的基础。

作为交易结构中的重要一环，发起机构始终秉承着严谨、负责、高效、创新的精神，以发行促进发展，持续影响和改革内外部的资产证券化业务生态。于内，打通部门流程，明确了各岗位发行和管理职责，使得证券化发行效率不断提高；于外，持续增加住房贷款证券化市场供给，扩大其市场影响力，并通过大量持续的路演推介，不断加深资本市场对资产证券化产品的认知度，吸引着越来越多的投资主体。如果说资产证券化完善了信贷市场和资本市场的连接，那么以建设银行为代表的发起机构则努力发挥自身优势，持续打通着监管、资产方和投资方之间的信息和对话壁垒，促进了整个资产证券化体系顺畅运转。

在前期政策红利的推动下，住房贷款证券化已然步入了需要常态化发展的新阶段，同时也面临着巨大的挑战。一是发行过程比照欧美成熟的全电子化流程还有所欠缺，一定程度上制约了市场规模增长，而且由于审核审批流程较长，材料多，发起机构往往很难在期望的发行时点完成发行，有时会与市场流动性紧张的时点相撞，发行效果不尽理想。二是发行价格尚存在过高的流动性溢价。住房贷款作为充分分散，违约极低的零售资产，其利率水平在各类资产中偏低，因此对票面的发行利率要求较高，在成熟市场中，住房贷款的利率水平仅稍高于国债，但是在我国由于市场认知度问题和缺乏二级市场交易，投资方往往会给出相当高的流动性溢价，发起机构往往承受较大的利率倒挂压力。三是信息披露内容还不够完善。目前受托报告的信息披露尚不满足复杂的定价和交易需求，出于保护商业机密原则发起机构较难主动披露制度规定外的数据，掣肘了证券化市场的流动性发展。面临诸多困难，发起机构已逐步开展工作，包括尝试质押式回购，组织协调各市场参与机构进行定价模型研究等，为完善证券化市场的生态建设出谋献策，推动资产支持证券成为固定收益重要券种，促进资本市场和信贷市场利率市场化同步前进。

第二节 贷款服务机构

由于我国证券化市场发展处于初级阶段，一般仍由发起机构同时承担贷款服务机构角色，根据《信贷资产证券化试点管理办法》规定，贷款服务机构主要职责包括：收取个人住房抵押贷款本金和利息；管理个人住房抵押贷款；保管信托财产法律文件，并使其独立于自身财产的法律文件；定期向受托机构提供服务报告，报告作为信托财产的个人住房抵押贷款信息；其他约定贷款服务事项。图 1 为某商业银行提供的主要贷款管理内容：

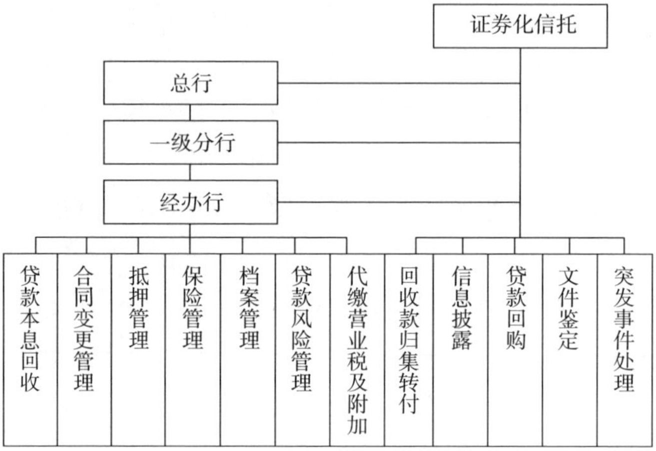

数据来源：中国建设银行根据相关资料整理。

图 1　发起机构贷款服务内容

在管理服务活动中，贷款服务机构各入池分（支）行中的经办行（以下简称经办行）主要负责对证券化贷款的直接管理和向一级分行归集回收款；一级分行（一般以省为单位）主要负责指导监督经办行管理证券化贷款，代收代付并核对经办行的回收款；总行主要负责制定对证券化贷款管理服务的规章制度，监督试点分（支）行对证券化贷款的管理服务，核对回收款信息，向受托机构划付回收款，以及对外披露贷款库的有关信息等。目前市场存续的住房抵押贷款证券化产品均按期兑付，资信情况良好。

一、政策制度

1. 基础资产管理

作为贷款服务机构兼发起机构，商业银行一般将基础资产与自有资产进行分账核算和档案分类管理，基础资产的管理标准完全参照自有资产的管理标准严格进行管理，不因资产转移至表外而放松要求，全面保障投资人权益。

以某住房金融业务历史最长的以及同业资产质量最佳的银行机构为例，其先后出台了《××银行个人贷款管理暂行办法》、《××银行个人住房贷款办法》、《××银行商业用房贷款暂行办法》、《××银行个人再交易住房贷款暂行办法》、《× × 银行个人住房贷款操作规程》、《× × 银行个人贷款贷后管理办法》等一系列规章制度制定，对不同类型住房基础资产的贷前服务、贷款受理、贷前调查、贷款审核、贷款审批、合同签订、贷款担保、贷款发放、贷后检查与处置、贷款回收、合同变更、档案管理等各个贷款环节进行详细规定，RMBS 基础资产参照上述制度规定进行管理。

其中，在《× × 银行个人住房抵押贷款证券化贷款服务手册》中第三章专门补充约定了对证券化入池贷款的管理，包括贷款本息回收、合同内容变更管理、抵押管理、保险管理、档案管理和风险管理几大部分，协调满足证券化借款人的合理需求和投资人的权益。

在贷款服务手册中，证券化贷款借款人可以根据规定要求完成提前还款、结清、变更借款人、变更抵押物、变更期限、变更还款方式等操作，借款人并不因为该笔贷款证券化后就不能实施任何变更。

借款人如果申请合同变更，变更后条款不得损害贷款本息回收且不造成重大不利影响，措施包括：比照自营贷款，进行展期的证券化贷款视同为违约贷款，要加强催收管理；比照自营贷款，证券化贷款期限变更不得长于入池资产中单笔最长剩余期限；比照自营贷款，抵押物变更需征求受托机构同意，并根据要求回购贷款等。

比照行内《个人住房贷款贷后管理实施细则》、《个人住房抵押贷款证券化贷款服务手册》增加了保险管理内容，规定投保人不得以任何理由中断或撤销保险等；细化了档案管理部门，增加了证券化贷款档案移交和分类管理细则；尤其是强化了对证券化贷款的风险管理，措施包括：严格按照《信息披露指引》中的风险分类、严重拖欠率、累计违约率等指标进行日常监控，确保连续三个收款期间的平均严重拖欠率低于 2%；对于已经违约的贷款，不得收取动产或不动产（现金除外）抵偿债务，如果债务人提出申请，需进行拍卖回收相应资金等。

2. 贷款服务内容

根据实际情况，发起机构会将住房抵押贷款证券化发起和贷款服务纳入到统一的业务规定之中。以某商业银行为例，根据人民银行、银监会《信贷资产证券化试点管理办法》、《金融机构信贷资产证券化试点监督管理办法》等有关规定，该行制定了《××银行个人住房抵押贷款证券化业务管理暂行办法》，包含了《××银行个人住房抵押贷款证券化贷款服务手册》、《××银行个人住房抵押贷款证券化贷款转让出售手册》和《××银行个人住房抵押贷款证券化项目会计核算规定》等制度，其中涉及贷款服务内容的包括职责分工与分支机构管理、证券化贷款管理、回收款的归集与转付、信息披露、证券化贷款回购及其他。

回收款归集与转付：由经办行持续收取证券化贷款的所有应回收款项，包括贷款本金、利息、罚息、复利、违约金等，在扣除证券化信托营业税及附加和应由证券化信托承担的违约贷款执行费用后，按月通过一级分行定期归集到总行回收款集中账户，然后由总行将应付证券化信托回收款分为本金回收款和收入回收款，及时、足额转入受托机构在资金保管机构开立的信托收款账户。

信息披露：由总行牵头部门统一负责对外信息披露职能。具体包括服务商报告，年度项目审计报告，年度机构审计报告，跟踪评级数据等。

证券化贷款回购：在资产支持证券发行一段时间后，由发起机构根据《信托合同》或《服务合同》的约定回购已入库的抵押贷款。证券化贷款的回购包括资产回购和清仓回购。资产回购是指发起机构在一定条件下对贷款库中的个别抵押贷款的回购；清仓回购是指发起机构在一定条件下回购整个剩余贷款库的抵押贷款。

其他：包括各类文档、表格的签字用印规定以及对突发事件的处理流程。

二、系统功能

零售类基础资产小额分散，入池规模较大，因此必须要有准确可靠的系统才能完成好相应的管理工作。以某商业银行为例，其证券化系统包含资产筛选、交割、资金自动归集、存续期对账单管理、服务商报告、回购等功能。

资产筛选：为发起机构的常用功能，在第一章节发起机构中有叙述，分为预选、备选和入库三大板块。

资产交割：总行牵头部门需要提前确定交割日期，由生产系统生成相关交割文件上传至账务系统，于交割当日 24：00 前完成资产出表工作。

资金自动归集：入池贷款每月回收本息等自动转入总行对外支付账户。

存续期对账单管理：每月初由总行牵头部门统一下载各期证券化回收款情况，由总分行人工核对后并交由运营部门向信托进行划付。每月底由受托机构按规定日期向服务机构转入服务费用，总行牵头部门制定服务费分配表单，将服务费下发至入池分行。

服务商报告及跟踪评级数据：由系统根据相关口径自动生成各期服务商报告，总行牵头部门逐一核对关键信息后发往外部机构。对于每年的跟踪评级，由总行牵头部门下载各期项目的回收明细，发送至评级机构。

贷款回购：分为部分贷款回购和清仓回购两个功能，设定回购起算日和回购交割日，在交割日同步完成回购贷款的账务处理和经营处理。

贷款服务机构将根据市场发展需要，持续加强系统建设，完善发行后的资产服务与信息披露功能，加强对各期证券化产品的统计分析和预测功能，以促进该项业务的规范化、标准化、高效化、透明化发展。

三、人员设置

在 2005 年我国开展个人住房抵押贷款证券化试点初期，为更好借鉴国际经验，相关贷款服务机构（发起机构）引进了国际化专业人才推动该项工作，同时加大专业人才的培训和储备。2015 年证券化扩大试点工作后，各贷款服务机构相继设立了专门的证券化业务团队或证券化业务部门，分支机构也配备了专人专岗，建立了切实可行的总分支三层业务分配和考核机制，为住房抵押贷款证券化业务的快速发展奠定组织机构基础。建立学习跟岗机制、专题培训机制、业内交流机制等，持续加大对条线人员的培训力度，提升证券化专业水平和业务技能，以保障该项业务稳健发展。

四、贷款服务成效

根据交易合同规定，入池贷款累计违约率监控指标为：在“交割日”

后的相应周年年度：第一年 2%；第二年 3.3%；第三年 4.5%；第四年 5.8%；第五年 7%；第六年及以后 8%。严重拖欠率监控指标为 2%。目前市场存续期系列产品运行情况远优于上述指标设定。其中建元 2005-1 和建元 2007-1 证券化产品即将成为国内首单结清的住房贷款证券化产品。具体存续运行结果详见表 3：

表 3　建设银行（贷款服务机构）存续期项目主要指标

单位：万元、%、年

项目系列	发行时间	发行金额	累计违约率	严重拖欠率	剩余未偿本金	存续时间
建元 2005-1	2005/12/15	301 668.31	0.0075	0.0041	9 954.29	11.55
建元 2007-1	2007/12/14	416 068.37	0.0096	0.0004	31 094.89	9.55
建元 2015-1	2015/9/25	162 211.87	0.0021	0.0003	96 923.12	1.76
建元 2015-2	2015/12/22	804 216.03	0.0046	0.0008	510 361.24	1.52
建元 2016-1	2016/6/6	974 868.98	0.0029	0.0022	712 750.34	1.07
建元 2016-2	2016/11/25	907 323.84	0.0002	0.0001	781 995.49	0.59
建元 2016-3	2016/12/8	803 208.26	0	0.0003	689 804.85	0.56
建元 2016-4	2016/12/21	941 544.9	0.0001	0.0007	795 142.91	0.52
建元 2017-1	2017/5/18	998 473.48	0	0	958 210.53	0.12
建元 2017-2	2017/5/26	999 404.23	0	0	970 369.85	0.1
合计		7 308 988.27			5 556 607.52	

数据来源：中国建设银行根据相关资料整理，截至 2017 年 6 月。

第三节　财务顾问

一、财务顾问角色和职责

通常在国际资产证券化业务里，聘请经验丰富的财务顾问是一种通行的市场惯例，同时在目前中国实际证券化业务操作中，也可以看见财务顾问的角色越来越多的出现在 RMBS 业务里，以及其他不同类型的资产证券化业务中，并发挥着越来越重要的作用。

为什么在资产化业务中会出现财务顾问这个角色呢？一方面，由于证券化业务涉及机构众多，环节链条较长，业务复杂程度较高，因此在客观上需要聘请具有丰富证券化业务经验的财务顾问在项目全流程提供建议和指导。另一方面，相比较于其他类型市场机构主体不同的利益诉求，财务顾问在开展证券化业务时一般从发起人的角度考虑问题，为其提供支持、建议，帮助其决策和判断。

因为从财务顾问本身的角色定位来讲，就是具有某一领域专业知识，同时根据发起机构自身需求，站在发起机构的角度，利用公司的产品和服务及其他社会资源，为发起机构提供专业服务的角色，正是财务顾问对业务本身的这种专业性以及站在发起机构角度考虑问题的业务导向，使得其开始在中国证券化市场中越来越多的出现，并扮演重要的角色和承担重要的职责。

二、财务顾问的具体工作

在实际资产证券化业务中，财务顾问将参与整个项目全流程，从对发起机构的前期辅导，到具体项目执行阶段，再到发行阶段，都承担着相应的工作。

1. 前期辅导

相对于其他市场中介机构，财务顾问一般会在更早阶段介入资产证券化项目，也就是在项目未正式启动前就开始为发起机构提供服务，主要侧重于对资产证券化业务的辅导，具体内容如下：

（1）对发起机构相关参与人员进行资产证券化业务培训，以提升项目执行的工作效率以及效果。

（2）协助发起机构内部资产证券化业务流程和机制的梳理。

（3）根据发起机构的要求，同时根据与各中介机构前期的沟通，对入池资产的筛选标准进行建议，供发起机构参考。

（4）根据发起机构诉求，拟定初步的发行方案和项目进度表，给出协调项目整体进度和参与机构的分工的建议，确保项目顺利开展。

2. 项目执行

在具体项目执行阶段，财务顾问一般负责全面协调和统筹项目各参与方的工作推进，保证项目高效进行。具体工作和承销商有所重复，但侧重不同，财务顾问在项目执行中侧重于关键时间点的把握和各个中介的协调，同时对材料制作细节提出意见和反馈。具体内容如下：

（1）全面协调和统筹项目各参与方的工作，制作项目工作时间表和工作规划，推动项目高效进行。

（2）协助发行人进行基础资产筛选，提供筛选标准和专业建议。形成基础资产池后，组织各中介机构开展尽职调查工作。

（3）根据基础资产的情况进行资产池现金流分析和测算，与评级机构沟通项目的交易结构和资产支持证券的分层比例，争取最有利的评级结果。

（4）组织会计师开展执行商定程序，讨论不同交易结构下的会计处理和风险报酬转移，并形成最优方案。

（5）协助法律顾问起草项目的主要交易文件，并组织各中介机构对交易文件进行讨论反馈，形成最终交易文件定稿。

（6）组织各中介机构完成备案材料并向监管部门报备。

3. 发行定价

发行定价环节至关重要，决定着发起机构发行证券化产品成本的高低。财务顾问因和投资人没有直接联系和利益关联，因此在发行定价阶段确保发行成功的基础上，充分考虑到发起机构的利益，给出发起机构关于发行定价的合理建议。具体工作如下：

（1）拟定发行方案，根据市场情况给出发行时间判断，并进行发行成本的测算，给出发行价格区间的定价建议。

（2）定期或不定期召集承销商召开销售会议，汇总市场销售情况，及时给出发起机构参考和建议。

（3）协助发行人和主承销商制定项目路演推介材料及其他材料，参与项目路演推介工作。

（4）在发行关键阶段，充分调动和利用财务顾问自身资源，确保项目成功发行。

三、财务顾问的能力要求

财务顾问一般参与项目全部阶段，同时和发起机构合作关系较一般中介更为紧密和长期，需要根据发起机构在不同时间、不同阶段的业务诉求给予合理和专业的建议，因此一般对财务顾问要求较高，具体细节要求如下：

（1）熟悉国内外资产证券化市场的特点、规则与各环节的具体细节。

（2）具备进行尽职调查的专业能力和丰富的业务经验，能够提出符合不同阶段国内资产证券化市场的基本要求和整体方案。

（3）具有足够的业务网络和协作关系及调动资源的能力，可以根据发起机构的特点和要求选择合适的中介机构——承销商、律师、会计师、评级和评估机构等，同时在重要节点，能够利用自身资源和渠道为发起机构解决问题。

（4）提供长期的顾问服务不仅仅是眼前利益，要能为发起机构的长远发展考虑，与发起机构在资产证券化业务领域上共同成长，提供完整、系统、长期的战略规划以及相应的财务顾问服务，并且能够向发起机构提供近期与未来发展的分析和相应的独立意见。

（5）实际操作经验丰富的发起机构在资产证券化业务过程中遇到各种困难时，为发起机构提供多种应对方案。

（6）业绩良好，业内有一定影响力，有较好的口碑和市场业绩。

第四节　受托人

一、受托人一

1. 受托机构的职责

（1）信托在 RMBS 结构中的功能

信托作为资产证券化结构中的 SPV，在我国为由受托机构按照相关法规设立并管理的事务管理类财产权信托。在 RMBS 业务中，发起机构将其合法拥有并可依法转让的个人住房抵押贷款债权信托于信托公司，信托公司按照委托人的意愿，设立财产权信托，并以信托受益权为标的在全国银行间债券市场发行个人住房抵押贷款资产支持证券。首先，信托是一个承担破产隔离功能的主体，委托人信贷资产设立的信托一旦生效，信贷资产即成为信托财产，独立于委托人的其他信贷资产，也独立于受托机构的固有资产，其现金流将全部用于支付资产支持证券的持有人的本息及相关费用。信托事务的最高决策权归属于受益人大会，受托机构按照信托文件的约定履行对信托的管理职能。

信托是一个现金流独立归集和核算的主体，通过在资金保管机构开设的信托专户，信托财产产生的现金流将在信托中予以核算和分配。信托账户下往往设置多个子账户，区分信托财产的本金账和收益账。其中本金账用来归集信贷资产的本金现金流，其主要用于归还证券的本金，及补充收益账的现金流不足。收益账用来归集信贷资产除本金之外的现金流，其主要用于支付由信托财产承担的费用和证券利息，如有剩余则流入本金账。本金账和收益账设置互相调节机制，多账户设置可用于监控现金流的充足情况，若收益账现金流长期需由本金账来补充，则资产支持证券的持有人将面临基础资产现金流不足的风险，将可能影响劣后级证券投资者收益和本金的获取。如在目前发行的公积金 RMBS 项目中，由于基础资产利率偏低（现行五年以上公积金基准利率为 3.25%），本金账需长期用于补充收益账现金流的不足，需采用超额抵押的方式保障次级投资者的收益。

（2）受托机构的职责和定位

信托上述两个功能是资产证券化结构的核心，其实现需依赖于受托机构的专业化管理。目前在我国的监管框架中，受托机构由信托公司来担任，同时兼具受托机构和发行人的身份。其中，受托机构的主要职责是在信托存续期内谨慎管理和处置信托财产，与服务机构共同为投资者收取现金流，保护资产支持证券持有人的利益。发行人的主要职责为按照现行监管规定，在其他中介机构的协助下，作为资产支持证券的发行主体，按照债券市场的规则履行文件报送和信息披露等义务。

按照《信托法》中对信托的定义，信托是指委托人基于对受托人的信任，将其财产权委托给受托人，由受托人按委托人的意愿以自己的名义，为受益人的利益或者特定目的，进行管理或者处分的行为。在资产证券化业务中，信托为他益财产权信托，受益人和委托人并非同一人，分别是资产支持证券的买方和基础资产的卖方。从关系上看，受托机构在其中受买卖双方信任，负责持有并谨慎管理其资产，同时代表着双方的利益。在信托设立前，受托人需按照委托人（发起机构）的意愿，使得设立信托能够在合法合规的前提下满足发起机构的利益诉求，在信托设立后，受托机构的主要目标是在相关法规和交易文件的框架下，最大程度保护受益人利益。

2. RMBS 业务的特点和受托机构工作要点

对于受托机构来说，RMBS 业务与其他资产证券化业务相比较，有着非常明显的特点。第一，基础资产期限较长，我国的个人住房抵押贷款最长期限为 30 年，若同时在存续期内未发生提前结束信托的事件，则受托机构的工作将可能持续 20 年以上，截至目前我国首单 RMBS 建元 2005-1 已存续超过 12 年仍在存续。第二，兑付和披露频率较高，个人住房抵押贷款的基础资产现金流一般为逐月归集，受托机构需逐月向资产支持证券持有人兑付本息，同时逐月出具兑付报告，为服务机构和其他中介机构支付费用，每期项目生命周期内往往要重复上述工作上百次，需要受托机构配备稳定的人员和信息系统。第三，信托财产规模较难预测，当信托设立后，信托财产本金规模逐月递减，其波动速度和个人住房抵押贷款的早偿率直接相关，而早偿率与剩余基础资产结构、房地产市场政策环境、房价变动、区域等因素密切相关。目前该类业务信托公司需按照存续本金规模千分之二的比率计提风险资本，若受托机构 RMBS 业务规模占比较大，难以准确预测规模将对风险资本筹划造成一定难度。第四，RMBS 笔数众多、高度分散，且涉及房产抵押，一旦在存续期内出现权力完善事件、更换服务机构等事件，对受托机构来说将涉及大量基础资产文件的处理和抵押权的变更，受托机构需有足够的能力进行处理。

RMBS 业务的以上特点导致了 RMBS 业务对于受托机构来说是一项

较为复杂的事务管理类业务。我国的监管框架赋予了受托机构在资产证券化交易中的核心职责，受托机构为交易中最主要的责任人，对所有的交易文件、报送监管文件及信息披露文件负责。目前，由于种种原因，部分受托机构的工作以“通道”为主，和监管所赋予的职责有较大差距，一旦出现问题，受托机构将承担超出其能力范围的责任，并且给市场和投资者带来不可预期的损失。信托公司在 RMBS 的工作中，需要不断梳理并思考受托机构的责、权、利的边界。在发行前，除履行程序上的义务外，一方面受托机构需参与并确认交易结构的细节设计和现金流测算，另一方面需协助发起机构完善其 RMBS 业务所需的信息系统。受托机构自身对于基础合同的权利义务和现金流可能出现的风险要进行了解，对发行说明书等披露材料中的主要信息进行核实。在存续期管理方面，受托机构须确保对于交易文件约定的每一项义务进行细化落实，严格履行合同约定和监管规定的信息披露义务的同时，做好投资者沟通和服务，协助其在合理范围内准确了解基础资产和证券的动态情况，确保投资者利益得到切实保护。

3. 受托机构专业能力建设

（1）信息系统建设

发行 RMBS 将逐步成为我国商业银行调节资产结构、扩大市场影响力的常态化金融工具。目前各银行已逐步增大 RMBS 的发行规模，在受托费率逐步提高的市场化环境下，存续期管理的手工处理成本高、效率低、错误率高的弊端已经显现，部分信托公司已因信息披露的质量和效率问题被交易商协会约谈。RMBS 发行规模较大、笔数较多的信托公司已开始使用信息系统来替代手工核算操作，如建信信托目前已开发上线一套主要用于 RMBS 的全流程管理系统，能够将 RMBS 的合同条款分解成各个变量，内嵌在系统中。在后期管理方面，可以做到信托经理仅需输入本期发生的费用支出、合格投资情况等参数，再上传贷款服务机构的服务报告后，由系统自动进行账务核算、自动判断定量的重大事件是否触发、自动生成拟披露的受托机构报告和发送证券登记机构的兑付付息通知单，同时自动发起用印和转款审批流程，相关复核人员和负责人核对数据无误后即可挂网及转款。同时，该系统支持基础资产管理、现金流分析、中介机构库管理等功能，已在 RMBS 业务的全生命周期中替代手工操作。未来，受托机构信息系统的功能将进一步延伸，在前端可对接发起机构的管理系统，做到底层资产数据的直接提取和管理，甚至可使用区块链技术避免人工干预数据的真实性，在后端可按照信息披露的频率直接为资产支持证券二级市场的估值系统提供估值所需数据，做到资产端和证券端的无缝衔接。

（2）信托财产管理能力建设

目前我国的 RMBS 的发起机构和服务机构以大型金融机构为主，存续期管理方面，受托机构主要依赖于服务机构对于基础资产的管理，受托机构获取基础资产信息的主要来源是贷款服务报告中的统计信息，目前很少约定服务机构需逐月将基础资产的逐笔信息发送受托机构，因此受托机构在资产管理方面目前主要为账务核算和分配现金流的工作，而对贷款层面的数据接触较少。作为抵押贷款的实质债权人和受益人利益的代表，受托机构需要能够在服务机构出现风险、触发权力完善事件，或者服务机构对于信托财产管理或处置不力的时候，能够对底层资产拥有管理和处置，甚至更换服务机构的能力。只有在长期内逐步减少对发起机构的依赖，才能够使资产支持证券的现金流真正与发起机构彼此独立和隔离，更加有利于保护投资者利益，获得国际投资者的认可。

（3）风险管理和内部控制能力建设

RMBS 业务存续期限较长，受托机构面临的主要风险是操作风险，同时受托机构需为 RMBS 的投资者管理产品所面临的信用风险和流动性风险。RMBS 全套合同数百页，受托机构在制定合同条款时最需关心的是条款是否约定完整、可执行且无歧义，包括各种情景下的现金流分配顺序、信托清算时对非现金信托财产的清算和分配方案、各类事件发生时受托机构的职责和义务等，若约定不清，将可能出现受托管理具体工作无据可依的风险。操作风险方面，公募资产证券化项目出现操作风险的负面影响远高于一般信托项目，一旦出现利息计算有误或划款不及时，将可能构成证券的技术性违约。受托机构需提高操作风险防控意识，制定完整的操作流程和岗位，固定专人进行核算和复核，并制定完善的内控流程。同时，受托机构需为投资者管理潜在的风险，如基础资产现金流下降的风险、服务机构和保管机构履约能力下降的风险、税收政策变化的风险、合格投资可能无法及时到账的风险等，在发现风险时能够及时提示，出现风险时及时化解。受托机构在风控和内控方面的能力仍需加强，只有风险控制措施健全、内控完善的受托机构才能够长期取得投资者的信任。

4. 进一步发展 RMBS 市场的建议——推出标准化 RMBS 合同文本

为将 RMBS 打造成一个标准化的固定收益产品，使其拥有高流动性，降低发行流动性溢价，其产品结构应尽量标准化，其中首先需要标准化的就是合同文本。RMBS 基础资产高度分散，且有住房抵押的属性，是最适合作为完全标准化产品的资产证券化产品。目前使用的 RMBS 合同文本，每家发起机构、受托机构、律师事务所在结构和设置方面均有所不同，若能将其标准化，可显著提高发行时各方法律审核及监管机构审核的效率。合同标准化后，每期项目除参与机构、基础资产、现金流分配顺序和证券信息不一样之外，其他信息均可保持一致，尤其是主定义表中对各个定义的阐释和理解，在不同项目中应保持一致。合同标准化后，投资者对证券估值时只需关注现金流情况和各个机构的履职能力，不再需研究和担心合同条款可能带来的潜在风险。标准化的合同中的变量可录入估值模型中，实现系统自动估值，对二级市场的建设提供重要的基础支持。

我国的信贷资产证券化业务肇始于 2005 年，首单产品即是个人住房贷款资产证券化（RMBS）产品，2012 年试点重启后，企业贷款作为基础资产的信贷资产证券化产品以其操作相对便利、发起机构意愿强烈的优势，规模迅速增长，一度占据发行市场的 90% 以上。但自 2015 年以来，RMBS 的规模快速上升，目前以存量规模计，已经成为各类信贷资产中证券化规模最大的一类。在经历了首发时的石破天惊、蛰伏期的困顿摸索、再出发时的辗转波折、到当下的阵鼓催发，RMBS 产品已经站在了一个新的发展阶段的起点。

信托公司作为受托机构，自我国信贷资产证券化业务诞生之初，即作为核心主体参与产品交易结构搭建，建信信托从试点重启开始介入信贷资产证券化业务，便将此作为信托公司转型探索的重要方向，在 RMBS 的受托管理上参与了公积金、大型商业银行、地方性商业银行、农村商业银行等多类主体的个人住房贷款证券化项目。回顾过去几年市场的发展历程，信托公司在 RMBS 受托管理上的认识和行为，也经历了一个逐步清晰、完整的过程。

二、受托人二

1. 受托服务的制度框架体系

信托行业是金融行业的有机组成部分，金融行业又是一个监管政策导向相对显著的行业，在金融行业中，合理的“制度先行”应当成为一项控制展业风险的、有序稳健发展的风险控制手段和工具。为此分析信托公司在资产证券化领域的受托服务时，有必要回顾一下开展业务的内外部制度环境以及他们与具体业务开展之间的关系。

（1）信托公司开展受托服务的制度依据

对于信托公司开展特定目的信托的受托服务，各类法律法规和制度规定可以大致分为“源”与“流”两大类，前者是指导业务开展的根本性的框架和指引，后者则在诸多涉及实践的层面做了更为具体的规定。

尽管学界对于特定目的信托的自益或是他益的属性、乃至信托关系在大陆法与普通法系下的适用仍有一些讨论，但毋庸置疑的是在实践中，国内的信托制度有力地推动了信贷资产证券化业务的发展，同时也确实解决了一些具体问题。而这些实践的基础，来自于《信托法》以及《信贷资产证券化业务试点管理办法》和《金融机构信贷资产证券化试点监督管理办法》。时至今日，尽管信贷资产证券化业务的制度体系日益完备，但这一个法律、两个办法是特定目的信托受托管理的根源。

在根本性的制度依据指引下，受托服务外部制度环境更进一步地可以分为两个层次来理解，一是针对业务具体实践的制度规定；二是针对交易对手方的管理实践的规定。理解这两个层次的制度环境，有助于更准确地把握受托服务的内容和逻辑。在前者的范围内，简单而言覆盖了产品的信息披露的一系列规则（如 RMBS 产品的注册制度）、发起机构的风险自留的要求（如 21 号公告）、资产支持证券登记发行的相关制度（包含部分需要参考金融债发行的制度规定）、资产支持证券流通转让的相关制度、信托公司对于此类业务的税收制度（目前仍在不断更新中）、针对 RMBS 基础资产的抵（质）押办理的相关规定等，上述制度体系不断地根据实践中的具体问题完善和发展，在实践操作的各个角度指导受托机构的行为。前述第二个层面的制度框架的覆盖范围则主要是发起机构及其他相关机构的行为指导，例如有关发起机构资格申请的制度（如新的行政许可事项实施办法）、商业银行风险资本的计量、有关资产转让业务的会计核算、对于主要投资主体（如商业银行的自营及理财）投资此类产品的相关规定、宏观审慎监管框架下有关指标的计算要求、银行间债券市场对于参与主体的自律规则要求等。理解这些制度框架，不仅有助于受托机构理解其他各方服务对象的需求，也更加有助于推动业务合理、规范地向前发展，合乎商业逻辑和监管要求的稳步推动产品创新。须知信贷资产证券化业务的框架下，交易结构的设置和参与主体的服务要求依据，并不是简单照抄照搬所谓“上一单”的业务操作，经验固然重要，但更为重要的是交易实践背后的商业逻辑和制度要求。

（2）受托服务的内部制度体系建设

尽管信贷资产证券化业务是一个相对标准化程度高，外部制度体系相对明确完备的业务，受托机构内部的制度建设仍然十分重要。这主要有几个原因，一是特定目的信托的受托服务的商业逻辑和内涵与传统信托业务有较大的差异，其投资银行业务的属性更为突出，投融资的属性相对很弱；二是此类受托服务的内容繁且杂，从频度、劳动量以及覆盖的业务部门角度看，都显著有别于传统信托业务；三是受托机构的职责相对较重，传统私募的信托业务的信息披露对于披露范围和及时性要求相对较为灵活，信贷资产证券化业务的信息披露是市场监督与评价的重要部分，受托机构的披露责任是刚性的，操作风险也相应的有所上升。因此，受托机构内部的制度体系建立就不仅仅是为了应对资格申请的基础要求，而更多应该基于业务的长期、稳定、规范、安全开展的需要出发。

从受托机构的内部需要来看，有关信贷资产证券化业务的制度体系建设一般也需要覆盖两个层次的需求，一是业务总体管理的需求；二是业务操作的指引。

针对前者，一个相对完整的制度体系一般会包括《信贷资产证券化业务管理办法》《业务操作规程》《风险管理制度》《内控评价制度》，上述制度文件分别着眼于公司业务总体管理框架和分工情况、具体业务推动的流程及依据、对业务风险的识别和控制、内控体系的实施与评价。上述制度可以选择针对业务制定专门的制度，也可以通过修订公司现有制度以将这一业务纳入现有制度体系。

针对后者，一般需要加以明确的业务操作包括《尽职调查指引》《信息披露指引》《会计核算及分配指引》等，主要是针对内部开展业务的具体操作和工作执行层面的一些做法予以规范化、明确化。这一类型的制度内容可以因各机构内部习惯的操作方式不同有较大差别，制度化对于业务实际操作的效率提升和降低操作风险有很大意义，这也是将其制度化的价值所在。

2. 受托服务的发展和变化

（1）RMBS 受托管理业务发展的三个阶段

尽管从信贷资产证券化业务诞生之初，信托公司即被赋予了特殊目的载体管理人的身份，作为制度要求的交易主体核心参与到证券化交易中，但制度要求并不能直接导致能力匹配，因此自 2012 年试点重启以来，信托公司对受托服务的理解大致可以划分为迷茫期、成长期、分化期三个阶段。

对于信贷资产证券化业务，尤其是 RMBS 业务，在试点重启后，大部分信托公司处于迷茫期。自 2012 年末起的半年到一年的时间段内，尽管获批业务资格的信托公司数量增长较快，但除了少数几家机构外，受制于人员和经验的限制，大部分信托公司对 RMBS 产品结构的理解流于形式，对交易操作的细节把握不够全面，在具体项目的推动中仅作为存在感不强的参与主体，配合其他交易主体完整文件的签署工作，对信托的设立、证券的发行、收益的分配和清算终止的具体执行并没有具体的理解，大部分信托公司内部并未将信贷资产证券化视为一类单独的业务分类并配备以专门的业务流程、管理标准和人员配备。在这段时间里，信托公司主要是以学习者的身份参与到具体业务中，从事此类业务的驱动因素也主要在于监管资格获批后需要尽快完成具体业务，以填补空白提升监管评级。

经过短暂的学习和理解，基于长期以来对受托责任的理解和金融市场业务的经验积累，在部分信托公司大力投入资源支持和证券化业务快速扩张的背景下，信托公司对受托服务的理解进入了快速成长期。在 2014 年末到 2016 年初的发展阶段内，有几个典型的特征：一是市场竞争趋于白热化，短期内甚至出现了劣币驱逐良币的情况。越来越多的参与者加入到竞争中来，在发起机构很难准确区分服务质量和服务内容的情况下，受制于招投标制度的弊端，导致大量以低价原则进入市场的机构迅速拉低了市场的收益水平。二是逐步出现了业务团队有针对性的承揽信贷资产证券化受托业务的现象，受托机构的市场份额占比在这一阶段逐步趋向分散。三是在受托服务的内部管理上，逐步产生了一批专业的团队和规范的服务方案，也出现了一些机构发现并利用了信贷资产证券化业务经济资本消耗低、受托服务评价标准缺失的特征，以尽可能简便的方式开展业务的情况。

随着市场规模的快速增长，信托公司之间对待资产证券化业务的态度和业务运作的模式开始出现分化。一是限于行业业务收益较低的现状，部分信托公司主动放弃了这一业务领域，不再配备专业的团队和人员；二是市场上仍然坚守这一业务的信托公司大多已具备了相当专业水平的业务团队、业务服务能力得到了较大的提升，在各个细分领域逐渐形成了一些相对具有特色的竞争优势；三是发起机构对受托机构服务的要求逐步清晰化、具体化，部分业务规模较大的商业银行选择受托机构时已不再仅以价格作为衡量手段，转而逐步在一些特定的领域形成了相对稳定的合作伙伴关系。在这一阶段，信托公司之间对具体业务类型的选择分化进一步明显，市场份额占比趋于集中。

信托公司对于受托服务三个阶段的变化过程，既有外部环境变化和市场需求变化的推动和刺激，也有自身从业人员的经验和认识的不断增长提供的动力，更离不开信托公司基于自身发展和业务策略的理性选择。内因与外因共同作用下，客观上使信贷资产证券化业务的范围更清晰、内容更完整、运作更为成熟和规范。在试点重启以来 RMBS 领域的一些重要的创新点，如对于抵（质）押权变更的办理、信托财产的移交、信托账户的简化设计、税收制度的思考和灵活安排、券种分层的设计和现金流支付的安排、公积金中心等非企业机构作为发起机构的交易安排等都离不开受托机构服务能力和业务理解的提升。

（2）受托管理业务的商业逻辑和业务基础

在典型的RMBS产品交易架构中，受托机构无疑处于交易的核心地位，作为搭建交易结构法律框架的中心，分别与各参与机构签署的一组法律文件构成了 RMBS 产品独立运行的基础。这一核心地位首先是由相应的监管制度体系和交易结构合法合规的要求所决定，但并不完全等同于商业逻辑。厘清信托公司在 RMBS 业务乃至信贷资产证券化业务中提供服务的商业逻辑，是有效认识、理解受托服务的前提。在过去几年来的商业实践淘洗下，信托公司的受托服务的提供主要立足于以下三个方面。

一是发起机构、受托机构、投资人三者互相支持与制衡。一个稳定高效的交易结构离不开交易参与各方的商业诉求得到完整的反映，在 RMBS 的交易结构中，发起机构与受托机构的位置既是对立的又是统一的，其统一在于双方应当立足于高效、完整的形成符合市场标准及合规要求的产品，两者在为市场提供优质产品的角度是共谋。而对立在于受托机构在基础资产筛选、交易细节的安排和存续期管理中需要扮演对发起机构的监督和控制的角色，这使产品运行的安排中往往令受托机构站在对发起机构的服务内容和质量提出要求并监督执行的位置。受托人与投资人的关系才是真正的信托责任，即受托机构提供的服务所负责的对象是资产支持证券的投资人，同时在受托服务中接受检查和质询的对象除了监管机构之外，也仅是投资人。发起机构与投资人之间则是“貌合神离”的割裂关系，投资人除去在部分产品发行时可能与发起机构有所联络，在大部分产品运行期内，大到对资产池运行情况的了解、小到对分配本息是否到账的查询，联络对象和处理的主体都是受托机构，更进一步地，针对 RMBS 动辄十几二十几年的存续期，档案资料的备查义务、存续的信息披露义务也都是受托机构来完成的。无论从真实出售的法律关系上，还是从存续管理的实务操作角度来看，发起机构与投资机构最终也只能是在发行端擦肩而过。

二是受托机构的商业诉求的二重性。基于项目获取及成功发行、项目存续期稳定运行的不同目的，其提供的服务性质是不同的。前者是基于纯粹的业绩考量，受托机构服务的重点对象应该是发起机构，最大限度地解决发起机构的各类问题以促使其选择自己作为受托机构，同时尽量提升产品推进的效率。这可以通过提升自身的服务水平和服务能力来达到，同样也可以通过弱化业务要求来达到。后者则着眼于项目的平稳运行，其服务的重点是投资人，是受托机构自身受托责任的履行和风险管理的基本要求。通过最大限度地保证项目存续期内各项事务的处理合理有序、对各类风险或是突发事件有方案和措施，以确保对资产支持证券受益人的受托责任履行。这要求受托机构在产品前期资产筛选和产品设计阶段有充分的考虑。基于 RMBS 的长期限和资产的分散性，存续期的管理难度尤其大，对发起机构在交易方案中的义务要求和各方的协调机制的考虑尤其需要全面。不难发现，受托机构上述商业诉求的达成方式上存在一定程度的差异。如何求同存异，将不同的需求内化统一成有价值的完整的服务方案，则是受托机构能否立足深耕此类业务的核心。

三是信托存续期内受托机构与贷款服务机构工作的对立与统一。以信托设立生效为时点分隔来看，信托公司提供的受托服务在信托真正设立前的部分，如前所述，既是为了满足其商业诉求，为发起机构解决问题提供更为完整的服务外，同时也更大程度地为了在信托存续期内产品能够真正以一个合理的、稳定的、持续的、与发行前的预期相一致的方式运行。信托生效之后的信托是否真正稳定运行，这需要受托机构厘清与贷款服务机构（同时也是发起机构）之间的权利义务关系。从合同权利义务来看，贷款服务机构的工作是完整的，就基础资产池的运行管理向受托机构负责，这不仅包括以不弱于自营的同等水平管理资产，还包括准确地记录并报告资产情况，以积极的方式处理相关风险事件等。站在受托机构的角度，由于其对投资人承担有相关的义务，因此对于贷款服务机构的履职情况依据交易文件进行监督就变成了不可推卸的义务，这期间对于基础资产池运行合理性，资金划付的准时性，报告内容的准确性，以及在遭遇部分风险事件时各方的履职尽责水平的监控，都是存续期管理中受托机构需要与贷款服务机构进行频繁互动的内容。从工作目的来看，双方的着眼点则都不在于简单严格履行合同约定。受托机构的目的是信托的平稳运行，而贷款服务机构的目的则隐含有日常操作便利与降低产品声誉风险和信用风险的双重性。因此从目的角度来看，受托机构与贷款服务机构的诉求本质上是高度统一的。在实际履行职责层面，受托服务的立足点则需要在掌握资产池运行情况与影响贷款服务机构的管理行为之间掌握好平衡，而贷款服务机构的服务，也需要在不违反交易文件约定的情况下，在积极管理证券化资产与降低实际工作负担当中找到合适的边界。总的来说，就双方在信托存续期的工作而言，将其理解为双方共同合力为资产支持证券的投资人的利益服务较为合适，而在这一服务的过程中，两者的商业诉求也都能够得到相应的满足。

3. 对受托服务责任的边界的认识

RMBS 产品乃至信贷资产证券化产品作为大类金融产品，其真正复杂的内容是基于 RMBS 产品的定价及其衍生品能够为投资和资产组合管理提供的各种策略，本身的运作和管理并不复杂。排除服务风格的差异外，合理、完整的受托服务应当明晰其目的、内容、对象和边界。

（1）受托服务的基本目的

RMBS 产品中作为特殊目的载体的信托，其信托目的的表述可能存在部分差异，但究其根本，应是为信托财产的独立性，依照信托文件持有并管理信托财产。RMBS 业务中受托服务存在的基本目的，也为其资产池中为数颇多的贷款债权之独立性。信托财产独立性的维持，是信贷资产证券化业务中"真实出售、破产隔离"的必要条件，同时也是资产支持证券投资人最终合法获得基础资产权益的前提条件。

围绕这一受托服务的根本目的，信托机构关心的范围贯穿了自发起机构内部的系统架构和功能、资产管理的方式、现金转付的账务处理、违约和不良的处置、现金流的转付机制等各项安排。试以 IT 系统为例，受托机构往往对发起机构的个贷管理系统的运行和是否能够实现必要的证券化改造十分关注。这主要由于个贷具有基础资产数量巨大的特点，使人力介入管理成为不可能。为此，要保证已证券化资产的"单独管理、准确识别"不得不借助 IT 系统的支持，对原有 IT 系统改造使得已证券化资产在后续任意时点均能够跟踪识别、对已证券化资产的现金回收能够单独追踪管理、账务能够准确区分、涉及到跨期计息和产生罚息手续费等情形能够准确核算、定期能够对基础资产数据进行跟踪统计等功能，是从制度和操作上确保信托财产的独立性的前提条件。上述功能有缺失和不足，最低限度也极有可能影响存续期报告内容的准确性。为此，为稳定准确的存续期管理考虑，受托机构必须要在产品的前期准备中和发起机构反复确认相关的系统功能能够做到的程度水平，并为之提供相对深入的建议和服务支持。

（2）受托服务的具体内容

基于前文讨论的受托机构两种类型的商业诉求，对受托服务具体内容的讨论也将围绕不同商业目的展开，同时基于不同目的，展开讨论受托服务内容至项目运行的各个阶段。

一是针对发起机构的服务内容应当早且有针对性。RMBS 项目自发起机构启动，对大多数发起机构而言，并不会设置专门的业务部门和条线来专事证券化业务，往往项目统筹、资产提供、证券发行等职能分布在不同的业务条线。无论是注册或审批，受托机构支持发起机构率先应解决的问题是内部 IT 系统功能的调整、相关制度体系的建设和内部考核机制的调整，这几部分的工作完备程度将极大程度地影响相关证券未来的稳定运行，而证券的稳定运行在交易结构内的利益相关主体只有发起机构、受托机构与投资人。在产品的设计阶段应当重点考虑协助发起机构完成符合需求的资产包筛选，并拟定合适的资产移交方案、存续期管理各类事项的执行方案、存续期沟通协调的机制和数据的交换等操作事宜，确保最大限度地减小 RMBS 的发行和存续期管理对发起机构现有制度和产品管理体系的冲击，以降低相应的操作成本。在存续期管理阶段，也要承担核实相应服务报告内容的职责，以推动发起机构及时、准确地完成信息披露的辅助工作。对发起机构的受托服务的针对性在于因地制宜、因机构而异。尽管发起机构均为商业银行，但在个人住房按揭贷款这一标准化程度很高的业务上，也有很大的差异，这些差异广泛地存在于基础资产数据的形态、业务管理的流程、存续期管理的责任主体等方面。事实上，在无法深入了解发起机构情况的项目营销获取阶段，往往无法提供有针对性的建议，但这些问题能否妥善得到解决，确实会在项目推动过程中极大地影响效率。

二是对投资人的受托服务应当合理尽职和稳定持续管理。如果说在证券完成发行前的受托服务中，80% 是着眼于满足发起机构的各类需求，那么向前延伸至基础资产筛选和尽职调查，向后覆盖证券存续期的受托服务则几乎超过 90% 都是着眼于保护投资人的利益。对于信托公司刚刚形成的八大业务分类，各类业务的尽职调查的标准、方法和要求都不尽然相同。资产证券化业务中受托机构的尽职调查的合理水平，一般会覆盖到了解、核实与分析判断三个大的门类。其中了解的内容包括与发起机构和基础资产有关的事实信息，包括但不限于主体信息、资产规模、制度建设、管理方法等，其诉求在于解决相关调查标的“有无”的问题。尽职调查的核心部分主要关注基础资产有关的性质，包括入池资产存续的真实准确、合法合规，其他中介机构的报告内容是否符合事实、是否存在偏差等。分析判断的部分主要涉及产品结构是否能够稳定运行，对于 RMBS 项目，对现金流的分析以及资产支持证券的资产端和负债端的匹配程度的判断是必须要完成的工作。上述尽职调查工作的目的是对基本信息的掌握和对产品运行合理、合规性的分析以及是否符合公司展业要求的判断，并不是对产品做出任何形式的风险属性的判断。受托机构的尽职调查过程中会援引其他中介机构的尽职调查结论并加以判断，这并不意味着在实际操作中可以完全不进行尽职调查。同时资产证券化业务中的受托服务尽管存在众多有别于纯粹的指令性被动管理职责，但仍与完全自主承担投资决策和积极管理义务的产品有较大区别，也不适于将尽职调查责任边界扩张过大。在存续期管理阶段的受托服务，其关注的重点在于预警监控和持续披露，相对于其他类型的基础资产，RMBS 的预警监控难度较低，主要集中在发起机构的持续经营和业务的稳定开展方面，而由于存续期较长，持续披露的压力则相对较大，按月披露和按月兑付资金涉及到核实发起机构与资金保管机构报告的正确性和报告的内部一致性，编制定期受托报告并核算当期信托账务，完成资金兑付等。

总的来说，资产证券化的受托服务更多是一项混合的咨询服务、受托执行和运营管理在内的相对烦琐但市场风险较低的业务，厘清具体受托服务的具体内容，既有利于更好地评价受托服务的质量，又有助于业务规范管理和人员培养。在资产证券化的业务领域，受托机构需要最大限度地发挥自身的制度和人员优势，避免将这一业务简化成牌照红利。

（3）受托服务的底线和边界

在一个近似充分竞争的市场环境下，要求资产证券化业务的受托服务高度标准化、一致化是不理性的，也并不是市场乐于见到的情况。依据不同机构的价值取向、策略定位和管理能力确定与之相称的受托服务标准，同时向市场参与主体提供多样化的产品和服务，更符合市场的需求和业务健康发展的逻辑。但在此之前，有必要明确这类业务共通的底线与边界。

资产证券化业务的受托服务的底线要求是完整履行了受托责任。受托责任外在的具体表现为信托交易文件中约定的事项与责任，即受托机构应当完整、及时、准确地执行交易文件中的各项要求，交易文件约定的核心并不仅仅是权利义务，还有大量的事务性操作的安排，受托机构的底线是能够保证这些事务性操作的安排相对稳定可行，不仅是在受托端的可行，同时也要兼顾到发起机构端的可行。受托责任的内在则包括了忠诚、勤勉的受托义务，其底线履行在于是否能够准确地衡量自己无过错地向投资人履行了应尽的职责。一般来说，静态的交易文件的约定往往并不能覆盖在相当长的存续期资产管理过程中发生的全部事项，又并不是全部的待决事项都符合召开受益人大会的条件，在上述事项的判断和处理方案的过程中，判断是否影响投资人利益、是否有利于投资人利益的保护是受托人不能推卸的义务。此外，对于收到的数据报告的内容的准确性，受托机构尽管并不能核实其准确性，但对报告内容的合理性和一致性进行必要的复核，以确保披露信息的相对准确，也是勤勉尽职的部分体现。

资产证券化业务的受托业务的边界在于三个不影响，不影响基础资产池的稳定性质、不影响发起机构的日常管理、不影响信息披露的及时公正。目前受托机构对于受托管理的信贷资产证券化业务，往往大多采用偏向消极的被动管理，因此可能越过业务边界的情况相对并不多，但随着业务的推动和未来新的交易结构的产生，是否能够持续稳定地认识到资产支持类业务的受托管理的边界责任则仍有一定不确定性。以公积金类资产的证券化业务为例，由于公积金中心相对特殊的性质，受托管理服务中对发起机构的要求和操作，实际上是经由其合作商业银行完成的。对于此类业务，在证券化的过程要特别注意交易结构的安排中受托机构不介入公积金中心对合作银行的管理和要求，即便在可能出现的风险事项的处置上，对既有的合作模式的充分尊重是确保基础资产池性质保持稳定的重要前提。基于国内信贷资产证券化业务以发起机构为起点的特征，受托服务对于产品的信用风险影响应当保持中性，即基础资产的信用风险，既没有因为证券化后转让至信托而变得更大，也不应当因为信托公司的主动管理而变得更小，事实上大部分受托机构也并不具备这一能力，因此超出边界的更为积极的管理行为未必是可取之处。

4. 对受托服务未来发展的一点设想

RMBS 业务在国内发展至今，仍旧只能说是初入门径，站在了一个规范发展的好的起点。就受托人的受托服务本质而言，我们仍然还在探索的过程中。归本溯源，受托机构的角色的内涵和外延的不断丰富，以其服务促进业务的健康稳定发展，是全市场受托机构着眼于自身业务持续发展的共同诉求。为此，我们谨慎地对未来的受托服务提几点判断和期望。

（1）认清受托服务的风险收益匹配的本质

在信托业务的八大分类中，资产证券化业务作为单独的业务分类，具有其有别于其他业务风险和收益属性。资产证券化的受托服务本身属于低风险业务，其收益必定也是与风险相匹配的低收益类业务。

风险和收益匹配应当与受托机构提供的服务内容、服务质量和服务效果进行匹配。作为信托公司的经营而言，一方面应当摒弃依靠资产证券化受托业务创造收入的高速增长的认识，实际上市场也并不存在支持这种商业动机转化为实践的空间。作为一个长期的、规模不断增长的、稳定性较好的信托业务门类，资产证券化的受托业务能够为公司提供风险敞口并不高、衍生性的价值相对明显的资产管理规模。另一方面，也应当适度控制以价格作为单一竞争手段，忽视内部资源的投入和团队建设的焦土策略。金融服务业务并不是互联网行业，短期看不存在低价抢占市场后获得超额收益的可能。不能支持必要的技术投入和人力投入的价格水平，最终将导致全市场业务质量的衰退和劣币驱逐良币成为必然。就 RMBS 业务而言，即便不考虑前期的专业团队培养和 IT 系统建设，仅就存续期内的报告披露而言，以其频度和单个项目时间长度来看，也必须要配备专门的人员。对于立足于长期耕耘开拓资产证券化受托业务的机构而言，违背商业逻辑的低价策略仅能作为短期部分项目的策略，中长期看并不能培养出专业的业务团队和规范的内部流程，相反入不敷出的情况必然会导致资源的少投入或是不投入。

（2）对市场评价体系的建立保持一定的耐心

RMBS 受托服务作为高额低频的金融服务天然存在一定的评价上的困难，一是事前难以判断，二是博弈次数太少的情况下很难达到均衡，三是参与机构众多导致责任归因困难。国内从业务开展至今，也绝少有产品走过完整的生命周期，更遑论注册制之后，在更为清晰严格的信息披露要求之下，大部分产品仍然刚刚开始稳定运行。对于某些参与主体而言，对于一个规范的 RMBS 产品，自准备到产品运行过程中到底信托公司有什么作用仍并不是很清晰，往往停留在除了证券公司最重要，其他的机构都没关系的阶段。为此，市场建立起对于受托机构的服务的评价体系，仍需要较长的时间。集合资金信托计划管理业务迄今已近 8 年，机构间市场才初步建立了不同信托公司的差异化评价体系。信息披露评价体系刚刚推出两年，市场大部分发起机构参与 RMBS 业务也不过只在两三年间，业务规范和评价体系的形成需要反复的实践，一蹴而就固然不错，但大浪淘沙后的真金却更有价值。

（3）期待市场规则的进一步完善

目前 RMBS 业务尽管已经形成了稳定的、规范的业务模式，业务规则和制度依据也相对完整，但仍然存在需要进一步完善之处，以便为业务未来更好、更快、更稳的发展提供支持。

一是营改增之后涉税事项仍不明确，未来可能导致较大的税务风险和产品风险。税务问题及其相关的发票开具问题已渐成为资产证券化业务领域里的痼疾，对业务后续能否开展、发起机构与受托机构是否面临偷逃税款的风险等均有决定性影响，具体不再赘述始末。鉴于 RMBS 业务超额利差较小、期限较长、现金流平滑度较高，一旦未来要求就相关利息收入双重缴纳增值税或一次性补缴增值税，则可能由于成本上升，且单期现金流出过大导致产品运行出现不稳定，进而可能触发次级倒挂或是违约事件的产生。这一问题仍亟待税务主管机构予以明确。

二是对受托机构的行为限制期待放宽。目前受托机构并不能合法地向其机构客户推介其担任受托机构的资产支持证券，也不能以自有或管理的资金认购其担任受托机构的资产支持证券。大胆揣测，监管机构意在限制可能出现的内幕交易、利益输送和可能的利益冲突，但就一段时间的实践和经验总结来看，无论是参与证券承销，或是以合法拥有及管理的资金投资相关产品，受托机构均不存在侵害其他投资人利益的可能，如前文讨论，受托机构在资产支持证券存续期内的利益一致主体是投资人，推介并自行持有相关产品更好地强化了受托机构的受托责任。针对信托公司业务开展的监管体系中，也能够清晰地分辨和管理有关展业行为。

三是基于产品层面的渐进式探索创新不能停滞。自 RMBS 重启以来，在产品结构上探索抵押权延迟变更的操作、在发起机构扩容方面探索了公积金管理中心持有的资产盘活等，在操作细节上的摸索和创新则更多，这些工作都有力地加速了市场前进的步伐，尽管可能在某个时间段内，有一些观点对于资产证券化业务盘活存量，提升资金使用效率，化解风险的功能有所质疑，但这并不是业务停滞和恐惧创新的原因。基于 RMBS 这一标准化程度很高的资产，未来证券化仍有大量可以探索的空间，发行制度方面的进一步完善、交易文件的标准化、信息披露的可比程度和完善程度的进一步提升、探索多法人主体如省级联社下属机构、乃至多的公积金中心的联合发行等，都是值得资产证券化受托机构从业人员继续探索的领域。

成熟市场的经验证明，RMBS 在现代金融市场中具有强大的生命力和独特的作用，也必将是一个长期存在却常用常新的金融工具。持续学习、反思和进步，是从业人员的基本素质。

第五节　投资人

一、RMBS 行业情况

个人住房抵押贷款，也称为住房按揭贷款，是指商业银行或贷款发放机构针对个人购房融资需求所发放的贷款。个人住房贷款余额和国内生产总值（GDP）的比值，一般被认为是衡量个人住房贷款市场发展深度及其对居民生活影响程度的指标。2016 年末，我国该指标约为 25%，低于美国（53%）、英国（43.7%）、德国（41.7%）等欧美发达经济体水平。随着我国房地产市场的深化调整以及人民住房需求的不断释放，个人住房贷款的存量余额与 GDP 比值将逐步呈现“双升”的发展趋势。

2012 年资产证券化重启以来，监管层一直大力推动 ABS 市场的发展。银监会于 2014 年、人民银行于 2015 年分别推出了个人住房抵押贷款资产支持证券（以下简称 RMBS）的备案制和注册制，显著提高了 RMBS 的发行效率。银行间市场、交易商协会也于 2015 年完成了 RMBS 信息披露指引的制定，为市场参与者更好地了解 RMBS 产品提供了途径，2016 年 RMBS 的发行量有了较大幅度的增长，预计今后 RMBS 的发行还将持续发力。

中国邮政储蓄银行一直密切关注RMBS业务的开展，并做了大量研究、发行和投资工作。自 2014 年来，先后发行了 2014 邮元和 2016 家美两期 RMBS，结合以往业务参与情况，将相关经验及建议分享如下。

二、RMBS 产品情况

1. 基本情况

个人住房抵押贷款资产支持证券（以下简称 RMBS），是以个人住房抵押贷款作为入池资产，抵押物为住房且一般资质较好，底层资产笔数众多，期限较长（5 年及以上为主，最长 30 年），且借款人、抵押物所在区域十分分散，是海外资产证券化业务规模最大的基础资产品类（截至 2016 年 3 月，美国 MBS 存量规模占比 21.86%，仅次于国债规模占比 33.04%，远高于 ABS 规模占比 3.23%），也是最受投资者欢迎的产品品种。

2. 主要特点

在信贷资产支持证券中，RMBS 特点鲜明。一是资产期限长，以 5 年以上长期资产为主，行业内加权平均期限在 15 年左右；二是资产所在区域十分分散；三是入池笔数众多，由于入池贷款规模一般 10 万 ~300 万元自住需求为主，故入池笔数一般在几千笔至上万笔，单笔资产额度占比较低；四是现金流稳定，相比对公贷款块状的现金回流，个人住房贷款呈现更加稳定的回流，波动率方差较小；五是资产具备早偿行为特性，且早偿行为及早偿率受基准利率及区域房贷价格影响；六是违约率受地方经济情况影响较大。

3. 基础资产池合格标准

基础资产产生的现金流是证券本息的主要偿还来源，基础资产的合格标准对资产支持证券的质量有决定性影响。对投资者来说，典型的合格资产标准应包含发起机构、贷款分类、集中度等多方面内容。

一是发起机构为国有商业银行、股份制商业银行、城市商业银行、农村商业银行等具备住房抵押贷款业务开展资质的金融机构；

二是初始结算日（封包日）以及信托生效日（资产交割日），个人住房抵押贷款的五级分类为“正常类”；

三是抵押物及抵押贷款应主要分布在经济状况良好、GDP 排名较靠前的城市，且所在区域要有较高分散性，以降低区域性房地产价格的变化对基础资产现金流的影响；

四是入池资产笔数超过 1 000 笔，且单笔借款应设置最高、最低金额，保证资产的高分散性，降低基础资产受到非系统性风险的概率；

五是加权平均贷款年利率反映了资产池整体的收益情况，加权平均年利率越高，基础资产池的超额利差越多，越能有效增强对投资者的保护；

六是加权平均账龄反映贷款已正常偿还的期数，正常还款的期数越高，贷款发生违约的概率就越低；

七是加权平均剩余期限越长，投资者面临的早偿风险和利率风险越高，现金流的不确定性越高；

八是贷款初始抵押率（即贷款金额与抵押品价值之比）一般不高于80%；

九是原始权益人（即为发起人，下同）为抵押物的第一顺位抵押权人或唯一第一顺位抵押权人；

十是选择纯商业贷款，排除“商业 + 公积金”的组合类贷款；

十一是借款人选择方面，借款人年龄与抵押贷款剩余期限之和要在合理期限内，借款人为成年的中国公民或永久居民。

4. 交易结构设计

资产支持证券的交易结构设计越合理，有效性越高，对于投资者的保障程度就越好。主要应考察现金流支付机制和信用增级措施对 RMBS 的投资价值判定。

现金流支付机制是将基础资产的现金流在证券化参与各方及不同层级证券中进行分配的安排。为了保证资产支持证券端本息按期足额兑付，现金流支付机制通常依据基础资产的规模、期限等设计。要关注 A、B、C 各档的利息和本金的支付顺序，特别是发生加速清偿事件、违约事件等特殊事件后的支付顺序，降低现金流划转中的资金混同风险、参与方破产风险及服务商道德风险。

信用增级是资产证券化分析的一项关键技术，能使产品更加吸引投资者，并降低融资成本，一般分为内部和外部信用增级。内部信用增级措施主要包括优先各级/次级的分层结构、超额抵押、超额利差、现金储备账户，外部信用增级措施主要由增信机构提供支持，包括差额支付、担保、流动性支持、维好承诺、保险公司的证券保险、第三方的次级贷款等。通过有效的信用增级，优先级证券的外部评级多能达到 AAA 级。

三、RMBS 投资偏好

1. 投资者类型及其投资偏好

随着国内市场 RMBS 的快速发展，投资者类型也逐步丰富，表 4 列举了主要类型投资者的风险偏好。

表 4　主要类型投资者的风险偏好

资金类型	关注	偏好
银行自有资金	FTP；同等期限、信用评级其他收益品种价差	高评级（有风险资本节约效应）、基础资产质量较高、期限较短
银行理财资金	主要考虑资金成本、期限、以及流动性管理	投资信贷资产支持证券优先档产品相对收益有限；次级又难通过内部授信和风控审查；偏好投资平均期限在 2 年以内收益较高的次优档产品
机构类型	偏好	
保险公司及保险资产管理公司	久期较长、收益较高的次优档产品；发行银行净资产不低于 300 亿元或境内外主板上市银行；信用等级不低于国内信用评级机构评定的 A 级或者相当于 A 级的信用级别，境外上市并免予国内信用评级的，信用等级不低于国际信用评级机构评定的 BB 级或者相当于 BB 级的信用级别	
证券公司及证券资产管理公司	青睐次优档和次级产品	
基金公司	倾向固定摊还、期限较短的优先 A-1 级档	
信托公司及信托产品	收益率要求很高，一般对优先档无需求；大多作为通道投资于次优档、甚至次级档	
境外投资者（RQFII / QFII）	偏好具有国际评级产品；具有抵押资产支持证券，如车贷/房贷	

数据来源：邮储银行根据相关资料整理。

邮储银行发行的家美 2016 年第一期个人住房贷款资产支持证券，除传统银行投资者之外，也成功引入了基金及保险资金认购。因为基金及保险资金对于期限、收益率都有不同偏好，而 RMBS 的细化分档设计可同时满足不同机构的差异化需求。

2. 银行投资 RMBS 的动机

银行类金融机构内部分为自营资金、理财资金等，均对 RMBS 产品具备投资需求，资金的投资需求一般分为两类，一类是以持有至到期为目的的投资需求，简称投资盘，另一类是以持有期间交易为目的，简称交易盘。

银行的自营资金对 RMBS 产品投资需求旺盛。一方面，根据《商业银行资本管理办法（试行）》等政策及法规，银行自营资金在风险资本计提等方面存在着节约银行资本的动力；另一方面，由于自营资金来源较为稳定，可投资于长久期的产品，对产品安全性要求较高，故相对于理财资金来讲，自营资金投资于 RMBS 产品偏好更强烈。

理财资金主要为配置型投资。对于收益稳健、安全性好的 RMBS 产品有投资需求，但由于其系列产品期限较长、投资错配压力较大，相较银行自营资金，理财对 RMBS 的投资需求相对较弱；可选择细分档位较多，期限较短的优先档档位作为短期固定收益类投资的可选标的。

3. 与主要固定收益类产品的差别

银行各类资金对各类可选投资标的，如利率债、信用债、可交债等均有不同的配置及交易性需求。从风险收益特征看，具有固定付息日和期限的资产支持证券和债券同属于固定收益证券，但其复杂程度远高于一般债券。

在资产特征方面，RMBS 具有数量庞大、高分散性的底层资产，期限相对较长，基于预期的可变现金流表现，交易结构条款设置较为复杂，多设置特殊的现金流支付机制及额外的信用增级措施，参与实体较普通债券也更多样。

在信息披露方面，我国监管部门没有明确要求披露 RMBS 基础资产池各笔资产具体借款人的财务状况、行业等基本信息，后续受托机构报告中也并未披露有关基础资产的详细信息以及各类风险资产的数据。相较而言，RMBS 相较普通债券更不透明，外部投资者很难获得充足数据从定量角度分析每笔资产的违约风险。

在交易活跃度方面，除银行外，相当一部分保险资金将其视为非标类投资标的进行投资，基金、券商资金也是近一两年开始将其加入资产配置盘，但由于产品流动性较差，基本无二级市场，各机构对 RMBS 的投资以持有到期为主，故 RMBS 产品仍然无法进入各类资金的交易盘投资范围内。

将 RMBS 视为非标投资，其产品优势较难显现。由于 RMBS 产品期限一般较长，相比同期限的非标产品，其收益率不具备竞争优势；相比信审周期相似的其他非标产品，其复杂的结构导致的审查周期及投资效率不具备优势；相比发行人发行的其他债券，该产品期限长，流动性不具备竞争优势。

4. 投资品种偏好

对于风险偏好较为审慎的投资机构而言，发起机构为五大国有银行、全国性股份制商业银行、主要城商行、农商行等在出资行有授信的大型金融机构，基础资产为表内个人住房抵押贷款的 RMBS 更受青睐。同时，投资机构对发起机构的房贷资产形成过程、审查审批机制、风险控制手段及处置保全措施，特别是对 RMBS 相关信息系统的支撑较为看重。关于 RMBS 发行人、评级机构等主要中介机构，则需要具备较为丰富的 RMBS 产品设计、评级、管理等专业经验，特别是发行人的配套管理，关系到产品存续期的资金划拨、交易文件的监督执行及极端事项发生后的响应速度等，十分关键。

5. 资金偏好

银行自营资金与理财资金均存在着自身成本定价的基本规则，各家银行内部 FTP 及风险资本计提加点，是自营资金投资的成本考量；理财资金的募集成本、通道费用及托管费用等，构成了理财资金的成本来源；按照资金成本波动规律，一般情况下，自营资金的成本优势较强，但在利率市场变化和宏观调控政策的交替出现过程中，两类资金成本不断波动，不同资金在不同利率市场环境下的成本优势各有不同。此外，不同资金对于投资标的期限敏感度不同，理财资金在期限错配方面风险较高，受到较严格的限制，故对长期限产品的偏好相对较弱；相较而言，银行自营资金、保险机构、社保基金等长久期资金对RMBS产品的需求更旺盛，偏好更强烈。

6. 对投资收益的评价

在多层次的金融市场中，银行资金存在着多样化的可选投资标的，如国债、地方政府债、央票、政策银行债、企业债、公司债、短融、中票、资产支持证券、可转债等；RMBS以其较长的期限和交叉的流动性存在交易性投资障碍，同时，RMBS的定价多采用同评级金融债利率加点的方式计算，发行溢价主要源于流动性溢价、新产品溢价和再投资风险溢价、非信用溢价，故收益率与同评级、同期限的短融中票相比优势并不明显，故收益方面，较难满足交易盘需求，对有长期限收益锁定需求的配置盘有较强的吸引力。

四、风险控制和审查措施

RMBS的产品设计结构精巧、复杂，参与方众多，一旦某个环节发生问题，就有可能影响整个产品的开展及本息兑付。因此，投资者需要采取多维度的审查方式来识别、控制风险。主要分为发起人、基础资产、产品结构、系统支撑、项目中介专业意见、现金流模型及资金监管等七个方面。

1. 发起人基本情况

首先，基础资产的原始转出方关于基础资产的形成过程、审查控制、运营维护和贷后管理、风险资产处置等一系列操作是决定基础资产质量的关键环节；对于发起人的基本情况判断，在基于同业机构的授信额度前提下，还应关注房贷资产条线的配套制度、业务流程、人员管理和相关机制等。其次，发起人自身的经营特点、财务实力、发展趋势，也成为决定RMBS产品运行稳健性的重要因素。最后，发起人信用一般在RMBS产品存在混同风险时以及相关交易文件执行有效性中，显得尤为重要，比如在封包日及生效日产生的不合格资产的存续期内赎回操作等，均较强地依赖原始权益人的信用履约情况。从宏观角度看，投资人对于发起人行内风险偏好、信审制度、贷后管理、资产历史表现情况和数据积累较为看重；具体到产品层面，对于基础资产筛选标准、重复资产识别、资产质量的追踪、贷后管理制度、不良处置的程序、法律事务管理、资产服务信息披露等均需要一一审查。

2. 基础资产的数据情况

RMBS 涉及资产笔数众多，分散化程度高，对于底层资产进行逐一评估具有较大难度，一般通过发起人提供的历史数据构建静态池样本来推算入池资产预期违约比例和预期损失率。因此，静态池历史数据跨度越长、数据越多，对于基础资产池模拟程度就越高。除了分析静态资产池之外，还应该关注发起人该类基础资产的违约率、早偿率、损失率、回收率等指标：关注借款人年龄分布、初始贷款价值比（初始 LTV）、贷款账龄、债务收入比率、剩余期限、区域集中度、入池贷款历史还款行为表现（如累计违约次数、累计违约天数）等因素对于资产池未来综合违约率的影响；早偿率主要受市场利率、贷款账龄、贷款余额、购房目的等因素影响；损失率应着重关注贷款价值比例（结合初始抵押率及抵押物估值走势）、抵押物的转让登记和处置保全等因素。

3. 产品结构及发行条款

RMBS 通常采用优先/次级结构设计、设置流动性储备账户、监管账户、回收款转付机制、还本付息安排、偿付顺序、违约事件、权力完善事件、加速清偿事件等触发机制、强制赎回和清仓回购条款来进行内部增信。投资者关注不同触发事件对于现金流影响、回收款划拨频率与资金监管的有效性，破产隔离的有效性、资金是否存在混同风险、关注抵押权变更风险、早偿风险缓释措施（本金过手还是固定偿付）、抵消风险等。

主要关注几个指标，首先是剩余期限，其次是入池资产的一二线城市占比以及资产池中是否存在预告登记，最后是入池资产利率水平、一手房/二手房占比，以及入池资产的数据是否完备等，具体分层结果还取决于发起机构/贷款服务机构的贷款管理能力，以及当时市场环境等。

特别地，还要关注交易结构中是否设立了利率保护机制及其合理性，判断对投资者可能带来的风险。关注对次级档收益分配顺序的约定，其间是否对次级档进行收益分配将对优先档收益带来影响；此外，一些产品在交易结构设计过程当中，为了满足对某档评级的一些要求，而对通常的现金流（在触发不利事件时）的分配顺序进行调整，投资者应予以关注。

4. 发起人及发行人的信息系统支持

RMBS 产品对系统要求较高，发起人及发行人须具备稳健的信息系统支撑及后续资产服务、分析、追踪能力，能够根据个人住房抵押贷款特点，快速进行资产筛选、标记和特定化，进行精确的数据分析，定期生成贷款服务报告，对不合格资产进行赎回和替换，并具有完备的数据备份模块。同时，发起人即贷款服务机构，应具备较好的信息系统分析能力，快速追踪资产质量变化情况。

根据零售类资产证券化的信息披露指引，人民银行要求发起机构提供过去 10 年的个人住房抵押贷款的历史数据，因此对发起机构的数据保存和恢复能力要求较高。很多发起机构在前期历史数据的准备阶段花费的时间要远超于项目启动后的执行时间。历史数据期限越长，越可精确反映发起机构信贷资产的历史表现，有助于投资者判断入池资产提前还款率、历史违约率、回收率等关键指标与历史母池的一致性。

5. 项目相关参与方的专业意见

整个资产证券化过程涉及发起人、发行人、服务人、受托人、投资银行、信用增级机构、信用评估机构和投资者等诸多参与方，参与方的业务能力和对法律协议的遵守程度上极大地影响了相关资产支持证券的投资价值和风险。标准的 RMBS 产品会由评级机构出具评级报告、现金流预测报告和律师所出具法律意见书。应关注重要参与方的尽职能力和履职意愿，分析其综合实力、风险管理和内部控制水平、从事相关业务的经验和绩效，并在审查相关参与方报告过程中，应合理评估相关报告设置前提条件的客观性、评估的准确性，基础资产真实性和法律上的完备性。

6. 现金流模型

投资者在审查项目的时候，一般会要求中介机构提供现金流预测模型，结合发起人资产历史表现情况，复核相关模型参数设置的合理性、判断假设的有效性、验证风险报酬转移测试 / 过手测试。正常情况下，评级机构在现金流模型构建之后，还要针对各类风险进行压力测试，即分析在极端情况下现金流是否能够保证证券端本息的兑付，投资者应评估极端条件设置的客观性以及极端情况下投资本息的安全性。总体上，要具有静态、动态现金流模型的建模能力。

7. 资金监管情况

资金监管机构是独立于发起人的第三方机构，审查项目时，要关注资金监管机构是否具备资金监管资格，并关注其人员配备情况，内部风控体系健全程度，资金监管是否制度化、标准化，历史履约情况，综合考量其尽职能力及意愿，确保形成封闭监管资金流，不同产品之间能够独立记账和区分，信息披露全面透明，最大程度保障投资者权益。

8. 服务机构的贷款服务能力

贷款的回收能力直接影响证券端的偿付水平。银行是否能够坚持、遵循如自营资产一样严谨的风险把控贷后管理标准，对违约贷款的处置方案、执行效率及历史表现在投资决策中也应予以关注。可以深入了解服务机构的回收策略 / 原则、历史回收周期、损失减少策略及现实案例等。个人住房贷款违约回收除了受到房价变化、地区二手房市场活跃度和相关处置费用等因素的影响外，还受到当地司法环境的影响。2004 年 11 月发布的《最高人民法院关于人民法院民事执行中查封、扣押、冻结财产的规定》中“对被执行人及其所抚养家属生活必需的居住房屋，人民法院可以查封，但不得拍卖、变卖或抵债”的规定，将有可能加大抵押房产的处置难度，从而提高资产池的信用损失程度，且贷款违约后在处置、回收过程中无利息回收，但交易仍需支付与违约贷款等额的优先级证券利息，而可能产生负利差，其大小与违约贷款金额和回收时间相关。

综合来看，对于优先档固定摊还证券的投资者，在违约比率不超过一定范围的情况下，回收率对于证券投资回报期限和投资风险影响不大；当违约比率较高时，违约时间分布的前置可能会较快触发加速清偿，从而拉长证券投资的回报时间。对于优先档过手型证券的投资者，基础资产违约比率越高，证券投资的回报时间越长，且过高的违约比率可能造成证券的违约，回收率越高，证券发生违约的风险越小且投资回报的时间越短。

对于次级档证券投资者，基础资产的违约比率直接影响着次级证券是否违约以及投资收益率的大小，回收率越低，次级证券发生损失的可能性越大，投资收益率也越低；违约资产回收率的增加，可提高次级档的投资收益率。

五、定价

受投资者群体定价能力和市场容量的影响，目前 RMBS 普遍流动性较弱，利率水平与其期限、信用资质并不匹配，未能充分反映证券化资产、产品分级设计带来的增信效果，但已经向市场化定价迈进，通常主承销商与发起机构及投资者充分沟通，引导投资者合理预期发行利率。

投资过程中，通过对 RMBS 与同期限政策性金融债、同期限同评级信用债、资金利率的历史利差分析（因为个人住房抵押贷款资产支持证券的期限较长，因此需包括资产支持证券与资金利率的利差分析），以及投资机构自身的资金成本及收益要求，判断其发行区间及投资价格。

发行过程中，主承销商会充分挖掘投资者需求，尤其是重点挖掘货币类基金、资管产品、QFII 等非银行金融机构的需求，使得投资者群体扩大，以及拟定合理的发行区间。

六、对 RMBS 产品的建议

RMBS 产品以其国际标准化的设计思路、规范的资产形成流程、极其分散的资产及现金流，应成为投资品市场中受众广泛、投资交易活跃的品种，然而，受制于发行方的原始动力以及投资期限收益等各方面的具体情况，国内资产证券化市场蓬勃发展中，RMBS 产品仍然面临发展瓶颈。

一方面，建议进一步加强发行方的政策及机制激励；另一方面，建议加强市场基础设施建制，增强产品综合配套“软实力”。

1. 统一管理包括房贷资产转让的公募、私募定向的场所

目前市场上发行的房贷资产转让主要是由银监会主管，在银行间债券市场发行，发起人从项目发起申请到最终挂牌交易至少需要三个月以上，难以满足银行机构在特定时间节点快速进行资产转出的需求。相关监管部门应加强协调，统一管理，探索跨市场发行手续，允许发起机构视基础资产特性，自主选择银行间市场、交易所市场、私募定向发行窗口。从长期来看，可借鉴美国成立房利美 / 房地美一类的住宅政策性金融机构，或直接由现有的某一家政策性银行金融机构担任，由其定向购买商业银行发放的个人住房贷款或其发行的 RMBS 产品，统一运作、统一管理。

2. 统一归口银行机构内部的牵头部门

对于发起人来说，开展 RMBS 的主要动机在于盘活存量资产，转移风险以实现商业银行利益最大化。但是行内个人住房抵押贷款资产投放和管理的对口部门一般是消费信贷部，而资产证券化发起部门通常是投资银行部，不同部门之间利益诉求不同，比如信贷部门出发点是获得资产收益，而发起部门则是进行调整信贷结构、转移风险等角度，从而导致行内各部门之间沟通效率低下等现实问题，需要设置统一牵头和管理部门，降低内部沟通成本，提升 RMBS 发行效率。

3. 完善服务机构配套机制

RMBS 结构复杂、基础资产数量庞大，现金流测算和评估难度较高，投资者对于专业评估机构依赖程度高。信用评级机构的核心任务是出具独立、客观、真实的证券评级结果，但在当前仍然是发行人付费的商业模式，评级市场追求市场份额和追逐利润，导致评级机构对于证券评级未尽相关义务，对于证券风险披露不足；同时，房产评估制度不完善，评估操作行为缺乏有效的约束，评估机构往往为获得业务迎合银行或者个人，房产评估价值脱离正常市场真实价值。政府当局应建立权威的第三方估值体系，创造良好的信用评估环境，提高信用评级机构的独立性和公信力，构建适当的机构激励机制，加大对评级机构的监管和过失处罚力度。另外，为个人住房抵押贷款证券设置独立的登记结算机构，为证券提供登记和结算服务，代理本息兑付。

4. 系统开发建设（发行方 / 投资方）

RMBS 基础资产单笔金额较小，通常一个资产包入池资产达到几千笔，甚至上万笔。若无行内对应系统进行自动化处理，基础资产筛选、资产封包、存续期间的管理工作，都将难以推进。一方面，要开发较为完善的证券化系统，能够实现对于证券化资产单独记账、单独管理和标识，精确、自动归集贷款回收情况并及时转付现金流，及时进行信息披露，定期出具贷款服务报告等上游证券化系统功能。另一方面，要对征信系统、风险分类、数据追踪等多个后续服务系统进行配套开发，以满足证券化需求。

5. 公允的估值定价体系

个人住房抵押贷款支持证券实质是通过选择适当的贴现率对于未来现金流进行贴现，从而获得证券理论价格的过程。但是个人住房抵押贷款证券化的证券是债权类的衍生类金融工具产品，其定价还要受到利率、提前偿付率、借款人的非同质性等各种因素的影响，因而，其定价方法相对来说较为复杂。在当前形势下，由于我国 RMBS 起步较晚，历史数据匮乏，对于还款人提前偿付的历史数据积累有限，同时，我国债券二级市场利率未完全市场化，利率波动受国家宏观调控影响明显，对于定价模型中利率变化路径确实困难，导致证券端定价难度较大。公允估值定价体系的缺失，导致投资者无法精准评估 RMBS 产品的风险和价值，认购、交易存在困难，一级、二级市场更难通畅联动，证券化产品二级市场流动性缺乏。应该逐渐借鉴国外 RMBS 实践定价经验，加强对借款人提前偿付对于现金流变化历史数据的积累和研究，借鉴交易商报价、第三方平台报价信息、定价模型、内在评估价格等多种定价机制，积极探索适应于我国个人住房抵押贷款支持证券的正确定价方法。

6. 资本节约及税收角度的政策配套

从释放资本的角度考虑，发行 RMBS 不如 CLO 效果明显。根据人民银行、银监会《关于规范信贷资产证券化发起机构自留风险比例的文件》，发行人可混合持有各档额度的 5%，则权重法下对公贷款证券化后资本占用可降至发行前的 8.4%。住房抵押贷款由于风险权重为 50%，证券化后资本节约效果不如对公贷款明显。从税收的角度考虑，目前对于资产证券化通常采取税收中性的原则，为更好鼓励商业银行开展 RMBS 业务，应重点完善对个人住房抵押贷款证券化的税收优惠政策，例如在税收法规上明确特殊目的机构的免税地位。

7. 破解二级市场流动性难题

一是提升跨市场和跨境运作能力。推动 RMBS 在交易所市场和银行间市场跨市场发行，在条件允许时可考虑在境外市场开展住房抵押贷款证券化。二是培育投资者群体。在我国，住房抵押贷款的主要投资者是银行和储贷机构；在美国，基金、其他类型金融机构，甚至是个人都可以通过购买 RMBS 成为住房抵押贷款的投资者，其中，养老基金和保险公司成为了美国市场住房抵押贷款的主要投资者。我国证券化市场发展较为滞后，应鼓励引导证券公司、保险公司、社保基金等对固定收益证券需求较多的机构投资者加大投资力度。三是积极探索个人投资者直接投资 RMBS 的途径和模式。在严格审慎做好投资者风险承受能力测评、开展投资者教育的基础上，可考虑逐步放开个人直接参与证券化投资，个人需满足合格投资者条件，且初期仅可购买 AAA 评级的证券，该档次证券的违约风险最低，一般可获得比同期限定期存款更高的收益。

第六节　信用评级机构

一、信用评级与资产证券化：定位与职责

1. 资产证券化信用评级概述①

信用评级是解决债券市场信息不对称问题、保护投资者的重要机制。资产证券化市场是债券市场的重要组成部分，从其发展伊始，信用评级就一直相随。20 世纪 70 年代，RMBS 在美国发源，信用评级机构就开始对

① 主要参考文献：The Role of Credit Rating Agencies in Structured Finance Market, OICU-IOSCO, May 2008；Report of The task Force on The Subprime Crisis, OICU-IOSCO, May 2008.

RMBS进行评级，后来随着资产证券化乃至其他结构化产品的创新发展，信用评级机构的评级对象范围也迅速扩展，先后囊括了车贷ABS、CLO、消费贷ABS乃至CDO等更复杂的结构化产品。

资产证券化产品的评级主要指对资产支持证券信用风险的评价，反映证券能够正常按时兑付的可能性，以简单的评级符号(例如：AAA、AA…C)予以表征。针对不同的证券化产品，不同的评级机构发展出了不同的评级方法，但一般的评级原理均是着眼于对基础资产和交易结构的分析，通过定量和定性的方法，根据对基础资产违约率、损失率和资产池现金流的评估，得出证券的分层和每层对应的级别。在公开市场发行的资产证券化产品，其评级通常被视为产品上市的"通行证"，是相关法规所要求的发行必备条件。评级是确定资产证券化交易风险权重的依据，还是证券化风险暴露资本计提的依据。值得一提的是，信用评级的结果是信用评级机构对证券按时还本付息的评估，仅作为投资人的参考，但是并不构成对证券交易的推介；该评估是一种信用风险评估，也不涉及其他风险评价，如市场流动性风险等。

2. 资产证券化信用评级的特殊性

资产证券化产品是一种结构复杂的固定收益品种，与其他一般债券相比具有鲜明的特点，主要包括证券化包含对现金流的重组、证券化依赖于资产信用特别是组合资产的信用而不是融资主体信用、资产支持证券通常包含内部信用增进（即证券分层）以实现信用风险的重置等。资产证券化市场的透明度和市场交易活跃度比股票市场以及其他一般债券市场也相对较弱。基于这些特点，资产证券化的信用评级与一般债券评级相比，具有特殊性：

一是评级程序和评级方法不同。与一般债券评级通过定性的方法根据公开/非公开的相关信息对融资主体的偿还债务能力以及偿债意愿做出综合评价，然后得出相应信用级别不同，资产证券化产品的评级程序和评级方法有显著差异。评级程序上，通常融资主体会事先对每一档证券有一个目标级别（AAA）或者目标厚度，评级公司通常根据目标级别来测试分层、或者根据目标厚度给予每档证券的评级；评级方法上，对证券风险的评估主要是以基础资产整体组合信用风险水平分析为基础，结合压力测试、交易结构，利用模型进行定量模拟和分析，虽包含定性分析的成分，但是仍以定量分析为主。

二是信息的获取方式和内容不同。对一般债券进行评级的信息收集，主要是通过发行人提供和发行人公开渠道披露，信息内容一般包括发行人财务 / 非财务信息、宏观经济环境、政策等外部信息。评级机构的信息获得渠道较为多元，并可以对信息的准确度进行多方校验。资产证券化评级不同，除了相关主体经营信息，主要是要获取资产信息和交易结构信息，例如静态池信息、基础资产信息、证券偿付顺序等信息，这些信息必须由发起人提供，较难在证券发行之前通过公开渠道获得，并且每次发行的相关信息都变化较大。基于此，信息的准确性与发起人息息相关，并且评级机构对资产支持证券进行主动评级是较困难的。

三是证券化产品投资者更依赖信用评级，信用评级风险揭示的功能更加突出。原因之一是证券化产品的复杂性，之二是证券化产品二级市场相对较不活跃。具体而言，资产证券化产品特别是资产分散的 RMBS、结构复杂的 CDO 等，相关信息获取渠道单一，交易结构、现金流分析和风险评估比一般债券复杂很多，需要很强的技术性，一般市场投资者并不具备该种分析能力，信息不对称的问题更加严重，投资者非常依赖信用评级机构基于专业分析得出的评级结果，这基本是投资者评估证券化产品风险和投资价值的唯一渠道。此外，即使对于机构投资者，复杂的证券化产品例如 CDO，由于发展时间短、二级交易不活跃，历史表现数据不充分，二级市场不能提供有效的估值方法和价格，因此信用评级能够提供的价值和风险信号更多地被投资者甚至是具有模型数据分析能力的机构投资者所依赖。

3. 次贷危机中信用评级的教训

众所周知，信用评级机构对次级贷款打包形成的 RMBS 以及 CDO 的评级被认为是导致次贷危机爆发的原因之一：信用评级机构对这些结构化产品优先级的高评级使这些产品被机构投资者大量持有，而在危机爆发时评级机构突然调降级别加剧流动性问题并造成市场恐慌。OICU-IOSCO 在危机后专门成立了“次贷危机分析工作组”（subprime Task force），对造成次贷危机的各种原因进行了深入分析，其中，对信用评级部分的总结分析如下：由于资产证券化产品投资者过度依赖于信用评级，信用评级机构对市场上次贷 RMBS 和 CDO 产品的估值以及流动性影响巨大。信用评级结果的准确性和客观性若难以保证，市场会受到负面影响。

有三个因素制约着信用评级结果的准确性和客观性：一是信用评级机构的独立性问题。在资产证券化市场兴起之后，证券化评级业务成为个大评级公司收入的主要来源，信用评级公司的竞争日趋激烈。客户往往会以评级结果的高低来选择评级机构（Rating Shopped）。这就使评级机构面临利益冲突问题：为了争抢客户，评级机构往往放松评级标准，给予对发起人更有利的评级结果，从而造成评级结果客观性受损。二是信息提供的质量问题。由于涉及大量的数据分析和模型模拟，证券化产品的评级非常依赖于发起人提供的资产池以及历史数据、交易结构等信息。数据的准确性在很大程度上决定了评级结果的准确性。但是通过次贷危机，调查发现很多发起人提供给评级机构的信息是不准确的甚至是误导性的，发起人也缺乏提供勤勉贷前调查并提供准确信息的激励或约束。信息来源的不可靠造成了评级结果的不准确。此外，即使历史数据是准确的，也不能完全作为未来预测的依据，例如，历史上平滑的违约率并不能排除未来会发生未测的变化。三是信用评级方法与模型的局限性和时滞性问题。信用评级方法及模型是得出评级结果的必要工具，其通常的假设是各个具有相似性的基础资产池表现是有可比性的，并且可以从资产池的历史表现推测未来表现。为了使统计数理模型具有可适用性，通常会利用“同质性假设”，即某些影响因子不会剧烈变化。但是，历史证明经济金融环境的突然剧烈变化是会发生的（例如次贷危机）。金融市场和经济环境往往变化很快，但是评级机构对方法和模型的更新通常都会滞后于市场发展。因此应该认识到，方法和模型是有一定局限性和时滞性的。

除此之外，次贷危机还揭示了一个重要现象：就结构化产品而言，高信用评级并不等于高流动性。债券市场的一般规律是债券的信用级别与债券的流动性成正比，AAA 级别的债券流动性非常强，且价格波动的剧烈性远小于低评级债券。但是，在次贷危机中，即使在级别调整前，高评级的次贷 RMBS 产品和 CDO 却遭遇流动性匮乏，且价格波动剧烈。因此可以得出，就证券化产品，违约可能性极低（高评级）和高流动性低波动性并没有必然联系。

4. 小结

资产证券化信用评级机制的特殊性和次贷危机中的教训，对我国资产证券化信用评级，特别是 RMBS 信用评级的角色定位和机制建设形成了若干启示：

一是信用评级是我国 RMBS 市场运行机制不可或缺的部分。第一，相对于一般债券，投资人更加依赖评级：结构化产品复杂的交易结构需要信用评级来解构、组合资产信用风险的揭示必须由信用评级来完成，它是以低成本解决信息不对称、保护投资人的最有力途径。第二，监管机构对包括 RMBS 在内的证券化产品信用风险计提的评估依赖于外部评级。第三，RMBS 二级市场几乎未形成，不能提供估值定价的有效支撑，信用评级是一级市场发行定价的决定性因素之一。基于信用评级对市场运行的重要作用，评级机构的定位是"市场守门人"，履行专业、公正、客观评估证券信用风险的职责。

二是次贷危机的教训说明，信用评级是"双刃剑"，其潜在的局限性是存在的：所谓信用评级行业的利益冲突和级别竞争是影响评级客观性的最重要因素；信用评级方法的合理性和评级信息质量若不能保证会严重影响评级结果正确性。

三是我国 RMBS 信用评级的建设要以次贷危机为前车之鉴，以建立客观、公正、公开、合理的资产证券化评级为目标，突破和弥补信用评级的局限性，着眼于两个方面的建设：第一，建立和优化信用评级机制，保证信用评级机构的独立性和评级信息的充分性；第二，构建和迭代信用评级方法，保证评级方法的科学性和评级结果的合理性。

二、RMBS 信用评级机制在我国的建立及其实践

RMBS 信用评级机制的建立和实践轨迹与我国信贷资产证券化信用评级机制的发展路径基本重合。可以看到，我国信贷资产证券化信用评级机制的初建汲取了国外成熟市场的经验教训，主要思路是将信用评级机制建设作为一项系统性工程，同时确立以外部评级作为商业银行证券化风险权重依据的规则、探索新型信用评级模式、综合信息披露等配套机制建设，发挥信用评级的风险揭示功能，着力解决评级客观性和准确性的问题，收到了较好的效果，为市场的健康深化发展奠定了稳固基础。

1. 信用评级结果应用机制的建立

除了直观地向投资者揭示信用风险，信用评级结果的最重要应用体现在为商业银行从事证券化交易提供风险权重和资本计提评估的依据。早在 2005 年，银监会出台的《金融机构信贷资产证券化试点监督管理办法》中就明确，资信评级机构对信贷资产证券化交易的评级可以作为确定风险权重的依据，并且具有两个不同评级结果时，银行应用所对应的较高风险权重。2012 年出台的《商业银行资本管理办法（试行）》更是进一步明确了外部评级使用规范，将外部评级结果作为证券化交易中信用风险加权资产计量的依据。同一资产证券化风险暴露具有两个不同的评级结果时，商业银行应当运用所对应的较高风险权重[①]。其中，商业银行若未经银监会批准适用内部评级法以及基础资产没有对应的内部评级的，发起机构必须使用资产证券化标准法计算证券化风险暴露，投资机构必须适用评级基础法计算资产证券化风险暴露的资本要求（具体标准见表 5 至表 8）。

① 关于外部评级使用规范、资产证券化标准法和评级基础法的具体规则见《商业银行资本管理办法（试行）》以及其附件 9《资产证券化风险加权资产计量规则》和附件 17《外部评级使用规范》。

表 5 长期信用评级与风险权重对应表

长期信用评级	AAA 到 AA-	A+ 到 A-	BBB+ 到 BBB-	BB+ 到 BB-	B+ 及 B+ 以下或者未评级
资产证券化风险暴露	20%	50%	100%	350%	1250%

注：长期评级在 BB+（含 BB+）到 BB-（含 BB-）之间的，发起机构不适用表中的 350% 或 650% 风险权重，而适用 1250% 的风险权重。

数据来源：《商业银行资本管理办法（试行）》。

表 6 短期信用评级与风险权重对应表

短期信用评级	A-1/P-1	A-2/P-2	A-3/P-3	其他评级或者未评级
资产证券化风险暴露	20%	50%	100%	1250%

数据来源：《商业银行资本管理办法（试行）》。

表 7 长期外部信用评级和 / 或以长期评估为基础的推测评级的评级基础法风险权重

<table>
<tr><th>外部评级</th><th>优先档次、资产池分散的风险权重</th><th>非优先档次、资产池分散的风险权重</th><th>资产池不分散的风险权重</th></tr>
<tr><td>AAA</td><td>7%</td><td>12%</td><td>20%</td></tr>
<tr><td>AA</td><td>8%</td><td>15%</td><td>25%</td></tr>
<tr><td>A+</td><td>10%</td><td>18%</td><td rowspan="3">35%</td></tr>
<tr><td>A</td><td>12%</td><td>20%</td></tr>
<tr><td>A-</td><td>20%</td><td>35%</td></tr>
<tr><td>BBB+</td><td>35%</td><td colspan="2">50%</td></tr>
<tr><td>BBB</td><td>60%</td><td colspan="2">75%</td></tr>
<tr><td>BBB-</td><td colspan="3">100%</td></tr>
<tr><td>BB+</td><td colspan="3">250%</td></tr>
<tr><td>BB</td><td colspan="3">425%</td></tr>
<tr><td>BB-</td><td colspan="3">650%</td></tr>
<tr><td>BB- 以下或者未评级</td><td colspan="3">1250%</td></tr>
</table>

数据来源：《商业银行资本管理办法（试行）》。

表 8 短期外部信用评级和 / 或以短期评估为基础的推测评级的评级基础法风险权重

资产证券化风险暴露			
外部评级	优先档次、资产池分散的风险权重	非优先档次、资产池分散的风险权重	资产池不分散的风险权重
A-1/P-1	7%	12%	20%
A-2/P-2	12%	20%	35%
A-3/P-3	60%	75%	75%
其他评级或者未评级	1250%		

数据来源：《商业银行资本管理办法（试行）》。

2. 双评级和投资人付费模式的实践

实践和理论证明，双评级和投资人付费模式对于保证评级结果的客观和公信力大有助益。双评级能够使投资者获得多元化的评级结果，有利于投资者进行校验和判断，也可以强化评级机构的技术竞争，减少级别竞争，提升行业透明度和公信力；投资人付费模式则可以切断发起人和评级机构之间的利益关联，解决信用评级过程中的利益冲突，保证信用评级机构的独立性和评级结果的客观性。双评级在欧美成熟债券市场已经是约定俗成的实践①，投资人付费模式也是信用评级行业起源之初采

① 1936 年美国货币监理署和美联储发布估值规则，其监管的银行所持债券必须经过双评级；1975 年《美国证券交易法》统一净资本规则将双评级结果作为风险资产折损率的依据；1993 年，欧盟规定对投资公司和信托公司的债务工具需经过双评级。据统计，1983—2008 年美国首次发行的固定利率公司债有 14 005 只获得标普和穆迪的双评级。2005—2008 年，美国发行的结构化金融产品中，59.26% 为双评级，三评级为 26.8%，单一评级仅为 6.24%。其中，CMBS、RMBS、CDO 等产品的双评级比例分别为 79.77%、70%、77.4%。

取的最主要评级模式[①]。金融危机后，美国和欧洲的金融监管机构都不同程度地进一步推进实施双评级和投资人付费模式。欧盟在 2013 年修订的《评级机构监管规则》中明确规定，结构化金融产品如果要进行评级，必须聘请两家独立的评级机构进行评级[②]。2010 年，美国《多德—弗兰克法案》规定，结构化金融产品评级必须在 NRSROs 之间实现信息公开共享。这一规定间接促进了双评级在结构性金融产品中的应用。投资人付费模式在金融危机后，在发行人付费广受市场质疑中重获重视。监管部门积极鼓励投资人付费模式的发展：美国证监会专门组织开展了评级机构付费模式相关研究，提出相应的备选模式以提高评级结果的准确性；欧盟也论证了如何解决发行人付费模式引发利益冲突的多种替代方案。

我国信贷资产证券化评级机制创新性地采取了双评级和投资人付费相结合的模式。2012 年，人民银行、银监会、财政部在《关于进一步扩大信贷资产证券化试点有关事项的通知》中要求聘请两家具有评级资质的资信评级机构进行持续信用评级，并且鼓励探索多元化信用评级方式，支持采用投资者付费模式的评级机构对资产支持证券进行信用评级。这一评级模式被印证对促进我国信贷资产证券化市场良性发展起到了很好的作用：在资产证券化评级实践中采取投资人付费，从根本上切断了评级机构与发行人之间天然的利益链条。通过两个评级结果的相互校验，提高了甄别风险

① 信用评级机构最初的业务形式是将评级信息整理成手册出售给投资人，形成了投资人付费模式的雏形。20 世纪 30 年代的大萧条中，大批公司破产引发债券违约，信用评级结果与实际违约率的强相关性为评级机构树立了公信力。之后，美国证监会、货币监理署、美联储等监管机构对评级结果的普遍使用，极大推动了评级业务的发展。在 70 年代的经济衰退中，市场对信用评级的需求骤增，尤其是 NRSRO 制度的出台强化了监管机构对评级结果的使用，评级结果逐步反映到发行利率水平上，不同等级债券利差进一步扩大，评级对于债券发行人的资金成本形成了重大影响，发行人愿意有偿获得评级。同时，面对不断提高评级质量的压力，评级机构出于运行成本、经营稳定性、获取充分资源等多方面的考虑，穆迪、标普、惠誉等主要评级机构开始转向发行人付费。摘自（《杨勤宇：评级行业投资人付费模式的“前世今生”》）。

② Clifford Chance: New Disclosure and Dual Rating Requirements in European Structured Finance, 2013.

的能力，通过标准的市场业务行为，倡导评级机构之间正确的竞争理念，纠正评级虚高、以价定级的现象，保证了评级结果的客观性。

在实践中，每一单信贷资产证券化的评级均需聘请一家发起人付费的信用评级机构和一家投资人付费的评级机构。中债资信作为国内市场唯一一家投资人付费模式运营的评级公司，自 2010 年成立以来，参与了全部银行间市场 RMBS 评级项目，在此过程中严格把控信贷资产证券化产品信用风险，切实履行了“市场守门人的职责”。具体体现在：

一是执行客观、严谨的评级标准，实现对 RMBS 产品风险的前端把控。在评级业务开展过程中，中债资信对发起机构基础资产的整体信用质量执行统一标准，在产品设计前端利用入池资产信用风险分析、现金流压力测试等分析方法保护投资人利益。例如在测算资产池平均违约率时，借鉴国际经验，结合我国实际对极端经济情况（类似美国大萧条时期）发生时，对住房抵押贷款违约率大幅增加的场景进行了覆盖；在进行回收率估计以及压力测试时，充分考虑一二线城市占比、地区经济情况、预告登记、机构尽职能力、房价预期下降幅度等负面因素，对相关参数做保守设定，使评级结果更能接受未来的考验。

二是通过两家评级公司的评级结果差异，发挥双评级制度对提高信息对称性的重要作用。在已经进行评级的所有 RMBS 产品中，中债资信与其他发起人付费的评级机构在评级结果上已经体现出了差异性，对市场风险的充分揭示起到了良好的效果。

三是加强证券存续期间的风险跟踪及评价，保障投资人利益。公司在跟踪的基础上进行历史数据的总结、梳理和分析，为后续评级技术和方法的升级提供技术储备。

四是鉴于中债资信作为投资人付费模式的评级公司参与所有项目，采取一致评级标准，保证了评级结果的可比性，同时能够向所有市场参与者提供一个一致的市场标准和评级结果，为其风险识别、定价提供了可参考的基准。

五是通过让不同房贷资产合格标准以及数据提取质量成为评估资产池

风险、影响评级结果的因素。推动发起人对新发放和存续贷款的风险进行严格的把控，例如减少预抵押登记的情况、降低初始抵押率等；促使发起人银行有意识地加强内部信息系统建设，对资产数据的记录积累更加规范、全面以及及时更新，例如对抵押房产初始评估价、借款人收入、抵押登记状态、抵押房产所在城市等字段信息的记录。

3. 信息披露机制的建立和完善

信息披露在包括债券市场在内的所有证券市场上都是投资人保护的核心机制，RMBS 市场也概莫能外。信用评级作为投资人保护的另外一项重要机制，如前所述，其建设是一项系统性工程，信用评级更好地发挥作用不仅依赖于信用评级模式的选择和信用机构的建设，信息披露也是重要的配套措施。信息披露包括发起人、受托人、律师事务所、会计师事务所的信息披露和信用评级机构的信息披露。规范、全面、深入的信息披露可以提升市场透明度、防范风险：对投资人而言，一方面能使投资人深入、持续了解产品的相关信息，另一方面也有助于促进投资人对产品风险价值的自我判断，在一定程度上可以减少对评级机构的依赖；对信用评级机构而言，评级信息来源的质量可以得到更大程度的保障。国外的信息披露实践已经相对成熟，并且在金融危机之后又得到了强化和提升。在美国，RMBS（主要是非机构型 RMBS）的信息披露受到《1933 年证券法》的规制，注册登记和披露相关信息是必需的[①]。信息披露要点包括参与机构信息、证券信息、基础资产池信息、交易结构信息、静态池信息等。除此之外，《多德—弗兰克法案》要求信用评级机构除了公布评级结果之外，还应及时公布评级流程和方法的变化。

我国 RMBS 的信息披露机制也已经初步建立。根据 2005 年出台的《资产支持证券信息披露规则》（中国人民银行公告〔2005〕第 14 号）、《信贷资产支持证券发行管理有关事宜》（中国人民银行公告〔2015〕第 7 号）

① 在美国，机构型 RMBS 由于具有政府信用背景，证券法将其归为豁免证券，即无须按照证券化法及其相关规则和条例进行注册登记或履行信息披露义务。

及相关法律法规，2015 年交易商协会组织市场成员制定了《个人住房抵押贷款资产支持证券信息披露指引（试行）》，成为我国 RMBS 产品的主要信息披露规则依据。中债资信也从评级角度给予了规则制定的专业意见。该信息披露规则对 RMBS 注册环节、发行环节、存续期的信息披露内容和方式进行了详细规定，并且推出了《个人住房抵押贷款资产支持证券信息披露表格体系》，使得披露具有可操作性、标准化和规范性。该表格体系包括注册申请报告、发行说明书、受托机构报告和重大事件报告书四个部分，构成 RMBS 最低信息披露要求。要求披露的信息分为交易结构、基础资产、证券基础信息、中介机构意见等几类，这些信息涵盖发行阶段和存续阶段。其中最关键的信息包括历史数据（静态池和动态池）、基础资产筛选标准、基础资产分布和逐笔信息、现金流归集等。主要披露义务人为发起人和受托机构。

信用评级机构需要进行的信息披露，包括信用评级结论和信用评级方法。根据《信息披露指引》，信用评级机构就初评项目以及跟踪评级需要披露的是评级的假设与分析摘要：包括但不限于评级的基本假设、逻辑思路、基础资产和交易结构分析结果（包括优势与关注中的核心内容）、信用级别等。目前没有法律法规强制要求评级公司公开披露评级方法[①]，但中债资信已经向公众披露了 RMBS 评级方法，为投资人了解和评判 RMBS 产品提供了有效的工具。

三、RMBS 信用评级方法在我国的建立以及优化

1. RMBS 方法建立和优化的基础

中债资信参与了 2012 年重启试点后的所有银行间市场 RMBS 产品评级工作，在此过程中逐渐积累并初步形成了一套数据充分、过程合理、结果科学且持续更新、较为成熟的 RMBS 评级方法，适用于对我国 RMBS 产品的评级。值得一提的是，中债资信已经于 2016 年 12 月首次对外发布

① 相关的规定只有《商业银行资本管理办法（试行）》附件 9《资产证券化风险加权资产计量规则》提到“外部信用评级”。

该评级方法，为市场机构加深对 RMBS 产品的了解、对 RMBS 进行信用风险分析提供了有力工具。中债 RMBS 评级方法的形成和优化主要基于两点：

第一，在对国外技术充分研究基础上，结合国情合理借鉴。三大评级机构都是通过定性分析与定量分析相结合的方法对 RMBS 产品进行评级。在计算资产池的违约风险时，三大评级机构使用的方法有所不同，穆迪采用的是 MILAN 打分模型，基于 FICO 评分和综合贷款价值比计算基准违约率，再根据资产池的特性对该概率进行调整。而惠誉是直接采用 Logistic 回归模型对违约率的计算进行建模。标普主要使用的是 LEVELS 模型，通过标准资产池的构建，以及对目标资产池和标准资产池的差异进行分析，得到目标资产池的违约率，对于特定时期发放的贷款，标普还使用过迁移率清算模型。中债资信主要借鉴了三大评级机构的评级逻辑、对核心评级要素的选择、定性因素的考虑方式，结合我国没有针对借款人的 FICO 评分的现状，设计了适合中国国情的 RMBS 评级方法。中债资信对贷款信用风险的评估主要借鉴的是标普的迁移率清算模型，通过银行的历史数据提炼出贷款发放后各年不同状态间的转移概率，并通过蒙特卡罗模拟得出资产池的违约比率。目前中债资信是市场上唯一一家基于每一笔历史数据表现作为模型测算基础的评级公司。

第二，以大量项目经验和数据为有力支撑，并进行严格参数校验。一是正常类房贷项目经验的积累。2012 年资产证券化重启以来，在 RMBS 方面，中债资信累计参与了 50 余单项目的初评和 10 次跟踪评级工作，涉及近 30 家银行，积累了 1 000 多万笔贷款在发放后各月的状态转移数据，数据时间长度最长 10 年，这部分数据是分析贷款违约风险的核心依据。二是不良类项目经验的积累。中债资信 2016 年参与了 3 单房贷 NPAS 和 2 单小微 NPAS 的评级工作，涉及 4 家银行，现场尽调和电话访谈的地区达到 147 个，积累了 10 万多笔房贷不良的回收数据，数据时间长度最长 5 年，这部分数据和经验积累对我们分析房贷违约后的回收和回收时间分布起了很重要的作用。三是通过积累的数据对参数进行校验，得到可靠的测算结果。中债资信对 40 余笔不同特征房贷的单笔测算，确保参数设置的逻辑和结果合理；对不同银行类型、资产类型共 10 余单历史项目的测算分析，校验参数设置的合理性，充分保证各评级要素对最终结果的影响合乎逻辑、评级结果能够真实反映各项目间的个性化差异。

2. RMBS 评级方法概述

与对其他资产支持证券一样，中债资信对 RMBS 信用等级的评定是对证券违约风险的评级，即在考虑基础资产损失分布的情况下，评估受评 RMBS 本金和利息获得及时、足额偿付的可能性。首先，利用信用组合风险模型，根据发起机构自身静态池数据体现出的每笔贷款状态转移概率[①]，对逐笔基础资产进行模拟，得到整个资产池的初始违约比率，然后根据资产池的一些特征（包括资产池和静态池的不同特征）对初始违约比率进行调整，得到资产池平均违约比率。其次，考虑超额利差、流动性支持[②]、信用触发事件等交易结构特点，以及压力情景下受评证券本金和利息的覆盖程度，根据交易结构和特定压力条件进行现金流分析及压力测试。最后，基于证券获得的信用增级量大于目标损失比率（TLR），且在所有压力条件下的临界违约比率大于目标违约比率（TDR），同时结合交易结构风险、法律意见和参与机构尽职能力的分析等，得到证券最终的信用级别。

基础资产现金流入情况和交易结构安排都会对证券的评级结果产生影响。中债资信通过对资产池违约比率、提前还款率、回收率高低的分析来对现金流入情况进行刻画，分析要素主要有二个：一是资产池特征，包括初始贷款价值比、收入债务比、一二线城市贷款金额占比、合同期限、账龄、

---

① 由于个人贷款没有评级，因此为了区分不同贷款的信用风险，中债资信将贷款分为正常、逾期 1~30 天、逾期 31 天及以上、提前结清、曾经出现逾期 31 天及以上状态但当前正常还款的贷款五类。状态转移概率刻画的是基础资产从某种状态转变为其他状态的概率。

② 流动性支持：保证证券本息按时足额偿付的措施，比如流动性储备账户、外部第三方流动性支持等。

剩余期限、预告登记贷款占比、借款人年龄、贷款利率等；二是发起机构/贷款服务机构情况，包括发起机构房贷历史违约情况、贷前审核标准完备性和稳定性、贷后管理能力、系统完善程度。此外，影响评级结果的交易结构安排包括信用触发机制、流动性支持机制、优先/次级结构、超额抵押、外部储备金账户、抵消、混同、后备贷款服务机构缺位风险、其他相关参与机构尽职能力等。

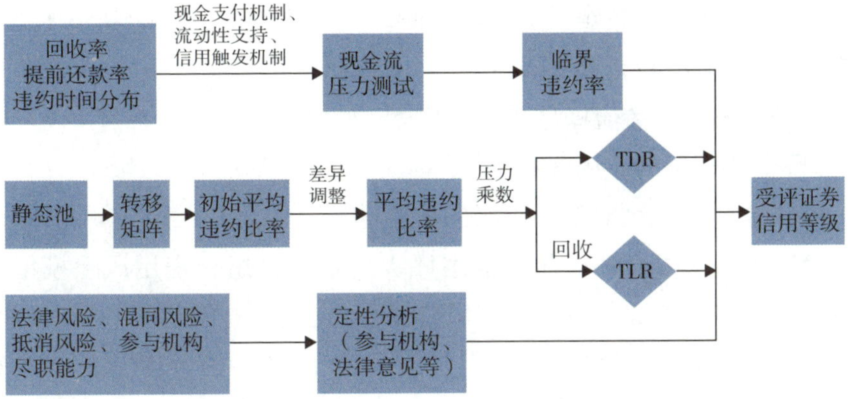

数据来源：中债资信。

图 2　中债资信 RMBS 评级逻辑

3. 方法先进性和进一步优化思路

中债资信 RMBS 评级方法的先进性体现在：（1）要素考虑全面、指标有针对性和代表性、参数设置合理有据。（2）基于银行历史数据计算转移矩阵，能合理有据地区分不同银行发放贷款违约风险的不同。（3）定性定量相结合，可实现对贷款信用风险的逐笔分析，较好地衡量不同资产池特征的差异。

在这些优点之上，随着历史数据的进一步积累，还有以下优化空间：

一是目前方法主要是基于有完整经济周期的发达国家情况和我国过往的发展情况通过加压的方式，对未来的不确定性加以考虑，衡量违约和违约后的回收，未来随着数据和经验的不断积累，加压方式和幅度可做一些实时的优化。

二是在行业均值矩阵[①]和稳态矩阵[②]的设定中，主要是基于对现有银行历史数据变化规律和取值范围的分析研究来制定的，目前历史数据的长度和数量都还有待积累。未来随着银行历史违约数据的不断积累，对于行业均值矩阵和稳态矩阵的设定也需实时做一些调整。

三是 RMBS 信用风险的评定是一个定性与定量分析相结合的过程，对于定性因素的判定和相关参数的设定需要不断经验积累，我国 RMBS 业务开展的时间相对较短，对一些影响因素以及影响程度的判定还需要基于现实项目经验不断完善和修订。

四、RMBS 现金流模型应用的探索

1. 现金流模型的应用背景

（1）现金流模型对信用评级的重要性

目前，对于 RMBS 产品的信用评级主要通过组合信用风险模型和现金流压力测试模型实现。组合信用风险模型通过静态池数据和资产池特点模拟出资产池的目标违约比率。但是由于组合信用风险分析过程中没有考虑超额利差、流动性支持、信用触发事件等交易结构特点，以及压力情景下基础资产产生的现金流在各时点对受评证券本金和利息的覆盖程度，因此需根据交易文件约定的交易结构和特定压力条件进行现金流分析及压力测试。在现金流分析及压力测试模型中，只有当在各种压力条件下该档证券均可以通过现金流压力测试，该档证券才可获得对应的信用等级。因而，现金流压力测试模型能够减少评级过程中的主观判断因素，提高评级结果的客观性、一致性和准确性。

（2）现金流模型对证券化产品估值的重要性

对资产证券化产品来说，基础资产产生的现金流是证券本息的主要偿

① 行业均值矩阵：全国性国有银行、全国性股份制银行、地区性银行（发达）和地区性银行（非发达）四种类型的银行的行业基准状态转移矩阵表现。

② 稳态矩阵：贷款的转移矩阵随账龄的增加而变化，并且在多年之后趋于一种稳定状态。

还来源，现金流的稳定性分析对债券估值的准确性起到了关键作用。分析现金流的稳定性时，主要关注基础资产在未来存续期的违约比率、提前还款率和回收率等。现金流模型通过在现金流压力情景基础上通过设定“假设基础资产累计违约率”、“回收率”、“回收时间”、“基础资产提前还款率”、“违约时间分布”等指标进行的压力情景测试，对不同压力情境下的现金流是否能足额及时地覆盖本息进行论证分析，尽可能准确地模拟未来每期的现金流情况。以此为基础，再通过到期收益率法、静态利差法、期权调整利差法等估值方法，才能得到债券较准确的估值。

2. RMBS 估值的市场需求和原理方法

（1）RMBS 估值的市场需求

近年来我国 RMBS 市场发展迅猛，截至 2017 年 12 月底，RMBS 已经累计发行 3 573.45 亿元，占信贷资产证券化市场的比重超 20%。作为固定收益市场上的新型产品，RMBS 在基础资产方面具有剩余期限长、借款人分散性好、抵押物对回收保障强等特点，因而受到了市场投资者的关注。随着投资需求的打开，投资者越来越需要得力的估值工具，这是进行投资和交易的基础。但是由于 RMBS 产品基础资产笔数很多、期限很长，自带“提前偿付”属性，且基础资产利率会随基准利率变化而变化，基础资产特点及交易结构复杂，且历史数据积累尚且有限，目前对 RMBS 进行准确的估值难度较高，市场尚缺乏有力的 RMBS 估值工具，投资者往往无法对 RMBS 产品进行估值判断，成为市场发展的瓶颈。估值准确的 RMBS 产品能够减少投资者的信息收集成本，增强 RMBS 产品的流动性，提高投资效率，增强发起机构的融资能力，促进 RMBS 市场的良好健康发展。

（2）RMBS 估值方法的分析对比[①]

①到期收益率法

到期收益率法是最早的对 RMBS 进行定价的方法。到期收益率是指使得 RMBS 未来现金流现值等于其当期市场价格的贴现率。具体模型如下:

① 马喜德 . 中国抵押支持证券定价与设计研究，2007.

$$P=\frac{CF}{1+r}+\frac{CF}{(1+r^2)}+\cdots\frac{CF_n}{(1+r^n)}=\sum_{i=1}^{n}\frac{CF_i}{(1+r)^i}$$

其中，P 是 RMBS 的价格，CF_i 是该证券在第 i 期的现金流，r 是到期收益率。

从上述模型的形式上看，RMBS 的定价似乎与一般债券的定价原理相同。其实不然，与普通债券不同，RMBS 每期的到期现金流都是不确定的，因此对 RMBS 的定价还必须结合对提前偿还率的预测才能得以完成。

到期收益率法是对 RMBS 进行价值评估的最基本的工具，其主要优点是简单实用。但这种方法也有很大的缺陷：首先，它并没有考虑收益率曲线形状对 RMBS 定价的影响。在对到期收益率的计算中假定各个期限的收益率相同，但是实际情况并非如此。其次，该方法并没有考虑不同利率路径之下现金流的波动性。它忽略了另外一些对评估 RMBS 来说非常重要的因素，包括未来利率的分布和变动、利率与 RMBS 提前偿还率之间的关系等。因此，到期收益率相当不稳定，容易出现较大的波动，这给投资者做出正确的投资选择带来了一定的困难。

②静态利差法

如前所述，考虑到 RMBS 现金流的特殊性，有必要针对不同期限的现金流采用不同的贴现率。因此，出现了将国债收益率曲线上不同期限的贴现率加一个固定利差作为 RMBS 的贴现率进行定价的方法。由于假设该利差保持不变，因此这种定价方法又叫做静态利差法。其模型的具体形式如下：

$$P=\frac{CF_1}{1+r_1+SS}+\frac{CF_2}{(1+r_2+SS)^2}+\cdots\frac{CF_n}{(1+r_n+SS)^n}=\sum_{i=1}^{n}\frac{CF_i}{(1+r_i+SS)^i}$$

其中，r_1 表示国债收益率曲线上第 i 期的即期利率，SS 表示静态利差。

静态利差法较到期收益率法有所改进，其反映了到期收益率曲线的形状，剔除了每期贴现率不同对债券定价的影响。但是，该方法还是没有考虑到不同利率路径对现金流的影响。此外，静态利差法没有剔除提前还款的期权价值的影响。

③期权调整利差法

由于抵押贷款者可以随时归还所借的贷款，投资 RMBS 的人相当于是送给抵押贷款者一个债券的看涨期权，因此在对 RMBS 进行定价时，就必须考虑抵押贷款者所拥有的提前偿还权的成本。由于提前偿还权是路径依赖的，为了估算抵押贷款者执行提前偿还权所可能造成的风险或应给予的补偿，人们设计了期权调整价差模型，并通过蒙特卡罗模型计算期权调整价差。

期权调整价差法的基本计算原理如下：

a. 根据目前现有的国债的利率期限结构，利用预先选定的利率期限结构动态模型，得到若干条利率动态路径；

b. 根据得到的利率动态路径，结合预先选定的提前偿还模型，得到每一条路径每个节点上对应的现金流；

c. 根据得到的现金流，采用下列模型，得到每一条利率路径所对应的现金流的现值：

$$\mathrm{PV}(i)=\frac{CF_1(i)}{1+r_1(i)+OAS}+\frac{CF_2(i)}{(1+r_2(i)+OAS)^2}+\cdots\frac{CF_n(i)}{(1+r_n(i)+OAS)^n}=\sum_{i=1}^{n}\frac{CF_i}{(1+r_i+SS)^i}$$

其中，CF_1（i）表示在第 i 条路径第 1 个节点的现金流，r_1（i）表示在第 i 条路径第 1 个节点的贴现率，OAS 表示假设的期权调整利差。

d. 假设一共有 N 条利率路径，将得到的每条利率路径的现值取平均值，则得到该 RMBS 的理论价值；

$$\mathrm{PV}=\frac{\sum_{i=1}^{N}PV(i)}{N}$$

e. 调整最初的期权调整价差 OAS，使得 RMBS 的理论价值等于其市场价格，那么就得到该债券的真实期权调整价差 OAS'。

由此可以看出，期权调整价差法的优点在于尽可能考虑了足够多的利率路径，实际上等于考虑了所有提前偿还权可能执行的情形。将每一次模拟计算出来的证券价值加以平均，即得到考虑了隐含提前偿还权的证券的理论价值。在求得期权调整价差之后，就可以计算出 RMBS 中隐含的提前偿还期权的价值。期权调整价差与静态利差的差异仅在期权调整价差法考虑了住房抵押贷款者持有的提前偿还权，因此期权调整价差与静态利差之间的差异是提前偿还期权的价值：

提前偿还期权价值 = 静态利差 – 期权调整价差

与到期收益率法和静态利差法相比，期权调整价差法的优点在于其不仅多考虑了利率的波动性，也考虑了现金流的波动性。因此，与上述两种利差相比，期权调整价差显得更加稳定，可以直接与其他产品直接进行对比，有助于投资组合管理。

但是，尽管期权调整价差法较前两种方法有了很大改进，却也还是存在一些不足之处。首先，期权调整价差法在计算过程中假设不同期限的风险溢价都相同，因此在将各期现金流进行贴现时直接将各个期限的无风险利率加上一个相同的风险溢价（即期权调整价差）。由于不同期限到期的现金流所对应的风险可能有所不同，因此这种假设依然存在一定的争议。其次，期权调整价差法同时假设各期现金流的再投资收益率等于无风险利率中加上期权调整价差，这也存在一定的争议。最后，期权调整价差的计算，还有赖于所选择的利率动态模型及提前偿还模型。当采用不同的模型（或即使模型相同但是参数不同）时，结果还是有所不同，因此会影响到投资者做出的决策。所以，在使用期权调整价差法的过程中，对于所选择的模型与参数要谨慎，以判断结果的可靠度。

④方法对比分析

三种方法的优缺点如下：

表 9　RMBS 估值方法对比

项目	考虑无风险利率变化对提前还款率的影响	考虑无风险利率曲线变化对证券估值的影响	计算结果为除权后的收益率	使用难易程度
到期收益率法	×	×	×	简单
静态利差法	×	√	×	较简单
期权调整价差法	√	√	√	较复杂

数据来源：中债资信根据相关资料整理。

使用期权调整价差法来进行 RMBS 产品的估值是相对合理的，但考虑到：交易员对资产证券化产品的定价缺乏认识、对基于利差思维的含权债券定价方法使用不普遍，期权调整价差法过于复杂；中国的提前还款模型是否与利率直接挂钩存在不确定性，很难求解 OAS；中债登估值的存在，需要考虑中债估值对交易员判断价格的影响，现阶段对 RMBS 估值大都使用的是静态利差法。

3. 现金流模型工具的创新探索

中债资信对现金流模型工具创新探索主要包括现金流压力测试工具和估值工具。前者旨在帮助不同类型使用者实现现金流分析，方便使用者自行判断压力测试情境下证券的风险敞口时点和金额；后者能帮助使用者实现资产证券化优先档产品投资价值分析与次级档投资价值分析。

（1）现金流压力测试分析工具

现金流压力测试分析工具包含 3 个模块，分别是压力测试参数设置、压力测试下基础资产现金流流入展示与修改、压力测试下产品现金流流出展示等功能。通过现金流压力测试工具，能对新发行的信贷资产证券化产品的基础资产产生的现金流流入与各档证券化产品收到现金流流出根据使用者自身需求进行压力测试。现金流压力测试分析工具可实现基础资产端参数："基础资产假设累计违约率"、"回收时间"、"违约回收率"、"提前偿还率"和"违约时间分布"和证券端利率情况："利率类型"、"基准利率类型"、"调整幅度"、"利率调整方式"、"固定调息日"、"票面利率"以及各种费用的参数设置进行压力测试。

压力条件设定不同，基础资产现金流状况也不同。表 10 是在某项目中基准情景下各项压力参数表。

表 10　基准情景下各项压力参数

项目	参数							
封包日	2015 年 5 月 31 日							
预计信托设立日	2015 年 11 月 12 日							
基础资产假设累计违约率	5%							
回收时间	24 个月							
B 档证券到期日	2021 年 5 月 26 日							
回收率	1	2	3	4	5	6	7	8
	74.75	83.26	91.05	96.16	99.06	99.94	100.00	100.00
提前偿还率	1	2	3	4	5	6	7	8
	5.68	6.16	6.64	7.12	7.6	8.08	8.56	9.04
违约时间分布	1	2	3	4	5	6	7	8
	24.11	26.03	19.19	13.26	8.47	4.86	2.71	1.37

数据来源：http://abs.chinaratings.com.cn。

下面是不同压力情景下资产端和证券端的现金流情况：

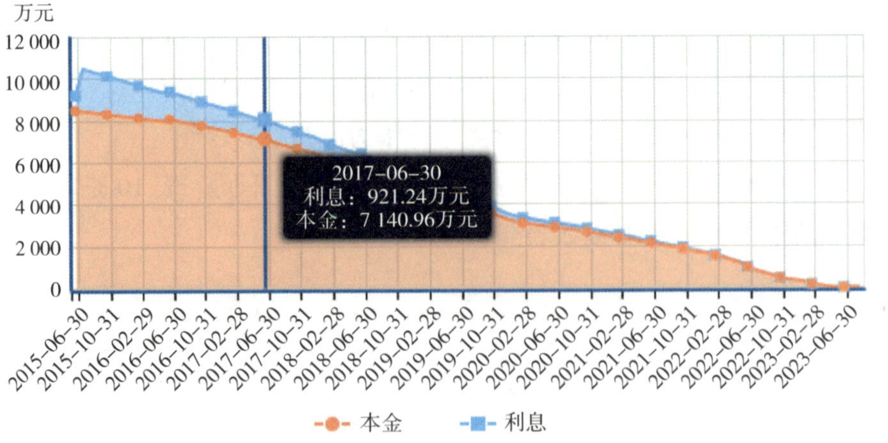

图 3　基准情景——资产端现金流

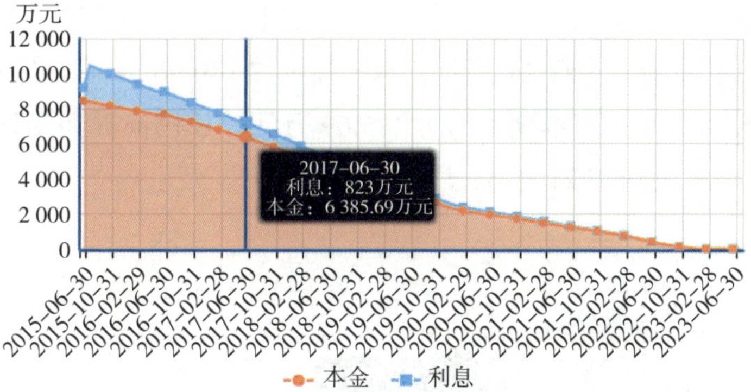

图 4　违约率 20%——资产端现金流

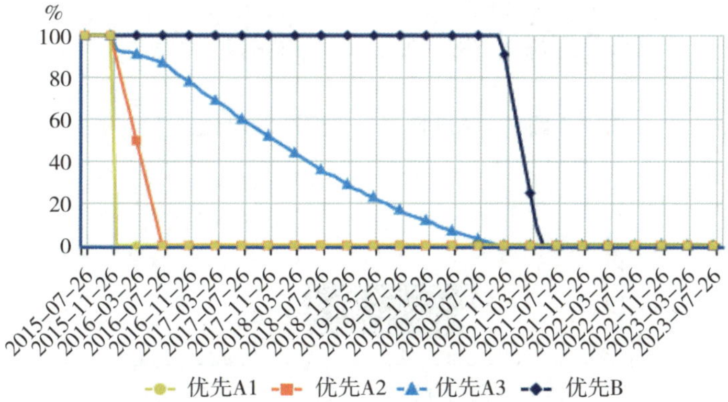

数据来源：http://abs.chinaratings.com.cn.

图 5　基准情景——证券端现金流

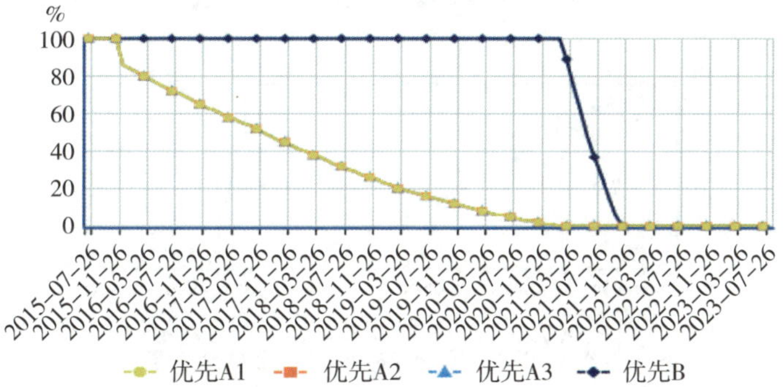

数据来源：http://abs.chinaratings.com.cn.

图 6　违约率 20%——证券端现金流

违约率加压后，现金流流入情况有所变化，以 2017 年 6 月 30 日为例，基准情景下利息流入 921.24 万元，本金流入 7 140.96 万元；而违约率加压后利息流入 823 万元，本金流入 6 385.69 万元。B 档证券到期日也由 2021 年 5 月 26 日延长到 2021 年 11 月 26 日。

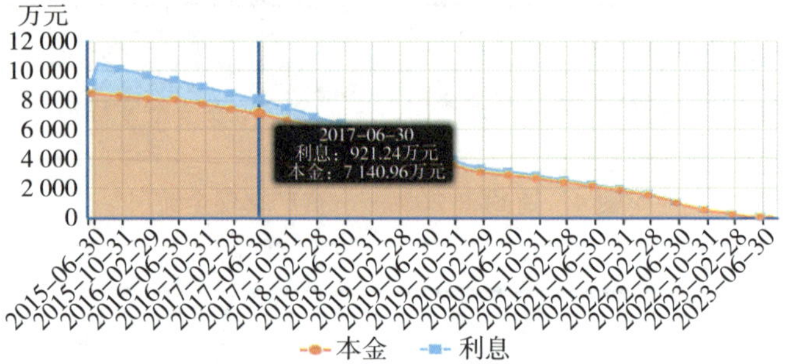

图 7　基准情景——资产端现金流

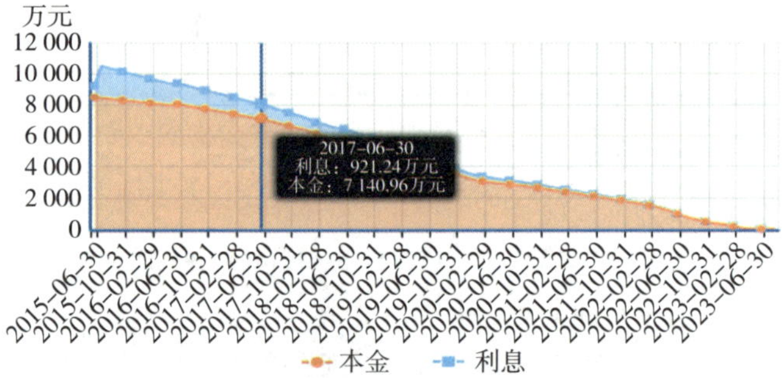

图 8　回收率零——资产端现金流

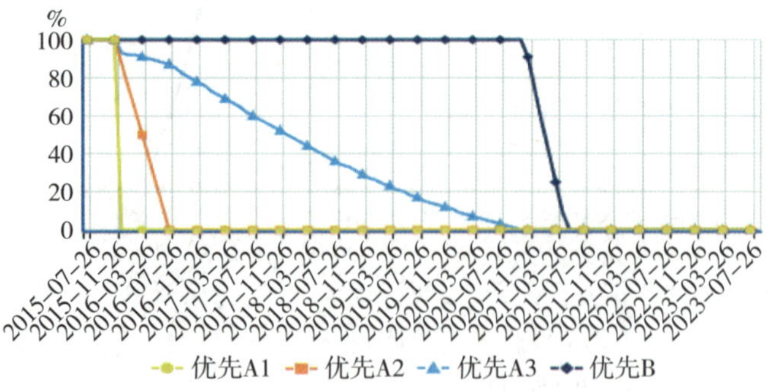

图 9　基准情景——证券端现金流

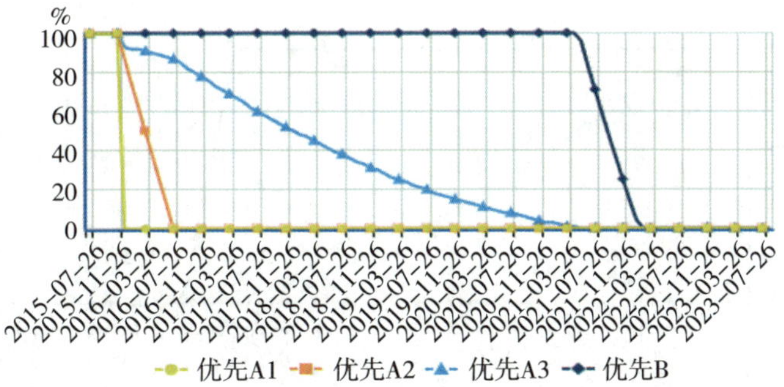

数据来源：http://abs.chinaratings.com.cn.

图 10 回收率零——证券端现金流

回收率加压后，现金流变化不大，但是 B 档证券到期日由 2021 年 5 月 26 日延长到 2022 年 2 月 26 日。

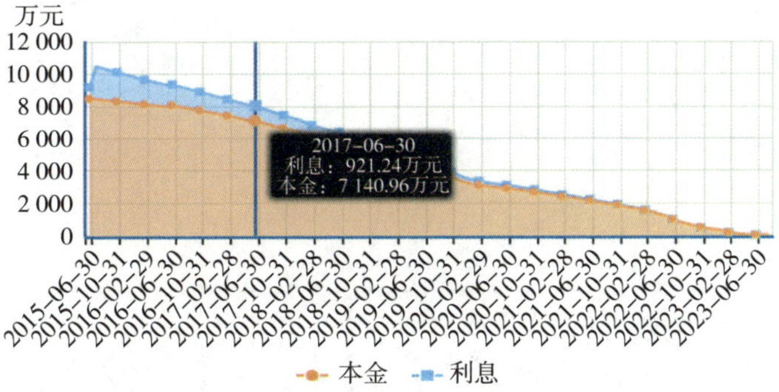

图 11 基准情景——资产端现金流

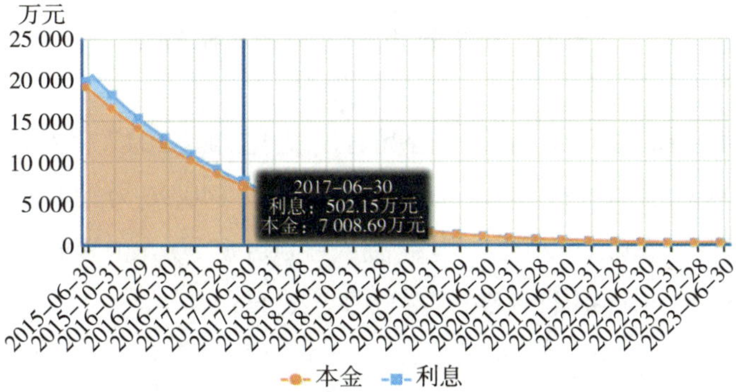

图 12 早偿率 30%——资产端现金流

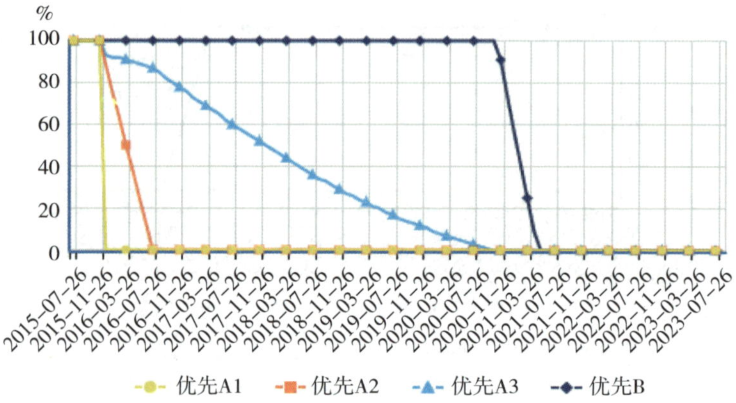

数据来源：http://abs.chinaratings.com.cn.

图 13　基准情景——证券端现金流

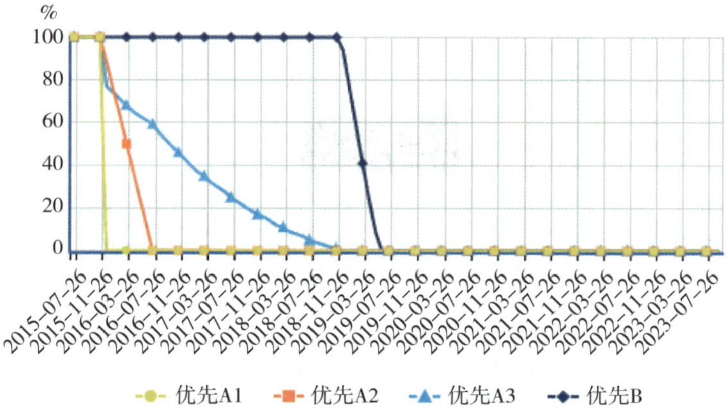

图 14　早偿率 30%——证券端现金流

早偿率加压后，现金流流入情况有所变化，以 2017 年 6 月 30 日为例，基准情景下利息流入 921.24 万元，本金流入 7 140.96 万元；而早偿率加压 30% 后利息流入 502.15 万元，本金流入 7 008.69 万元。B 档证券到期日也由 2021 年 5 月 26 日提前到 2019 年 6 月 26 日。

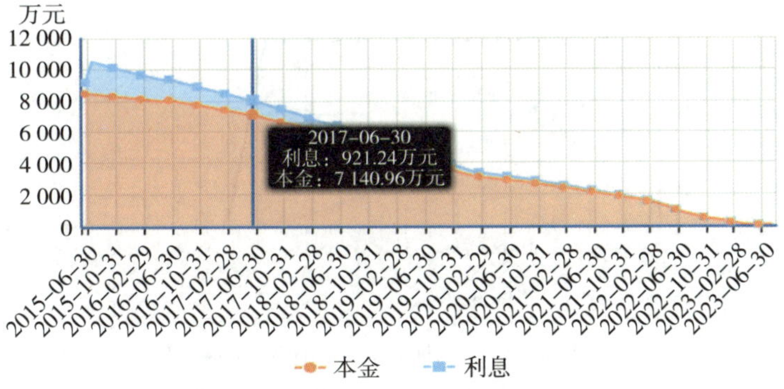

图 15　基准情景——资产端现金流

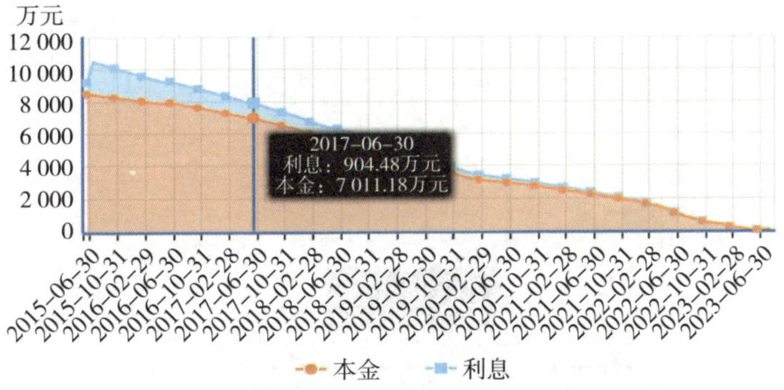

图 16　违约时间分布加压——资产端现金流

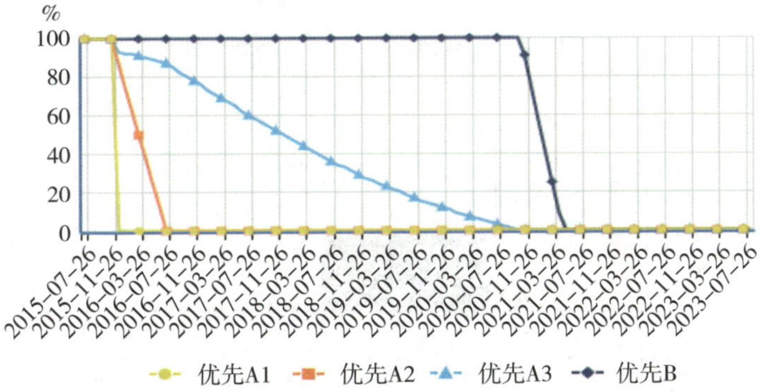

数据来源：http://abs.chinaratings.com.cn.

图 17　基准情景——证券端现金流

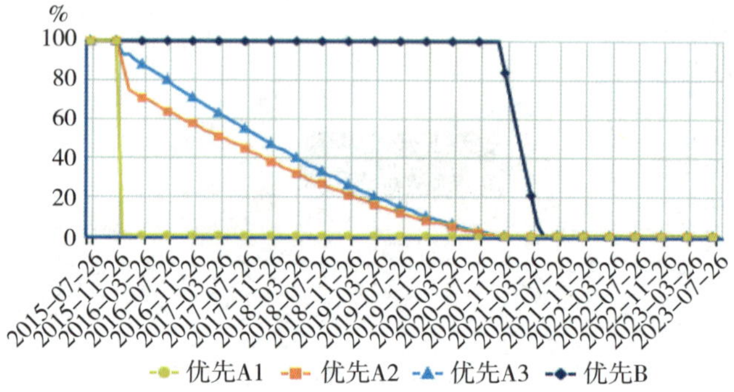

图 18　违约时间分布加压——证券端现金流

违约时间分布加压后，现金流流入情况有所变化，以 2017 年 6 月 30 日为例，基准情景下利息流入 921.24 万元，本金流入 7 140.96 万元；而违约时间分布加压后利息流入 904.48 万元，本金流入 7 011.18 万元。

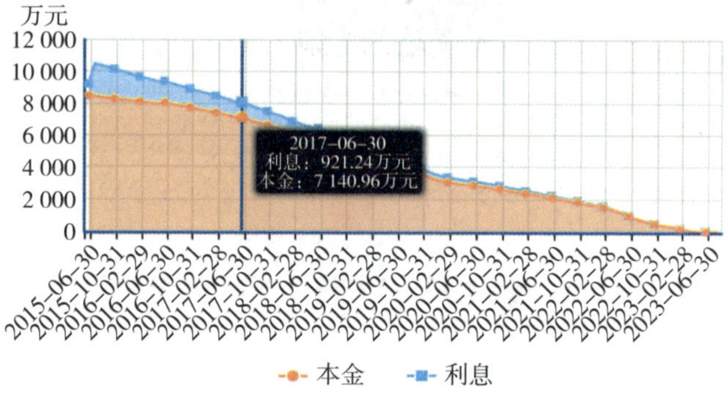

图 19　基准情景——资产端现金流

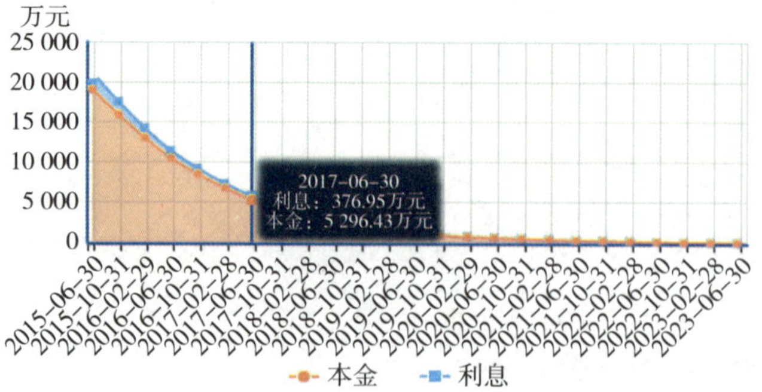

图 20　所有压力情境下——资产端现金流

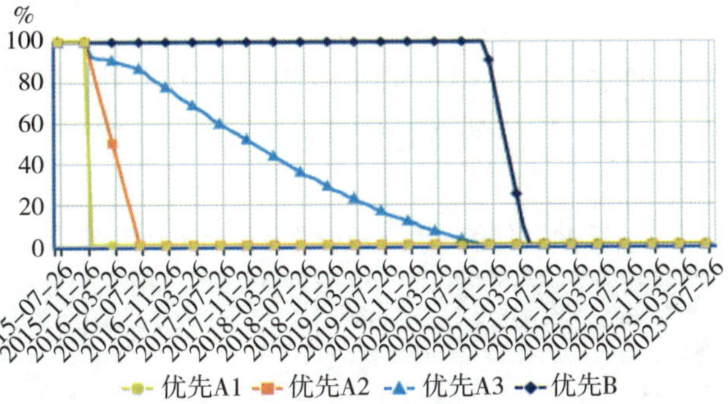

数据来源：http://abs.chinaratings.com.cn.

图 21 基准情景——证券端现金流

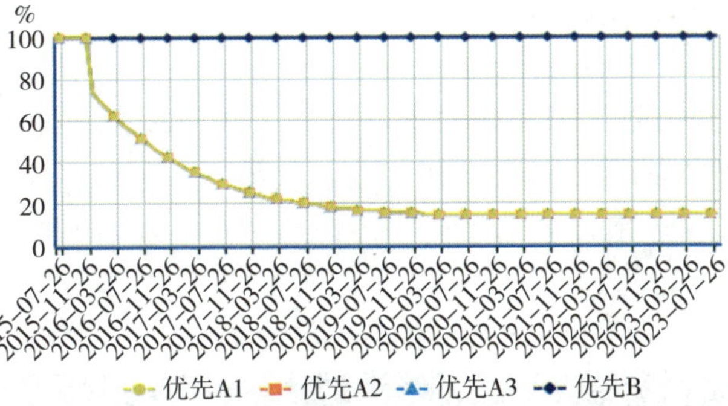

图 22 所有压力情境下——证券端现金流

当对违约率、回收率、早偿率和违约时间分布都加压后，现金流流入情况变化如下，以 2017 年 6 月 30 日为例，基准情景下利息流入 921.24 万元，本金流入 7 140.96 万元；所有压力条件下利息流入 376.95 万元，本金流入 5 296.43 万元。

（2）估值工具

ABS 投资价值评估工具包含 2 个模块，一是优先级各档证券投资价值分析，二是次级档证券投资价值分析。估值工具基于特有的底层资产现金流而建立，允许用户为所有结构化资产设置自定义压力情景和产品定价。用户通过设定“结算日期”、“到期收益率”，得到各档证券买入价格以及“修正久期”、“麦考利久期”、“凸性”等指标，并可以对多个压力情景测试的结果进行横向对比。

表 11 是以某项目优先 B 档为例，调整结算日期、到期收益率之后，证券买入价格、久期、凸性的变化情况：

表 11　估值工具参数设置及输出指标示例

证券名称	结算日期	剩余年限（年）	净价（元）	全价（元）	应收利息（元）	到期收益率	修正久期	麦考利久期	凸性
优先 B	2017-02-20	4.2630	100	100.4247	0.4247	0.0632	3.5254	3.544	13.7891
优先 B	2017-09-20	3.6822	100	100.4247	0.4247	0.0634	3.0674	3.0836	10.3639
优先 B	2017-09-20	3.6822	100.3753	100.8	0.4247	0.0622	3.0685	3.0844	10.3697

数据来源：http://abs.chinaratings.com.cn.

表 12 是多情景压力结果对比。展示了某项目在三种不同压力情景下优先 A-1 级持有到期收益率、优先 A-2 级持有到期收益率、优先 A3 持有到期收益率、优先 B 持有到期收益率以及次级持有到期收益率的情况。

表 12　多情景压力结果对比

项目	压力情景 1（基准情景）		压力情景 2（违约回收率加压，早偿率加压）		压力情景 3（累计违约率加压，回收时间加压，违约回收率加压）	
基础资产累计违约率（%）	5		5		10	
实际基础资产累计违约率（%）	4.9929		4.9633		9.9774	
基础资产违约后回收率（%）	1	74.75	1	0	1	0
	2	83.26	2	0	2	0
	3	91.05	3	0	3	0
	4	96.16	4	0	4	0
	5	99.06	5	0	5	0
	6	99.94	6	0	6	0
	7	100	7	0	7	0
	8	100	8	0	8	0
	9	100	9	0	9	0
	10	100	10	0	10	0
回收时间（月）	24		24		36	

续表

项目	压力情景 1（基准情景）		压力情景 2（违约回收率加压，早偿率加压）		压力情景 3（累计违约率加压，回收时间加压，违约回收率加压）	
基础资产提前偿还率（%）	1	5.68	1	30	1	5.68
	2	6.16	2	30	2	6.16
	3	6.64	3	30	3	6.64
	4	7.12	4	30	4	7.12
	5	7.60	5	30	5	7.60
	6	8.08	6	30	6	8.08
	7	8.56	7	30	7	8.56
	8	9.04	8	30	8	9.04
	9	9.04	9	30	9	9.04
	10	9.04	10	30	10	9.04
优先 A-1 级持有到期收益率	1.7393		1.7393		1.7393	
优先 A-2 级持有到期收益率	1.3299		1.3299		0.0437	
优先 A3 持有到期收益率	0.0591		0.0624		0.0584	
优先 B 持有到期收益率	0.0634		0.0645		–0.3092	
次级持有到期收益率	-0.015		-0.220		-0.015	

数据来源：http://abs.chinaratings.com.cn.

压力情景 1 为基准情景，在该压力情景下，优先 A-1 级持有到期收益率为 1.7393、优先 A-2 级持有到期收益率为 1.3299、优先 A3 持有到期收益率为 0.0591、优先 B 持有到期收益率 0.0634，次级持有到期收益率 –0.015。压力情景 2 是违约回收率全部为零，早偿率为 30% 的情景，相较基准情景，优先 A-1 级持有到期收益率和优先 A-2 级持有到期收益率没有变化，但是优先 A3 持有到期收益率变为 0.0624、优先 B 持有到期收益率变为 0.0645，次级持有到期收益率 –0.22。压力情景 3 是累计违约率为 10%，回收时间延长到 36 个月，违约回收率为零的情景下的收益率情况，除优先 A-1 级持有到期收益率和次级持有到期收益率不变之外，优先 A-2 级持有到期收益率、优先 A3 持有到期收益率、优先 B 持有到期收益率的收益率都有所下降，分别为 0.0437，0.0584，–0.3092。

第三章

RMBS 市场发展的现状总结和问题建议

第一节　RMBS 市场发展现状总结

一、已建立中国特色“双产品”发行机制

住房抵押贷款证券化已经在我国形成了“双产品”的发行机制：根据原始权益人即发起人的不同，可以分为商业银行 RMBS 和住房公积金贷款 RMBS。

商业银行 RMBS 的首单为 2005 年“05 建元 -1”，截至 2017 年 12 月底共发行 52 单，发行规模 3 573.45 亿元。所有产品均在银行间市场发行。住房公积金贷款 RMBS 的首单为 2015 年发行的“沪公积金 1”，截至 2017 年 12 月底共发行 7 单，发行规模 416.77 亿元。二者均是以个人住房抵押贷款为基础资产的证券化产品，其在基础资产、交易结构上有很多相同点，具体表现为入池贷款分散性好、期限长、利率低、存在一定比例提前还款、抵押物质量良好等。除此之外，二者在基础资产和交易结构上也有差异。基础资产的主要差异包括住房公积金贷款资产支持证券的基础资产逾期率更低；地区集中度高且区域特征明显；利率更低；提前还款率更低；且存在担保贷款而非抵押贷款。交易结构的差异主要体现在：由于住房公积金贷款证券化负利差的常态化存在，会采取额外的增信措施如超额抵押、发起机构贴息来缓解优先档证券利息支付压力。

表 1　商业银行 RMBS 和住房公积金贷款 RMBS 差异比较

	住房公积金贷款资产支持证券	商业银行 RMBS
逾期率更低	公积金中心发放住房贷款通常有更严格的限制条件，如借款人需连续几个月有缴纳住房公积金，且对贷款额度有上限要求，该上限通常远低于购房总额扣除首付的剩余金额；借款人的公积金缴纳额对贷款余额有一定的覆盖；截至 2014 年年末，全国住房公积金贷款逾期率仅为 0.12‰[①]	不良率通常在 3‰左右
地区集中度高，区域特征明显	通常是购买本市城镇住房，入池贷款会集中在同一城市，地区集中度极高；各公积金中心根据当地经济发展和需求情况来制定公积金贷款政策，入池贷款会有明显的区域特征	由于商业银行网点遍布全国各地，其发放的住房贷款通常不会集中在同一城市；各商业银行的住房贷款政策趋同，入池贷款区域特征不明显

续表

	住房公积金贷款资产支持证券	商业银行 RMBS
利率更低	对于五年期以上贷款，贷款基准利率为 3.25%。从已发行的项目来看，入池贷款加权平均利率普遍在 3%~4.5%	对于五年期以上贷款，贷款基准利率为 4.9%；从已发行的项目来看，入池贷款加权平均利率普遍在 5%~6%
提前还款率更低	由于公积金中心发放的住房贷款利率较低，借款人提前偿还贷款的意愿通常不强；提前还款率在 4%~8% 之间	通常在 5%~15% 之间
存在担保贷款而非抵押贷款	有部分是担保贷款而非抵押贷款	截至目前，商业银行 RMBS 的基础资产均为个人住房抵押贷款

注：统计口径为到期 3 个月（含）以上、6 个月（含）以内的应还未还的住房公积金个人住房贷款本息及 6 个月以上的全部住房公积金个人住房贷款未还本息之和。

资料来源：各银行年报和公积金中心年报，中债资信整理。

二、达到了盘活房贷发放机构存量、优化信贷结构的目的

从实践来看，RMBS 在我国的兴起和发展，其驱动机制有二个：一是政策和监管的鼓励和引导，二是发起机构房贷业务开展的融资需求和盘活存量需求。个人住房抵押贷款，是典型的久期长、流动性差、利率低的资产，发起机构开展房贷业务的主要瓶颈在于信贷规模紧张、贷款资金紧张、业务收益率较低、资产负债期限错配问题突出。RMBS 的发行为房贷发放机构突破该业务瓶颈提供了很好的解决途径。从 RMBS 业务开展情况来看，房贷发放机构利用资产证券化工具在盘活存量、优化信贷结构方面收到了良好的效果。特别是以中国建设银行为代表的几家国有大型银行积极进行 RMBS 发行的相关实践，在探索利用证券化工具拓宽房贷业务资金来源、提升信贷业务经营效益方面踏出了坚实的一步。

对商业银行来说，通过对个人住房抵押贷款进行资产证券化：一是以表外融资的方式，补充了银行贷款资金，缓解信贷规模紧张；二是得以进行主动的流动性管理，解决了房贷资产流动性差的问题，提高了资产周转率；三是通过在资产挑选和募集资金投放方面的灵活掌握，实现了对信

贷资产结构的即时调整和综合收益率的提升；四是通过资产出表，实现了风险加权资产和监管资本的节约，降低了资本监管压力。对公积金中心来说，近年来公积金贷款需求的急剧增加和公积金贷款供给的压力使公积金中心大多面临流动性问题，资产证券化帮助公积金中心盘活存量贷款、提高贷款周转率，有效解决了公积金中心流动性紧张、贷款难的问题，并在实现融资的同时实现资产出表，不增加负债，维持较低的杠杆率水平。

三、丰富了债券市场投资品种

RMBS 是我国债券市场上首次出现的资产证券化产品，其与利率债和信用债相比，具有鲜明的特点和独特的投资价值：一是以单笔小额、分散性强的基础资产而不是发债主体为偿债来源，二是具有优先 / 次级结构化的设计，重新切割分配信用风险。无论是从收益率还是安全性来看，都具有相当的吸引力，尤其是对于对投资债券级别有较高要求同时又希望获得更高收益率的投资人来说，RMBS 有很好的投资价值。

一方面，其收益率与利率债和金融债相比较为可观。图 1 为 2015—2017 年我国市场上发行的评级为 AAA 的不同期限的 RMBS 与对应期限的国开债、国债的利差走势。可以看出：各个期限类别下，AAA 级别的 RMBS 较国债和国开债都有正的利差，与国债相比，平均利差在 100 个基点左右，与国开债相比，平均利差在 60 个基点左右；AAA 级别的 RMBS 与国债和国开债的利差至 2016 年下半年开始有扩大的趋势。另一方面，RMBS 的信用风险较低：一是证券信用表现良好，截至 2017 年 6 月，历史上发行的各只 RMBS 兑付良好，处于存续期的证券各级别序列证券信用等级调升明显，平均上调 3.2 个子级，无级别降调情况；二是基础资产的信用质量较高，截至 2017 年 6 月，所有发行的 RMBS 的每期平均逾期率水平为 2.47%，年化平均累计违约率仅为 0.09%，优先级的 RMBS 证券信用风险基本为零。

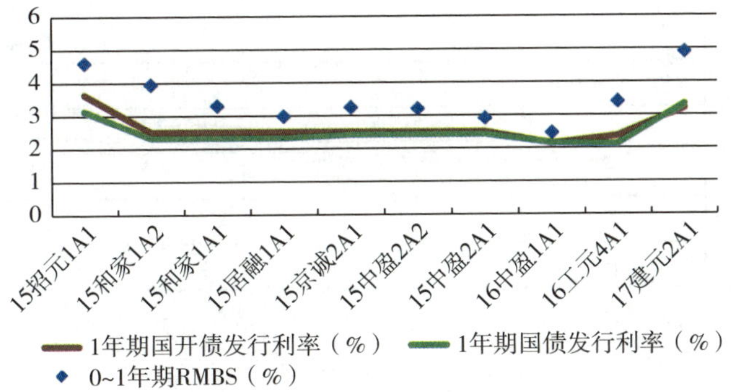

资料来源：中债资信根据公开资料整理。

图 1　0~1 年期评级为 AAA 的 RMBS 与国债和国开债的发行利率趋势

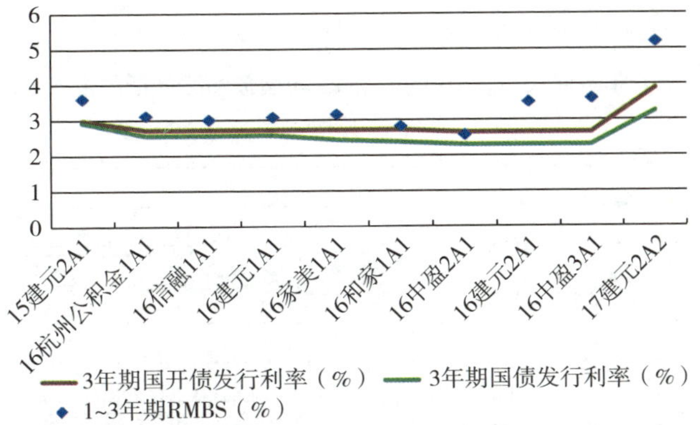

资料来源：中债资信根据公开资料整理。

图 2　1~3 年期评级为 AAA 的 RMBS 与国债和国开债的发行利率趋势

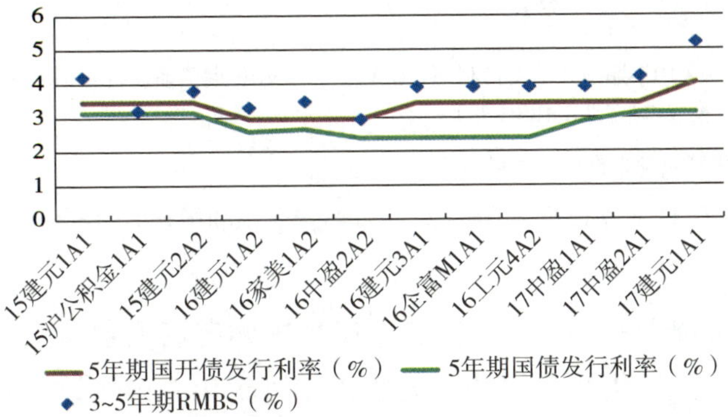

资料来源：中债资信根据公开资料整理。

图 3　3~5 年期评级为 AAA 的 RMBS 与国债和国开债的发行利率趋势

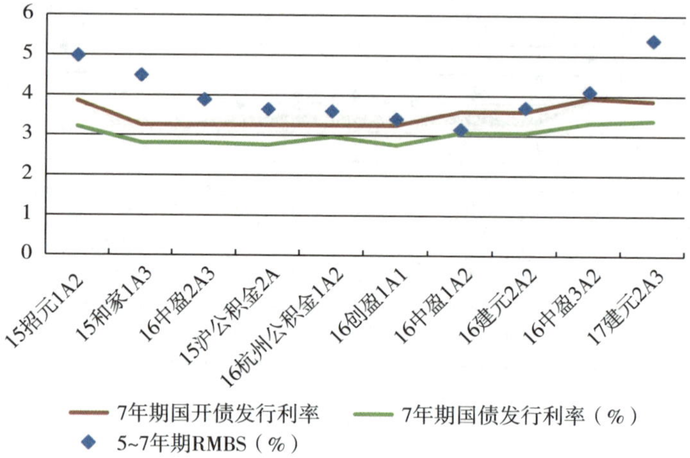

资料来源：中债资信根据公开资料整理。

图 4　5~7 年期评级为 AAA 的 RMBS 与国债和国开债的发行利率趋势

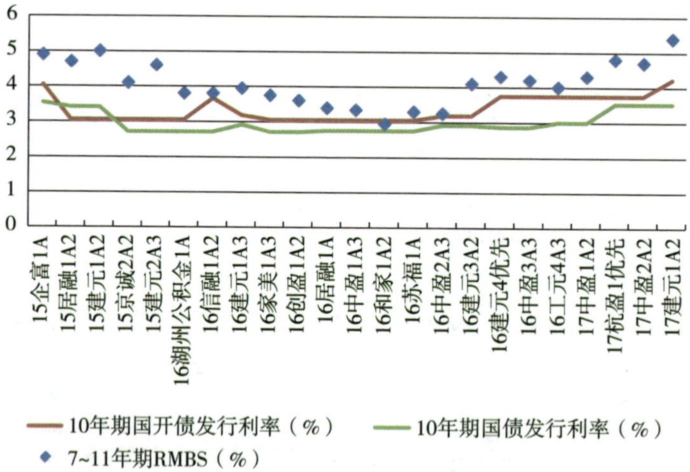

资料来源：中债资信根据公开资料整理。

图 5　7~11 年期评级为 AAA 的 RMBS 与国债和国开债的发行利率趋势

四、政策规则日益完善且形成了市场主体自治机制

信贷资产证券化在我国的发展历程刚过十年，市场政策和法规的建设尚处于初期。从 2005 年人民银行、银监会发布《信贷资产证券化试点管

理办法》至今，专门针对信贷资产证券化，人民银行、银监会、住建部等发布了多个部门规章，银行间市场交易商协会也发布了多个信息披露指引等若干自律规则，为信贷资产证券化的市场规制提供了依据。RMBS 作为信贷资产证券化的重要产品，其产品运行的多个关键点有不同的政策、规则和指引进行规制，主要包括引导性许可[①]、发起机构风险控制（发起机构风险自留、证券化后商业银行资本计提）、发行流程（银监会备案和人民银行注册）、投资人保护（注册、发行以及存续期的信息披露[②]）、抵押物变更登记[③]等，为 RMBS 市场的有序发展奠定了基础。

但是，就整个 RMBS 乃至信贷资产证券化的法规环境来说，目前缺乏“两头”的规范，且有的规范实践性较差，会对市场规范化运行造成困扰，并且规则实施的效果也被减弱。具体表现在：一是较高层级的行政法规乃至法律，例如在证券法中尚无对资产支持证券的规定；二是缺少业务实操所需的标准交易范本的统一；三是虽然有规可依，但是抵押变更登记的批量办理在实践中比较少见。但是可以看到的是，通过近年的实践，就 RMBS 的发行，目前已经在发起机构、受托机构、主承销商、资金保管机构、投资机构等证券化交易参与主体之间形成了“交易惯例”，缓解了上述问题。主要体现在两个方面：一是包括主定义表、信托合同、资金保管合同等在内的全套交易文件，构成 RMBS 的重要交易基础。可以注意到，每个项目交易文件的结构和相关内容有趋同化、标准化的趋势，有助于提高交易效率、保障交易安全。二是对于抵押变更登记问题，由于实际中批

① 例如，2014 年 10 月，住建部、财政部和央行下发了《关于发展住房公积金个人住房贷款业务的通知》，鼓励住房公积金个贷率在 85% 以上的城市，主动采取措施盘活存量贷款资产，积极探索发展住房公积金个人住房贷款资产证券化业务。在之后发布的《关于切实提高住房公积金使用效率的通知》和《住房公积金管理条例（修订送审稿）》中，也均提到有条件的城市要积极推行住房公积金贷款证券化业务。

② 2015 年银行间市场交易商协会发布《个人住房抵押贷款资产支持证券信息披露指引（试行）》，是 RMBS 信息披露的重要自律规范。

③ 2005 年住建部出台了《关于个人住房抵押贷款证券化涉及的抵押权变更登记有关问题的试行通知》，规定在一定条件下可以批量办理个人住房抵押权变更登记。

量变更登记的困难，目前市场上的相关主体根据对《担保法》《物权法》以及最高人民法院的相关司法解释的解读，在进行合规性论证后，已经形成了转移资产给信托时不变更登记，而是在约定出现特定情形（个别通知事件）后在规定时间再个别办理的惯例。“交易惯例”体现了市场主体自治机制的逐步形成，该机制可以在相当程度上填补法律规则的空白，保证了 RMBS 市场的有序运行，并为下一步相关规则的制定打下了良好基础。

五、一、二级市场培育初见成效

从发行数据可以看到，以银行间市场为 RMBS 主要发行市场，自证券化试点重启以后，2014 年 RMBS 重新开始发行起，我国 RMBS 的发行量逐年增加，在 2015—2016 年 RMBS 有了跨越式的增长，市场发展进入正轨，势头迅猛：2015 年全年共发行 10 单，发行金额 329.43 亿元，2016 年全年共发行 20 单，发行金额 1 396.57 亿元，单数同比增长 100%，金额同比增长 324%。值得一提的是，RMBS[①] 在 2016 年已经跃身为我国银行间市场发行份额排行第二的信贷资产证券化产品，仅次于 CLO，是信贷资产证券化产品中发展和增长最快的品种，2016 年发行金额占全市场发行金额的 36%，已经成为我国信贷资产证券化市场中的主流产品之一（详见表 2）。可以看到，RMBS 在我国的规模发展越来越向着国外主流资产证券化市场（如美国）的状况靠拢，即作为具有基础资产小额分散特点的个贷类证券化的“领头羊”，有成为证券化市场占有量第一位的潜力。虽然我国 RMBS 市场的发行量和存量与美国市场有很大差距，但是作为正在崛起的新兴市场，RMBS 产品的增速与美国市场相比是令人瞩目的。根据 SIMFA 的数据，美国 2014—2016 年 RMBS 发行量的平均增速是 2.6%，远远低于我国同期 354% 的平均增速。

① 含商业银行 RMBS 和公积金贷款 RMBS。

表 2 2015 年及 2016 年各类型资产支持证券发行情况对比

类型	2016 年		2015 年	
	数量（单）	金额（亿元）	数量（单）	金额（亿元）
CLO	42	1 437.48	75	3 113.08
Auto Loan ABS	20	587.19	12	424.01
商业银行 RMBS	15	1 049.43	8	259.8
消费贷款支持证券	8	200.32	4	113.24
融资租赁资产支持证券	4	130.87	5	76.56
公积金贷款支持证券	5	347.14	2	69.63
不良贷款支持证券	14	156.10	—	—
总计	108	3 908.53	106	4 056.33

资料来源：公开资料，中债资信整理。

除此之外，随着一级市场的兴起，RMBS 二级市场也在破土萌芽。在二级市场上，已经出现了 RMBS 现券交易，虽然交易量很小，但是仍在逐年增长中（详见图 6）。2016 年，RMBS 现券交易交割量为 140.9 亿元，占 RMBS 存量的 3.07%。

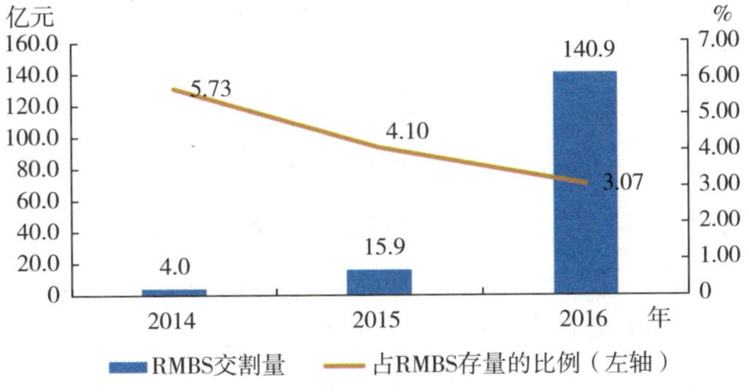

资料来源：公开资料，中债资信整理。

图 6 2014—2016 年银行间市场 RMBS 现券交易情况

六、证券设计向多元化发展

RMBS 市场进步的另一显著标志是 RMBS 证券设计的逐渐多元化，主要表现在证券期限、证券偿付方式、证券利率的设置上。就证券期限来说，早期RMBS的证券期限都很长，和资产池最长剩余期限相同：2005—2014年发行的建设银行和邮储银行的3单RMBS，所有级别证券的期限都在25~32年。从2015年开始，相关机构开始根据资产池的现金流归集和支付顺序设计不同的证券期限，出现了0.08~19.88年不等的证券期限，证券期限不再需要和资产池的最长期限相一致。就证券偿付方式来说，早期的RMBS均是过手型，即对现金流完全没有任何人为设计，每一个收款期间的资产池回收款流入和每一个付息期间的证券本息兑付完全对应：2005—2014年发行的建设银行和邮储银行的3单RMBS全是过手型证券。从2015年开始出现了固定摊还型和到期一次还本证券的类型，对资产池的现金流入和流出开始进行有意识的设计，并且有很多项目出现了固定摊还型和过手型相结合的模式，通常是最优先的一档或者两档是固定摊还证券，次优先的优先档（例如A3或B档）为过手型证券。就证券利率来说，早期的RMBS均是浮动利率，是基于我国房贷利率都采取浮动利率的事实所做的最简化处理：2005—2014年发行的建设银行和邮储银行的3单RMBS全是浮息型证券。2015年开始出现固定利率的RMBS，一般固定利率RMBS对应的是固定摊还型证券或者到期一次还本型证券，且期限较短不超过两年。

可以看到，2015年是我国RMBS证券设计发展的一个分界碑：与之前单一的过手型、浮动利率、长期限RMBS相比，固定利率、固定摊还型和短期限证券的涌现，与主流RMBS市场的产品设计形式和种类逐渐接近，实现了我国RMBS产品市场成熟度的提升以及对该种金融工具利用效率的提高。RMBS证券设计的多元化，一方面因为实现了短期限、固定利率的证券设置，可以降低发行利率，为发起人节约融资成本，提高发行积极性；另一方面可以为投资者提供满足不同期限偏好、风险偏好的投资产品，因此对RMBS市场的活跃和繁荣发展意义重大。

七、基础资产和证券表现均良好，风险控制得当

纵观我国RMBS市场，目前没有出现过任何证券违约的情况；基础资产的表现良好，平均年化逾期率为2.47%，平均年化违约率为0.09%，

没有一单证券的基础资产累计违约率达到触发加速清偿的阈值，且低于我国商业银行住房抵押贷款 2007—2015 年的平均不良率 0.5%。证券和基础资产的良好表现，除了与我国房贷市场以及 RMBS 发展时间尚短风险暴露不充分有关，还在很大程度上得益于几个因素：一是对入池资产的严格筛选，综合所有项目来看，入池标准对资产五级分类、初始抵押率、借款人资格、抵押房产顺位等均有要求，例如必须为正常类资产、初始抵押率均在 80% 以下（实际的均值都在 70% 以下）、借款人要有正当职业、必须为第一顺位抵押等，保证了基础资产的良好质量。二是贷款服务机构在存续期的尽职。在我国 RMBS 项目实践中，贷款服务机构都是由发起机构担任。发起机构均为商业银行和公积金中心，对贷款的后续管理具有较强的尽职能力，而由于风险自留和声誉风险的制约，其尽职意愿也较强。因此，贷款服务机构对证券化后贷款的管理标准一般都比照其表内贷款，能够有效地防止因为贷款服务质量差而导致的资产池质量下降。三是我国近十年经济高速增长以及居民收入和住房价格的逐年上升：通过对近年来我国 GDP 增长率和房贷违约率的分析，可以看出二者有较明显的负相关关系，即 GDP 增长率越高，房贷违约率越低（见图 7）。此外，我国居民

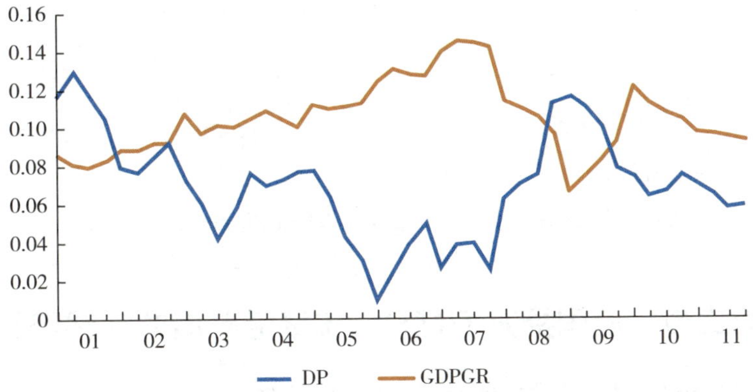

数据来源：GDP 增长率（GDPGR）季度数据来源于锐思数据。房贷违约率（DP）季度数据由中国人民银行和其他网站公布的数据计算得到。

图 7　中国商业银行房贷不良率与 GDP 增长率的关系

收入和商品房价格在近十年逐年上升（见图 8 和图 9），借款人偿债能力增强、借款人违约的机会成本增加，借款人违约动机减弱，是房贷违约率保持低值的重要原因。

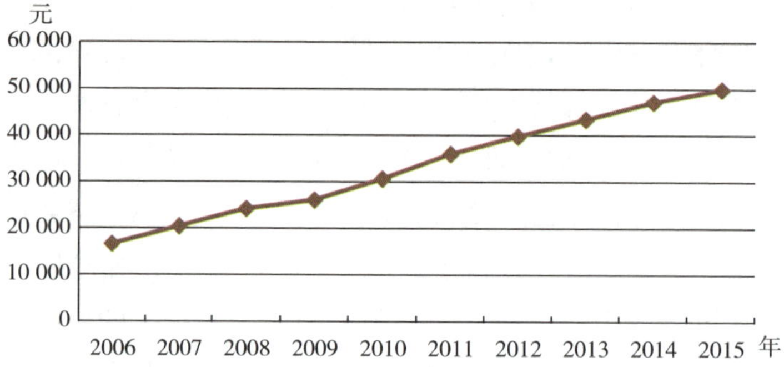

数据来源：中债资信根据相关资料整理。

图 8　居民收入和住房价格走势（2006—2015 年）

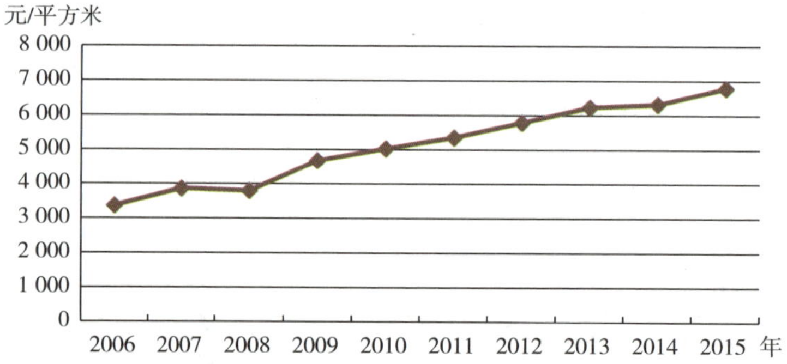

数据来源：中债资信根据相关资料整理。

图 9　商品房平均销售价格变化趋势（2006—2015 年）

第二节　美国提升 RMBS 市场活跃度的实践经验

一、RMBS 是美国住房贷款利率市场化的通道

RMBS 在美国的发展阶段可划分为 20 世纪 70 年代初期至 2007 年次贷危机爆发后至今两个阶段。20 世纪 60 年代末期，房利美、吉利美和房

地美三大专业机构成立[①]。1970 年，吉利美首次发行住房抵押贷款过手型证券，是为第一只住房抵押贷款证券，标志着 RMBS 的正式诞生。房利美和房地美随后也开始发行 RMBS。自此以后一直到 2007 年次贷危机爆发之前，RMBS 的发行量不断攀升，产品品种创新不断，市场极其繁荣。2007 年次贷危机爆发之后，RMBS 的发行量在 2008 年显著收缩，比 2007 年减少 1 万亿美元，2009 年至今一直保持平稳，约在 1.4 万亿 ~2 万亿美元之间。其中机构类 MBS 的发行量在危机前后变化不大，发行一直强劲；非机构类 RMBS 发行在次贷危机之后则显著减少，从年发行万亿元直接减少到年发行不到千亿元，截至 2016 年，最大年发行量没有超过 2 000 亿美元。总的来说，在美国，经过四十余年的发展，RMBS 成为了仅次于美国国债的第二大固定收益品种，一级市场发行和二级市场交易都有很高的活跃度，是债券机构投资者所投资的最重要固定收益产品之一。

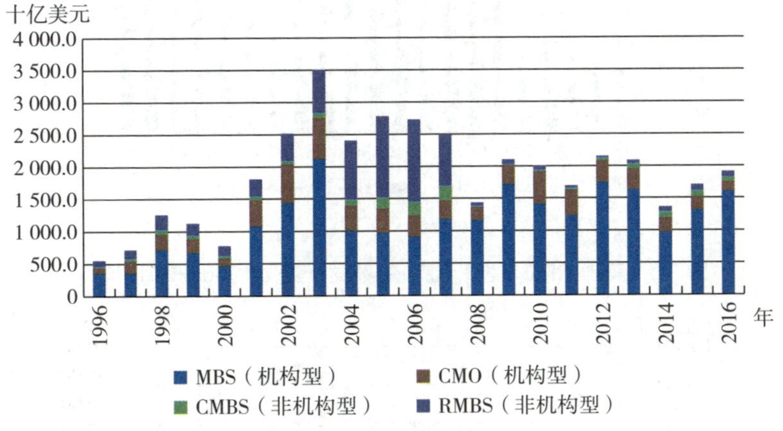

数据来源：SIMFA，中债资信整理。

图 10　美国 RMBS 发行量（1996—2016 年）

① 1968 年，原有的联邦国民抵押贷款协会重组分拆成民营公司房利美和政府机构吉利美。政府国民贷款协会吉利美的主要功能就是进一步发挥住房抵押贷款的保险机制。随后，以“联邦房贷抵押贷款公司”命名的公司房地美成立。政府国民抵押贷款协会通过为私人实体发行的证券提供担保来完成它的目标。

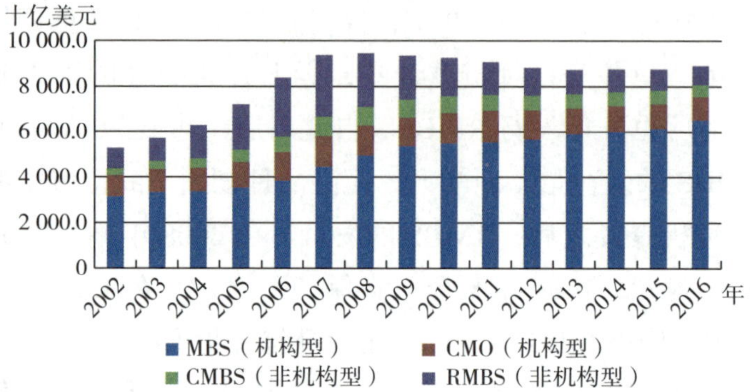

数据来源：SIMFA，中债资信整理。

图 11　美国 RMBS 存量（2002—2016 年）

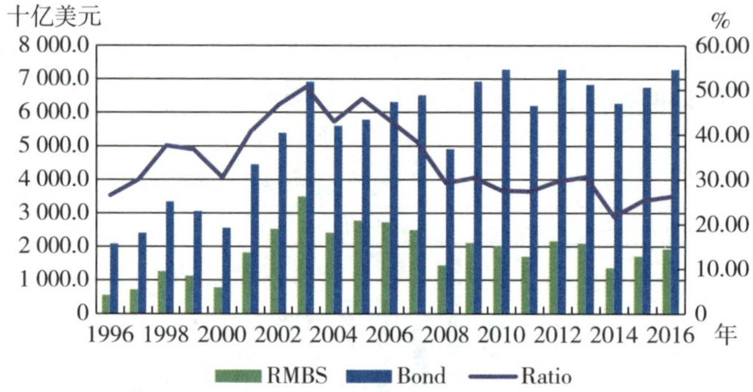

数据来源：SIMFA，中债资信整理。

图 12　美国 RMBS 发行量和债券发行量（1996—2016 年）

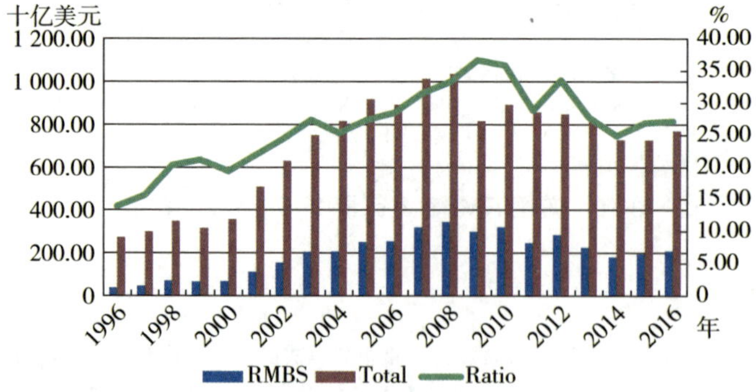

数据来源：SIMFA，中债资信整理。

图 13　美国 RMBS 交易量和债券交易量（1996—2016 年）

RMBS 的创设初衷是为美国住房金融市场服务的。而美国住房金融市场成熟的最重要标志就是通过 RMBS 实现了住房贷款利率的市场化：为住房金融市场打开了资本市场这个广阔的资金海洋，建立了债券市场利率传导至住房贷款利率的通道和机制，并通过多项政府的支持举措保持 RMBS 的高流动性，以保障传导机制的健康运行。RMBS 市场发展壮大改变了贷款发放机构的主要资金来源——在 1970 年之前，贷款发放机构以存款和发行债券作为主要资金来源，资产证券化的出现，建立了住房抵押贷款的二级市场和住房抵押贷款证券的一、二级市场，以吸引债券市场广大投资人资金和保持二级市场流动性为手段，为贷款发放人提供稳定量足的资金来源，以持续不断地为借款人提供低利率、充沛的住房贷款，从而支持住房金融市场的健康发展。近年来，RMBS 产品种类丰富，产品结构体系化，已经成为一种非常成熟的融资工具；且 RMBS 的存量一直占美国住房抵押贷款存量的 70%~80%，意味着美国住房抵押贷款的证券化率达到了很高的水平，总的来说，证券化是服务于住房金融市场最为活跃的金融工具。

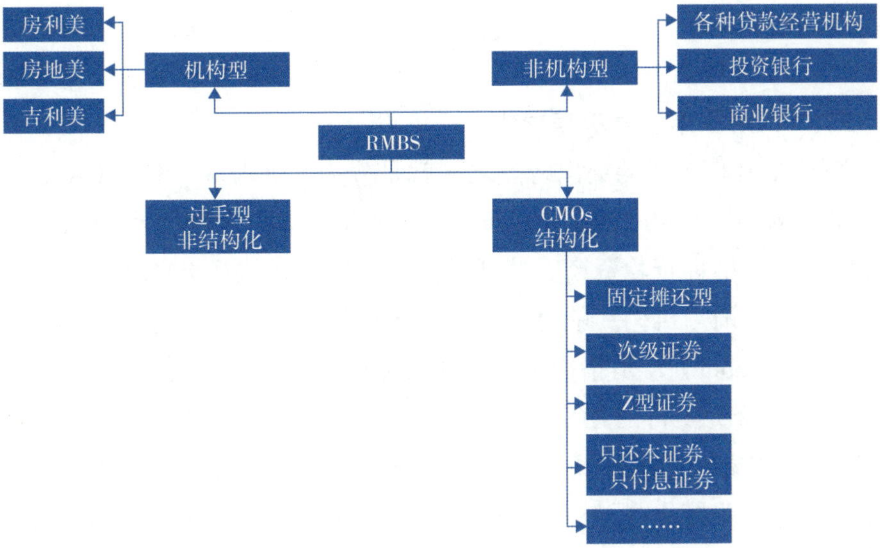

数据来源：公开资料，中债资信整理。

图 14 美国 RMBS 的产品谱系

表 3　2009—2016 年美国住房抵押贷款及 RMBS 的存量情况

单位：十亿美元

年份	非机构型 RMBS	机构型 MBS	总的住宅抵押贷款	非机构型 RMBS 证券化比例	机构型 RMBS 证券化比例
2009	1 916.00	6 636.00	10 939.00	18.00%	61.00%
2010	1 644.00	6 825.00	10 447.00	16.00%	65.00%
2011	1 410.00	6 948.00	10 201.00	14.00%	68.00%
2012	1 219.00	6 960.00	9 883.00	12.00%	70.00%
2013	1 056.00	7 040.00	9 877.00	11.00%	71.00%
2014	992.00	7 144.00	9 881.00	10.00%	72.00%
2015	923.00	7 234.00	9 989.00	9.00%	73.00%
2016	859.00	7 465.00	10 217.00	8.00%	73.00%

数据来源：S&P Global Ratings, SNL.com, Federal Reserve, SIFMA，中债资信整理。

二、RMBS 市场层次差异化

美国 RMBS 市场的突出特点之一就是分为“机构型”市场（Agency）和“非机构型”市场（Non-Agency）。前者是指由吉利美和两房发行或者担保的住房抵押贷款资产支持证券（以下简称机构型 RMBS）为核心产品的市场。所谓“机构”就是指代这三大机构。后者又被称为“私有”市场（Private Label），是指由非国有的金融机构（例如银行、投资银行）以及房地产商所发行的住房抵押贷款资产支持证券（以下简称非机构型 RMBS）为主要产品的市场，基本没有三大机构的担保。两个市场在体量上和流动性上差异化明显——机构型市场的发行量、存量和日均交易量均是非机构型市场的数倍，机构型市场一直是美国住房金融市场的最主要支柱。值得一提的是，次贷危机发生后，非机构型 RMBS 发行量呈断崖式下跌，而机构型 RMBS 的发展基本没有受到影响①。总体来说，二者的不同主要表现在发行机构、增信方式、基础资产、监管要求等方面。下文将对两个市场进一步分析。

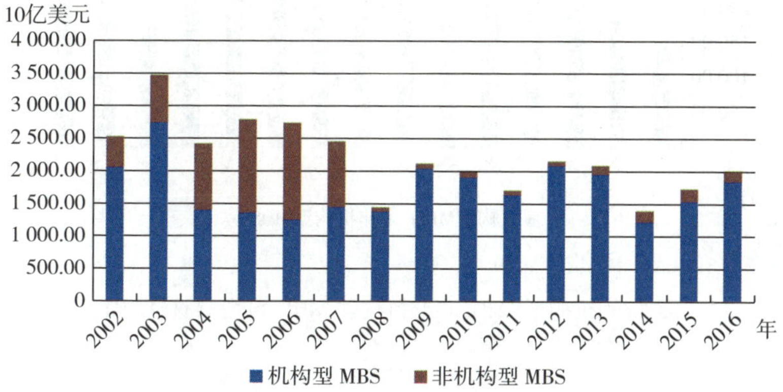

数据来源：SIMFA，中债资信整理。

图 15　机构型 MBS 和非机构型 MBS 发行量对比

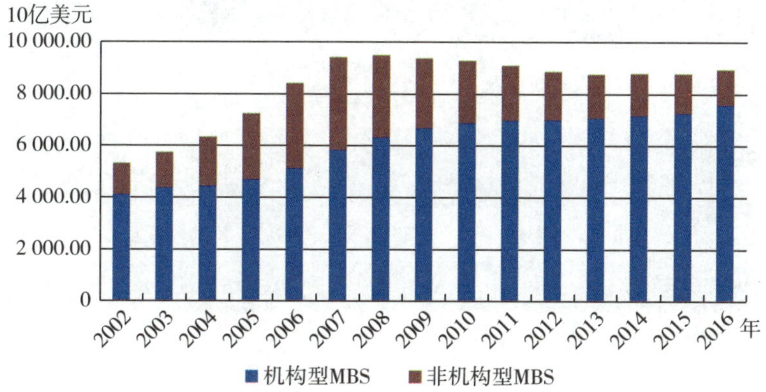

数据来源：SIMFA，中债资信整理。

图 16　机构型 MBS 和非机构型 MBS 存量对比

① 据统计数据显示，次贷危机发生后，非机构型 RMBS 产品的年发行量从 2006 年的最高峰 12 780 亿美元以及 2007 年的 7 882 亿美元下跌到 2008 年的 527 亿美元，并且截至 2016 年底年发行量再也没有超出过 100 亿美元。而机构型 RMBS 的年发行量在危机前后截至 2016 年底一直稳定在 13 000 亿美元以上，甚至在 2009 年达到了 20 000 亿美元以上。

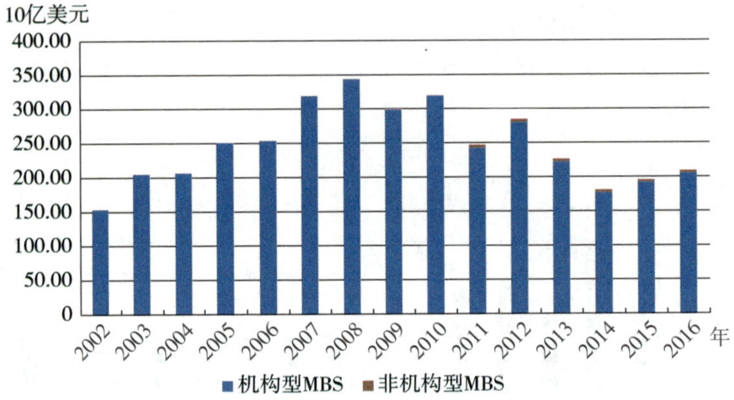

数据来源：SIMFA，中债资信整理。

图 17　机构型 MBS 和非机构型 MBS 日均交易量对比

表 4　机构型市场和非机构型市场的对比

机构型市场（Agency）	非机构型市场（Non-Agency）
基础资产要符合 Agency guideline 要求	基础资产多样化，信用特点多样化
房地美、房利美以及吉利美发行或担保	非政府背景机构发行，无三大机构担保，债券增信采用内部增信或者其他外部增信
发行机构和担保机构具有政府信用或者“类政府”信用，评级均为 AAA	通过结构化设计后，优先级证券可达到 AAA 评级
流动性最好、规模最大的 MBS 市场	MBS 市场的一部分，流动性较差，具有多元化特点
发行交易豁免于美国证券法注册登记	公募发行交易须按照美国证券法注册登记要求进行

数据来源：公开资料，中债资信整理。

1. Agency RMBS 市场和 TBA 市场——RMBS 流动性的主要支撑

机构型 RMBS 市场是美国 RMBS 的主板市场，是由房地美、房利美和吉利美三大机构发行或者担保的 RMBS 产品主导的市场。机构型 RMBS 有两大最重要特征：一是基础资产质量较高，二是证券具有政府信用担保，且流动性极高。三大机构将符合一定质量要求的个人住房按揭抵押贷款进行证券化：吉利美主要将 FHA、VA 和 RHS 等政府机构所保证担保的个人住房抵押贷款进行证券化；房地美和房利美则根据主管机构——联邦住房金融管理局（FHFA）的指导，制定各自的“贷款购买指南”（Standard Underwriting Guidelines），在其中规定可以进行收购和证券化的个人住房贷款标准，这些符合标准的贷款被称为“常规贷款”（Conventional Mortgages），是机构型 RMBS 的合格原材料。“常规贷款”通常需要符合以下标准：借款人信用评分高于 680；借款人收入债务比（DTI）不超过 43%；贷款首付比例不低于 20%；借款人可以提供完整的收入证明、财产证明、工作证明等贷款申请资料。机构型 RMBS 的证券品种包括过手型证券（Pass through/Single class）和结构化型证券（Multiclass）两大类型，对所有类型的机构型 RMBS，三大机构均对证券的还本付息进行无条件担保。其中吉利美的担保可以视为完全的政府信用担保，两房由于不是政府机构而属于国有企业，因此其提供的担保可视为具有“隐含的政府信用”。由于具有政府信用的背书，机构型 RMBS 的安全性极高，流通性也很强。美国机构型 RMBS 市场是世界上流动性最强的固定收益市场，机构型 RMBS 是仅次于美国国债的流动性最强的品种，而 TBA 市场又对此有主要贡献。

机构型 RMBS 市场还可以细分为两个市场：TBA 市场（To be announced market）和特定资产池市场（Specified pool market）。TBA 市场可视为 RMBS 的远期交易市场，即在证券发行时基础资产池并不确定，要在交割日之前再正式确定所有资产和证券要素，TBA 交易项下的基础资产通常要满足较为严格的标准。特定资产池市场则是普通的 RMBS 即期市场，即在证券发行之前就可确认特定的基础资产池，基础资产通常是不能满足 TBA 交易标准的资产，例如贷款年限过长，贷款额度过大，贷款还本付息方式较为特殊；此外也有可能按照投资者的偏好，使资产具有一些个性化特点，例如资产池预期早偿率较高、资产地区分布较为集中、借款人信用评分较低、资产池 LTV 较高等。二者的相同之处为均属于机构型 RMBS 市场，主要区别在于：TBA 市场份额更高、资产标准型更强、流动性更好、证券类型单一；特定资产池市场的市场份额较低、资产个性化更强、资产质量容忍范围更大、流动性较差、证券类型更多。鉴于 TBA 市场在美国住房金融市场上的重要地位，以下将对该市场的运作机制和重要性进行详细介绍。

TBA 市场建立和运转是基于以下前提：证券的资产池具有很高的同一性（homogeneity），可以进行替换，因此不需要在交易成立的时候确定特定的资产池，因为无论选择哪个资产池，都具有相似的利率、期限、早偿率、违约率等特征，投资者对资产池和证券的预期很稳定。为了保障“同一性”，TBA 市场对证券的形式和基础资产的标准有特殊的要求：在证券形式上，首先必须是机构发行或者担保的证券，即机构型 RMBS，其次只能是未分层的过手型证券，不能是结构化的 RMBS 产品例如 CMO。在基础资产方面，在机构型 RMBS 的“常规贷款”标准之上又设置了更严格的统一标准，可以被机构收购或担保进入 TBA 市场的基础资产被称为“一致贷款”（Conforming loan）。满足“一致贷款”标准的贷款和借款人要素包括：贷款金额不超过一定的数额（例如对独栋住宅的贷款金额不能超过 424 100 美元，特殊高房价地区除外）；首付比例一般不低于 20%（首次购房首付比例可为 3%）；借款人信用评分（FICO）一般不低于 620 分（FHA 贷款可能更低）；债务收入比（DIT）一般不高于 36%（最高不能超过 45%）。

一个典型的 TBA 交易流程（见图 18）为：在交易日，并不确定基础资产，但是发行人和投资人就六个要素达成一致：发行人（issuer）、证券期限（maturity）、票面利率（coupon）、发行总额（face value）、发行价格（price）、交割日（settlement date）。例如：投资者 A 同意以确定的价格，购买房利美发行的 30 年期票面利率为 6% 的证券，发行总额为 1 亿美元，该证券将于两个月后交割。之后，在合同约定的交割日前两天（俗称“48 小时天”），发行人将向投资人告知确定的基础资产池的所有具体信息[①]。

① 也被称为“48 小时规则”。

之后在交割日，完成最终的证券交付和对价支付，交易结束。TBA 交易已经有成熟、标准化的市场交易指南可以遵循，即 SIMFA 组织市场成员制定的“合格交付指南”（good delivery guideline），对 TBA 交易的流程、时间节点、交割事项等作了非常详尽并且实操性很强的规定，有力地支持了 TBA 市场交易的标准化和规范化。此外，TBA 交易也有成熟的交易平台，通过柜台交易的方式进行。交易平台主要为二：提供给交易商之间交易的 Dealerweb 和提供给一般投资机构交易的 Tradeweb，二者都可提供实时的各类机构型 RMBS 报价，为撮合交易提供便利。

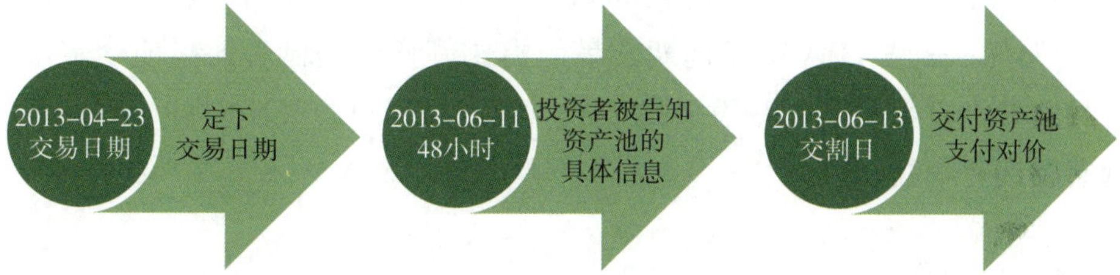

数据来源：公开资料，中债资信整理。

图 18 典型的 TBA 交易流程

TBA 市场对美国 RMBS 市场乃至住房金融体系来说具有举足轻重的地位。一是其巨大的发行体量为贷款提供者提供了充沛的资金，二是其二级市场充沛的流动性提高了 RMBS 的价格，降低了市场利率波动性并且进一步大量吸引全球资金，两个因素均可有效平抑贷款发放端的利率，使广大住房贷款需求者受惠，是美国住房金融市场稳定发展的基石。TBA 市场的突出流动性优势是其发挥功能的关键所在。相比特定资产池市场和非机构型 RMBS 市场，TBA 市场交易的活跃度非常高，交易体量占到了机构型 RMBS 市场的 90% 以上，是 RMBS 市场“主板中的主板”（见图 19）[①]。TBA 市场很强的流动性得益于以下因素：一是基础资产同一性、

① 据 FINRA Trace 官方数据统计，以 2011 年为例，TBA 交易量是特定资产池市场的 16 倍，是非机构型市场的 187 倍。

可替换性、安全性很强，这是基础。TBA 交易项下的基础资产具有政府信用背书，信用质量极高，而标准化的贷款发放、收购和证券化使每笔贷款乃至每个资产池的相似度都极强，这为证券的简化创造了条件。二是基础资产很强的可替代性和安全性，再加上 TBA 独特的交易模式，获得投资者的青睐：投资者不用对每个特定资产池或者每笔资产进行研究判断，而只用对标准化的不同 TBA 合约（只分为两房和吉利美每个机构的 15 年合约、20 年合约、30 年合约）的违约早偿风险和收益特征理解即可，简化了冗繁的证券信息，并且由于贷款收购和证券化标准的易得性和稳定性，大大降低了投资者获取相关信息的难度和成本，激发了投资者对 TBA 投资的热情。三是 TBA 市场远期交易的模式使贷款提供者能提前锁定市场发行利率，避免贷款利率发放倒挂的风险，可以进行风险对冲，因此在发行端也具有较高积极性[①]。

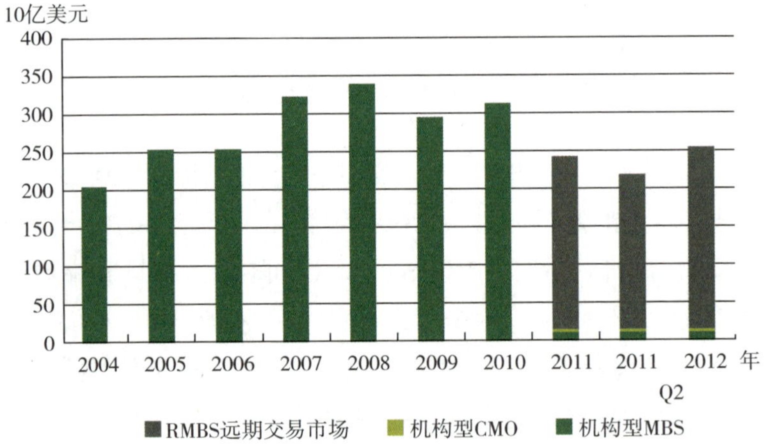

数据来源：FRB。

图 19　机构型 MBS 日均交易量

① James Vickery, Joshua Wright： TBA Trading and Liquidity in the Agency MBS Market, FRBNY Economic Policy Review, May 2013.

2. Non-Agency RMBS 市场

非机构型 RMBS 市场又称为私有市场（Private Label），该市场发行交易的 RMBS 基础资产通常标准化程度较差，贷款质量达不到发行 Agency RMBS 的要求，发行人为投资银行、贷款经营机构、房地产商等，发行不受任何政府信用担保。该市场在次贷危机发生前发展繁荣，于 2006—2007 年度达到顶峰，发行量甚至达到了 RMBS 全市场的 60%。但在次贷危机爆发后，该市场迅速萎缩，至今也没有再恢复往日盛景（见图 20）。有研究指出，非机构型 RMBS 在次贷危机之后并没有像汽车贷款 ABS、CLO 等产品迅速反弹发展的原因主要有三个：一是非机构型的住房按揭贷款资产违约率比别的资产类型高，从而凸显出证券设计、基础资产筛选的风险和基础资产底层信息披露不足的风险；二是该类型 RMBS 投资者在金融危机之后受到政策消极影响很大；三是投资者与发行人的利益冲突比较显著[①]。从目前来看，非机构型 RMBS 市场发行量较小，流动性较差，只是作为机构型市场的有益补充，为高风险房屋贷款经营者提供融资渠道，同时也为偏好高风险、高收益的 RMBS 投资者提供多样化的选择。

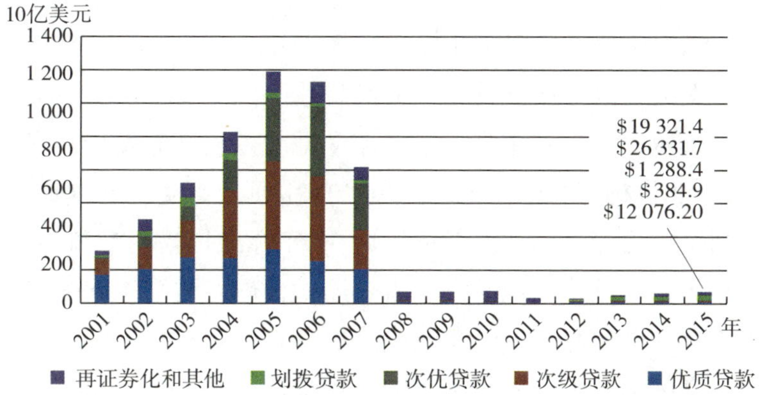

数据来源：Inside Mortgage Finance and Urban Institute。

图 20　非机构型市场发行情况

① The Rebirth of Securitization： Where is the Private Lable Mortgage Market? Laurie S. Goodman, Director, Housing Finance Policy Center, Urban Institute, 2015.

非机构型市场有两个显著特点：

一是基础资产多样化，信用质量参差不齐。非机构型 RMBS 的基础资产类型理论上可以是任何种类的住房抵押贷款。但是由于符合两房要求的高质量贷款（conforming loan）一般会被包装成为机构型 RMBS，因此非机构型 RMBS 的基础资产主要还是不符合机构型标准的住房按揭贷款，包括大额贷款（Jumbo loan）、次优贷款（Alt-A Loan）、次级贷款（Subprime loan）三大类型。这三种贷款的共同点是均非机构型 RMBS 合格的“原材料”——在借款人资质、借款额度、抵押品价值等方面达不到机构型 RMBS 基础资产的统一标准。大额贷款是指虽然借款人资质符合优质借款人（Prime）标准，但是贷款额度超标。次优贷款是指虽然借款人具有良好的信用记录，但是在贷款的某些指标要求方面比标准贷款松，例如借款人由于是自由职业或者其他非正式职业，无法提供完整的贷款申请材料（例如收入证明等）、借款人杠杆率较高等。次级贷款则是借款人信用资质较差、信用记录有问题的贷款，借款人通常具有低收入、少数族群、受教育水平低、信用评分低等特点，而贷款本身通常具有贷款价值比（LTV）很高，首付低的特点。值得指出的是，大额贷款仍然属于优质贷款（Prime Loan），而次优贷款和次级贷款均属于非优质贷款（non-prime loan），信用风险按高低排序为次级贷款 > 次优贷款 > 大额贷款[①]。

二是基础资产贷款利率高，证券流动性较差，证券发行利率较高。在资产端，由于非机构型 RMBS 的基础资产信用质量普遍比机构型 RMBS 差，贷款发放利率相对较高。把次贷危机后 30 年标准贷款利率和 30 年期大额贷款利率相比，可以明显地看出，后者通常比前者要高 100 个基点左右，且标准贷款利率更加稳定，而大额贷款利率的波动率更大（见图 21）。在证券发行和交易端，由于基础资产的非标准化较强，且市场存量很小，非机构型 RMBS 的估值和交易都较弱，二级市场流动性较差。而基于非机

① Alt-A：The Forgotten Segment of the Mortgage Market, Rajdeep Sengupta, Federal Reserve Bank of St. Louis Review, 1/2 2010, 92（1）, pp.55-71.

构型 RMBS 具有较差的基础资产信用质量、较高早偿率、无政府信用保证、较高的贷款利率等特点，再加上流动性溢价，投资者通常会要求较高的发行利率。

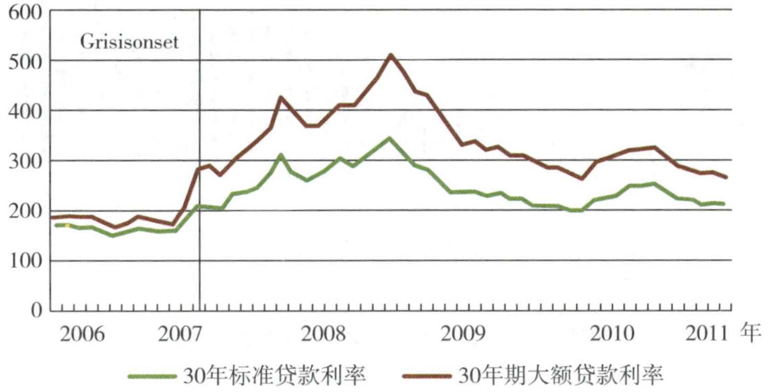

数据来源：HSH Associates.

图 21 30 年标准贷款利率和 30 年期大额贷款利率

三、RMBS 基础资产和证券设计多样化

RMBS 基础资产为住房抵押按揭贷款，主要类型是固定利率的贷款（Fix-rate mortgage loans），此外也有部分浮动利率的贷款（Adjustable-rate mortgage loans（ARMs）。浮动利率贷款指贷款利率会根据某种指数（index）的变化上下浮动的贷款。该种指数主要包括 1 年期美国国债到期收益率、伦敦同业拆借利率即 libor 等。大多数浮动利率的贷款在最初发放时都有一个“利率固定期”，最常见的利率固定期为 5 年，5 年之后利率每年会根据相应指数的变化调整。值得指出的是，利率的浮动范围一般都会设有上下限，即贷款利率变化后的最高利率和最低利率都会受到一定限制。

RMBS 的设计有一个从简单到复杂、单一到丰富的过程。目前美国市场上存在着主要的 RMBS 证券品种为单一过手型证券和贷款抵押分层证券，就发行量而言，单一过手型证券占大多数。而贷款抵押分层证券则极大地丰富了 RMBS 证券类型。

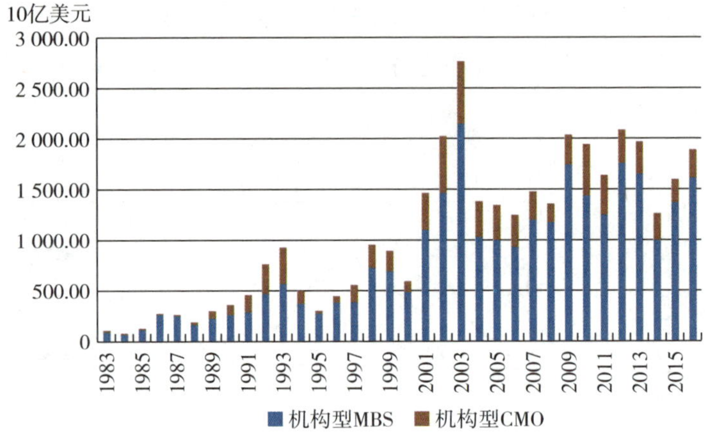

数据来源：SIMFA，中债资信整理。

图 22　机构型 MBS 和机构型 CMO 发行量（1983-2016）

1. 单一过手型证券（Pass-Through Securities）

最开始的 RMBS 形态是以抵押按揭住房贷款为底层资产打包构成的“过手型”证券（Pass-Through Securities），过手型证券的最主要特点是资产端和证券端的现金流入和现金流出完全自然匹配，每个月资产池所产生的利息和本金会直接完全以证券利息和本金的形式“过手”给证券投资者，属于平层证券，不进行风险 / 收益的切割。

2. 贷款抵押分层证券（Collateralized Mortgaged Obligations, CMOs）

随着市场的发展，单一的过手型证券渐渐不能满足很多机构投资者的需求：由于基础资产池早偿率的不断变化，证券端的本息偿付常常和投资者对投资风险和收益的预期不匹配。例如，对 RMBS 最主要的投资者银行和保险公司来说，银行的负债久期短，往往希望投资存续期限较短的 RMBS，即希望资产池提前偿还率越高越好；而保险公司作为典型的负债久期长的金融机构，则希望投资存续期限长的 RMBS，但是如果资产池的早偿率较高，则很难达到预期。在此背景下，“贷款抵押分层证券”（Collateralized Mortgaged Obligations, CMOs）应运而生了。1983 年，Freddie Mac 创造性地将住房抵押贷款转付证券的现金流打包重组为期限不同的债券以满足不同类型投资者的需求。CMO 是 RMBS 结构的重大创新。它以抵押按揭贷款或者过手型 RMBS 为基础形成资产池，将资产池的现金流进行重组、风险进行重新分配，形成不同的证券层级（Tranches）。每一只 CMO 至少包含两个层级（优先级 / 次级），各个层级的证券在本息支付顺序、存续期限、本金还款计划、利率等方面进行灵活并且差异化的设计，以满足不同投资者的多元化需求。

CMO 和过手型 RMBS 最大的区别在于 CMO 进行了结构化即分层设计，通过现金流的重组，让早偿风险在各个层级的证券进行了重新分配，从而使 RMBS 可以适应更多元化的期限、收益和风险需求，扩大了 RMBS 的投资受众。每只 CMO 一般都具有两个以上层级的证券，每只证券的期限和支付规则均有差异。与过手型 RMBS 违约风险和早偿风险无差异化不同，每只 CMO 的风险有很大差别，取决于基础资产的早偿风险分配和证券的本息支付不同安排。对 CMO 的设计核心是现金流的重新划分，基于此形成了不同期限、不同形态、不同层级的证券（见表 5）。

表 5 CMO 的主要设计

现金流重组方式	典型产品例子	特点
现金流直接过手	Passthrough（过手型）	最简单的设计，在非机构型 CMO 中最常见
本金按顺序支付	Sequentials（按顺序）	使各个层级证券有不同的期限
根据早偿速度分配本金	PACs, TACs, Companions（固定摊还、组合型）	使某些证券避免早偿风险，并实现期限多元化
利息用来先付本金	Z-bonds（Z 型证券）	增加劣后层级的期限，保障优先层级的本金支付和存续期限
利息和本金的重新分配	IOs, POs（只还本证券、只付息证券）	得到市场价值与早偿率紧密相连的证券层级
与市场利率挂钩	Floating-Rate Tranches（付息证券）	得到与市场利率和早偿率紧密相关的证券层级

数据来源：公开资料，中债资信整理。

CMO 最常见的基础结构是按顺序支付（Sequential Pay）。即 CMO 由多层按顺序支付证券（Tranches）组成。每个层级的证券都为过手型，按优先级顺序获得利息、本金的兑付。在最优先级本金完全兑付完毕后，才开始兑付次优先级的本金；次优先级的本金兑付完毕之后才兑付劣后级的本金。就通常发行的产品来看，一般优先级的平均期限为 2~3 年，次优先级的平均期限为 5~7 年，劣后级的平均期限为 10~12 年。除了按顺序支付证券，还有很多种不同类型的证券（Tranches），各种类型的证券进行组合，构成了多样化的 CMO 结构。典型的证券类型包括：

固定摊还证券（Planned Amortization Class, PAC）。固定摊还证券的特点是证券本金的还款计划是固定的，其本金还款受到优先保证，不受资产池早偿的影响。由于其本金还款现金流的稳定性，通常该种证券的收益率较低。

目标摊还证券（Targeted Amortization Class, TAC）。该类证券也属于本金还款计划固定的证券。与固定摊还证券的区别是，其固定摊还的条件是满足某一个早偿率。如果早偿率低于或者高于这个标尺早偿率，则投资人收到的本金会和还款计划不同，即不再是固定摊还，因此其现金流的确定性低于固定摊还证券。通常该种证券的收益率比固定摊还证券高，但是低于过手型证券。

Z 型证券（Z-Tranches）。该证券的特点是在还本开始之前都不付息，债券的票面价值随着利息的累积增长，即在每个支付日应付本金按照票面利率增长。该证券的存续期限一般较长。该证券的投资者在债券市场收益率下跌时可以有效避免再投资风险。

只还本证券（Principal-Only Securities, PO）。顾名思义，该证券的特点是只还本不付息，发行时一般是深折价发行，但兑付时投资者可以获得全部票面价值。该种证券市场价值对资产池早偿率非常敏感，早偿率的上升会使得该类证券的市场价值上升。投资者通常可以通过在二级市场交易获利。

只付息证券（Interest-Only Securities, IO）。一般 CMO 如果设计了只还本证券，其撇掉的利息就可以支持只付息证券的发行。只付息证券一般没有面值，只有名义本金金额，以计算到期利息。其发行价格一般也是名义本金金额的深折价。和 PO 正好相反，若利率上升早偿率下降，则 IO 的市场价值会上升，因此常常被投资者用来对冲利率风险。但是若早偿率上升，投资者要承担投资本金损失的风险。

浮息证券（Floating-Rate Tranches）。指证券的利率与 Libor 等市场利率指数挂钩，挂钩的方式通常是市场利率的变化通过一个固定的公式反映在该证券的利率变化上。市场利率的变化会引起资产池早偿率和存续期限发生变化，从而引起该证券市场价值的变化。

次级证券（Residual）。这是 CMO 的最劣后层级，即在满足了之前所有优先层级证券的本息支付后，若资产池还有现金流剩余则支付给劣后层级。

各种类型证券进行合理的搭配组合可以使 CMO 具有除了按顺序支付之外的其他结构，一方面满足不同的风险偏好，另一方面可以实现整只证券现金流设计的合理性。例如，若 CMO 中存在固定摊还证券，则需要有配合型证券（Companion Tranches），使固定摊还证券所规避的早偿风险被其他证券吸收，配合型证券一般为目标固定摊还证券、过手型证券或者 Z 型证券。其中，过手型证券的收益和期限具有极大不确定性，通常受到不关心投资久期的零售投资者的青睐。再如，在按顺序支付结构中，Z 型证券一般是非劣后级的最后一个层级，可以起到保障前面过手型证券利息支付现金流的作用，其期限一般可以达到 18~22 年。此外，过手型证券可以和目标固定摊还型证券搭配，PO 证券也可以和摊还型证券搭配，或者成为按顺序支付结构中的夹层。

四、RMBS 政府支持常态化

美国政府相关部门以及有政府背景的机构肩负着促进 RMBS 流动性，降低美国住房市场信贷成本的重要使命，是资产证券化的直接推手，采取各种方法和措施，在促进美国个人住房抵押贷款资产证券化发展方面起到了主要推动作用。

1. 立法支持

美国国会相继推出了一系列有关住房抵押贷款证券化的法律，如《不动产投资信托法》、《金融机构改革复兴和强化法案》、《金融资产证券化投资信托法》等。此外还制定了《住房法》，规定政府在发展住房方面的目标、责任和措施，为个人住房抵押贷款证券化的发展完善了法律环境。

2. 贷款担保和证券发行担保

美国国家政府信用在个人住房抵押贷款购买和机构型 RMBS 的发行中起到重要的作用，美国政府机构具有类政府信用的大型企业对某些抵押贷款和某些类型的 RMBS 进行担保。具体而言，首先，在贷款方面，某些个人住房按揭抵押贷款受到联邦住房管理局（Federal Housing Administration-insured （FHA））、退伍军人管理局（Veterans Administration-guaranteed（VA））、农村住房服务机构（Rural Housing Service）的保证担保，这些住房抵押贷款必须符合 FHA、VA 制定的标准和规则。而房利美和房地美收购住房抵押贷款也必须符合两房所认定的贷款额度限额、贷款价值比（LTV）的相关标准。其次，在证券方面，机构型 RMBS 获得政府担保是很普遍的：吉利美对 FHA 和 VA 所担保贷款形成的 RMBS 的本息兑付进行担保；房利美和房地美也对自己所发行的 RMBS 的本息兑付进行担保。需要指出的是，吉利美和两房对证券所提供的担保程度不是完全一样的。吉利美是政府机构，以政府信用为支撑，保证证券本息的按时兑付；两房由于不是政府机构，以企业信用为支撑，对大多数的证券本息按时兑付提供保证，但是也有少数证券只获得利息按时支付的保证，本金只保证在法定到期日到来之前得到完全兑付。政府信用和大型国有机构信用对 RMBS 的背书实现了对 RMBS 的强力增信，有效增加了投资者的信心和积极性。

表 6　不同 RMBS 担保强度

证券类型	担保强度
吉利美 I 和 II	美国政府信用担保及时足额兑付本息
吉利美铂金	美国政府信用担保及时足额兑付本息
房利美 MBS	房利美担保及时足额兑付本息
房地美（75 天 PC）	房地美担保及时足额支付利息和最后的本金支付
房地美 Gold PC	房地美担保及时足额支付利息和计划还本

续表

证券类型	担保强度
吉利美 REMIC	美国政府信用担保及时足额兑付本息
房地美 REMIC	房地美担保及时足额支付利息和计划还本
房利美 REMIC	房利美担保及时足额支付利息和计划还本
机构支持，私人市场 CMO/REMIC	吉利美、房利美或者房地美提供担保，结构化操作
	可以提高评级，但是这类证券没有明显的政府担保
整个贷款支持，私人市场 CMO/REMIC	由发行人或者第三方、信用证、超额抵押、
	资产池次级或者提供一些组合信用支持

数据来源：公开资料，中债资信整理。

3. RMBS 属于合格抵押品范围，两房和美联储对 RMBS 都有投资

保持 RMBS 一级市场发行畅通以及二级市场流动性是发挥 RMBS 功用、稳定住房金融市场的关键。美国相关机构以此为己任，主要采取两个措施，以维持 RMBS 流动性，熨平市场波动。

一是将 RMBS 纳入合格抵押品范围，作为质押式回购的主要交易标的。合格抵押品是在货币政策操作过程中，央行允许或者要求交易对手提供的作为直接交易或偿债担保资产的统称。合格抵押品制度是构成中央银行流动性支持制度的重要组成部分。在次贷危机之后，美联储将 RMBS 纳入公开市场操作范围，作为央行执行货币政策的工具。被纳入合格抵押品的 RMBS 券种范围较大，机构型 RMBS 和非机构型 RMBS 均属于合格抵押品的范围，其中非机构型 RMBS 的信用评级必须达到投资级（具体见表 7）。RMBS 已经发展成为美国质押式回购市场上第二大品种，占比接近 30%，其中机构型 RMBS 为最主要的质押式回购 RMBS 品种，占比为 26.3%①。

① 根据《2017 年上半年美国质押式回购市场报告》（US Repo Market Fact Sheet,2017），质押式回购前三大品种为美国政府债券、机构型 RMBS 以及股票，占比分别为 54.3%、26.3% 和 6.9%。非机构型 RMBS 质押式回购的量相对较少，与 ABS 合并统计，只占全市场总回购规模的 3.4%。

二是美联储和两房直接投资 RMBS。为了增强 RMBS 特别是机构型 RMBS 的流动性，稳定住房金融市场，美联储和房地美、房利美成为了机构型 RMBS 的主要购买者和持有者。值得指出的是，美联储与两房对 RMBS 的投资方式是不同的，美联储大量持有，为了防止引起市场剧烈波动，一般选择长期持有到期，而两房则经常进行二级市场交易。次贷危机后，美联储从 2009 年开始有计划地购买机构型 RMBS，作为其量化宽松计划的一部分，虽然该计划已于 2014 年结束，但是美联储仍然继续用投资收益购买 RMBS。截至 2015 年，美联储持有市场上 RMBS 存量的 30%，投资量非常可观。2017 年 7 月，美联储的资产负债表显示其存量持有 1.7 万亿美元的机构型 RMBS，并且每月的 RMBS 新购买金额在 200 亿 ~300 亿美元左右，略等于 RMBS 每月发行量的五分之一[①]。除此之外，房地美、房利美在次贷危机前后均是 RMBS 市场流动性的主要提供者，特别是在市场波动的时候起着“稳定器”的作用。一般在 RMBS 市场证券估值升高、利差增大时，两房会利用自身拆借成本低的优势，以低价在二级市场购入大量 RMBS，以稳定市场价格。而在市场估值降低、利差缩小时，两房又会在市场上大量卖出 RMBS。两房的二级市场交易主要是出于获利的目的，但是在客观上大力提升了机构型 RMBS 的二级市场交易活跃度，为市场的平稳提供了有效润滑剂。次贷危机后，虽然受政府监管加强影响，两房缩小了在 RMBS 投资上的头寸，但是两房仍然是 RMBS 的主要投资和交易机构之一[②]。

上述这些举措有效提升了 RMBS 流动性，并达到了降低按揭贷款利率的效果，有力振兴了住房市场。

---

① The federal Reserve’s balance sheet-A return to the good old days, Seema Shah, 2017/7/9.

② 据相关报告披露（Declining Agency MBS Liquidity is not all about financial regulation, Kara Kaul and Laurie Goodman，2015），两房持有的机构型 RMBS 从 2006 年的 7 700 亿美元下降到 2015 年的 2 700 亿美元。在市场份额上，截至 2015 年底，两房持有 RMBS 市场存量的 5%。

表 7 属于合格抵押品的 MBS 类型一览表

资产类型	一般的资格标准
机构型抵押证券（过手型、CMO、CMBS）	除了只付息债券（IOs）、只还本债券（POs）、IO-ette、次级证券、逆向浮动利率证券和 Z 型证券，机构型抵押贷款证券、商业抵押贷款证券、以美元计价的 CMOs 一般有资格抵押。
非机构型 RMBS	除了只付息债券（IOs）、只还本债券（POs）、IO-ette、次级证券、逆向浮动利率证券和 Z 型证券，投资级的以美元计价的非机构住宅按揭支持证券（RMBS）一般符合质押。以次级抵押贷款为基础资产发行的且以美元计价的投资级 RMBS 可以质押。

资料来源：federal Reserve Collateral Guidelines（2017）。

五、RMBS 投资市场成熟化

RMBS 是美国债券市场上最主要的固定收益产品之一，也是仅次于美国国债流动性最好的债券品种。RMBS 投资市场的成熟表现为以下四点：

1. 投资机构范围广泛

RMBS 的投资门槛很低，通常个人投资者即可投资，最少投资额为 1 000 美元。但是 RMBS 的最主要投资者仍然为机构投资者。RMBS 的投资机构包括美国境内投资者和美国境外投资者。除了美联储和两房等具有政府背景的机构，还包括商业银行、投资银行、房地产投资信托（REITS）、资产管理机构、对冲基金、人寿保险、外国央行等金融机构。其中，美联储和商业银行的投资额占到了 RMBS 市场存量的一半。投资机构可以分为两类，一类是“持有到期型投资者”，另一类是“交易型投资者”。美联储和商业银行基本都属于典型的持有到期型投资者。而两房、投资银行、房地产投资信托、对冲基金等机构则是交易型投资者，除了获得证券利息外，通常通过 RMBS 的做市和交易从价差上获利。

2. 投资价值显性化

几乎所有市场机构都能充分认识到 RMBS 的投资价值。主要为以下几点：第一是 RMBS 的收益率较高，显著高于同期限的国债和公司债。RMBS 发行利率较高的原因主要是 RMBS 基础资产存在的早偿风险造成证券存续期不确定。第二是 RMBS 的投资收益现金流灵活。由于 RMBS 一般都是每月或者每季度进行还本付息，因此相对于其他半年 / 一年付息，到期还本的普通债券来说，投资者能够更加快速地获得投资收益，以灵活安排再投资。第三是 RMBS 信用质量较高。住房按揭抵押贷款的违约率一般都较低，且机构型 RMBS 的还本付息都有机构担保，具有国家信用或者类国家信用做支持；非机构型 RMBS 的信用等级也大部分都为 AAA 级。第四是 RMBS 投资选择丰富。在债券的期限、还本付息顺序和方式、早偿敏感度等方面为不同偏好的投资者提供不同的选择。第五是 RMBS 流动性强。RMBS 一级市场的巨大供应量、二级市场的可观交易量和交易做市商的深度参与成就了 RMBS 市场的高流动性，使投资者可以随时在二级市场通过交易实现退出以及获得资本利得。

3. 投资分析工具的可获性

作为一种较为复杂的结构化产品，RMBS 的估值对投资者是个难题。而美国市场已经具备非常成熟的 RMBS 价值分析工具，为投资者对 RMBS 投资价值的解读和分析大有助益。不论是 Bloomberg、Intex 还是穆迪等信用信息服务机构都可以为投资者进行 RMBS 的现金流分析和估值提供模型、分析和结构化软件，帮助投资者在不同的利息、提前还款率、违约率、回收率等情景下准确预测现金流和价格 / 收益率，便于投资者进行投资决策。除此之外，投资者还可以从自律协会（SIMFA）网站以及数据分析商处获得各类 RMBS 早偿率分析数据，以帮助进行投资分析。例如 SIFMA 在 2009—2013 年推出了一个“RMBS 早偿率表”披露计划，即 SIMFA 会每个月两次综合和汇总各大交易商对 RMBS 主流券种（包括两房 30 年券、吉利美 I 30 年券、两房 15 年券、吉利美 I 30 年券，这些券又分为不同的发行时间和发行票息）基础资产早偿率的分析：基于两种早偿率的计算方式（CPR 和 PSA），提供在基准收益率以及基准收益率曲线上下浮动 50~300 个基点的情形下，各类证券基础资产早偿率的具体数值。

表 8 基础资产早偿率的分析

吉利美Ⅱ -30 年期券											
参与经销商：BC CSFB JPM MS RBS											
发行票息	发行时间	收益率曲线场景									低 - 高
		下浮 300 个基点	下浮 200 个基点	下浮 100 个基点	下浮 50 个基点	基准情景	上浮 50 个基点	上浮 100 个基点	上浮 200 个基点	上浮 300 个基点	
2.5	2012	23.0	13.2	7.9	6.8	10.6	7.1	5.2	4.8	4.6	5.5~24.0
3	2012	26.8	17.4	9.7	7.8	12.2	8.3	5.6	5.1	4.8	6.3~27.8
3.5	2009	33.5	27.6	17.6	12.9	14.2	10.6	6.6	5.5	5.0	7.0~29.9
3.5	2010	33.4	26.4	17.0	12.7	12.7	10.0	6.7	5.6	5.0	7.8~21.6
3.5	2011	34.0	29.0	18.7	13.3	13.4	10.1	6.6	5.5	5.0	8.2~24.5
3.5	2012	28.1	21.4	13.4	10.1	13.2	9.9	6.3	5.5	5.1	7.5~27.9

数据来源：SIFMA。

4. 做市和交易普遍

美国 RMBS 市场流动性很强的最重要原因之一是交易商做市活跃。RMBS 交易都是通过柜台市场（OTC）进行，而不采用集中竞价。RMBS 做市商是一、二级市场的关键角色。做市商作为中间商，向 RMBS 买方卖出 RMBS，从 RMBS 卖方买进 RMBS，从中赚取买卖差价。一般进行做市的都是具备一定实力的交易商，因为做市需要持有大量证券存货，有丰富的客户资源，并且有加杠杆的实力。大型交易商的客户集中度往往较高，且大量持有证券存货会消耗资本，加杠杆则需要有畅通稳定的融资渠道，一般只有较大型的交易商才可以承受。次贷危机之前，55% 的二级市场交易量集中在前五大交易商中。次贷危机之后，由于监管对资本计提政策的收紧以及对杠杆率的控制，交易商的交易成本大幅提高，市场买卖利差的缩小又使得交易商的盈利空间被压缩，因此大量相对小型的交易商被迫退出市场，交易量集中度进一步提升，截至 2015 年，前五大交易商占据了 80% 的二级市场交易量。

六、RMBS 规则配套完善化

为了提高 RMBS 的发行效率、鼓励 RMBS 的发行和市场投资，美国监管机构、自律机构以及市场机构针对 RMBS 逐步推出了一系列较为特殊的规则配套。

1. SEC 证券豁免登记

根据美国证券监管法规，机构型 RMBS 属于证券法框架下“可被豁免登记”的证券[①]，意味着其发行和交易可以豁免于向美国证券交易委员会（SEC）提交登记材料。基于此，两房以及吉利美发行或担保的 RMBS 可以不进行事前冗繁的文件准备和提交监管审核过程，也被免去若干信息披露要求。这一来减少了发行所需的环节和时间，大大提高了发行效率，同时也有力支撑了 TBA 市场的发展：因为 TBA 市场 RMBS 发行时点，证券和基础资产的具体信息都尚不可知，若要求事前披露则证券无法顺利发行。值得补充说明的两点是：一是与机构型 RMBS 不同，非机构型 RMBS 必须按照《1933 年证券法》的要求进行注册登记和信息披露；二是虽然对机构型 RMBS 没有强制性信息披露要求，但基于投资者要求和自身改革压力，两房和吉利美均自愿在各自网站或者通过第三方信息服务商进行信息披露，披露的内容、形式、详细程度与非机构型 RMBS 日益趋同（见表 9）。

表 9　美国不同 RMBS 信息披露要求[②]

对比项目	机构型	非机构型（豁免除外）
发行要求	豁免证券	注册
主要监管部门	FHFA（美国联邦住房金融管理局）等	SEC
适用法律（Act）	《联邦国民抵押贷款协会特许法》《联邦住房贷款抵押公司法》等	《1933 年证券法》 《1934 年证券交易法》等

① 美国证券法第 3 条（a）款（2）—（8）项规定了七种可以豁免注册的证券。这些证券之所以可以获得豁免，不外乎发行人的性质和证券本身的性质两方面原因。就前者而言，发行人以及证券的发行和销售已被置于其他法律的有效监管之下，自无须证券法的监管。而对于后者而言，则是由于这些证券本身的性质决定了这类证券投资风险较小或是这类证券只出售给那些经验丰富，认购目的有别于一般投资大众的机构投资人，所以也可获得豁免。

② 中国资产证券化市场发展报告 2016，83-84.

续表

对比项目		机构型	非机构型（豁免除外）
信息披露	要求	自愿	强制
	披露方式和载体	通过“两房”网站公布或由第三方信息服务商提供相关信息	向监管部门提交电子表格
	发展趋势	在投资者、监管部门、国会改革监管框架意向和竞争者的压力下，机构型证券在披露内容、形式和程度上与非机构型证券日益趋同。	

资料来源：中债资信根据公开资料整理。

2. 信用风险自留豁免

信用风险自留是在次贷危机之后，美国推出的资产证券化领域的重要规则。其基本内容是资产证券化发起机构必须自己留存不低于资产支持证券 5% 的信用风险，同时不得对这些自留信用风险进行风险对冲。目的是为降低发起机构道德风险，保证发起机构有动力控制基础资产质量，与投资人风险共担。风险留存的方式分为“水平留存”（即持有的公允价值与该单证券化产品的比例至少为 5%）和“垂直留存”（即每一层自持比例都需至少为该层规模的 5%）。风险留存规则对于促进发起机构与投资人风险共担、防范发起机构道德风险意义重大，但是，信用风险留存会增加发起机构的资金占用和准备金预留，减弱发起机构资产证券化积极性，部分成本甚至会被转移给融资方或投资方，增加社会融资成本[①]。为了减少信用风险自留规则带来的负面作用，《多德—弗兰克法案》增加了豁免条件，对满足条件的优质基础资产以及联邦政府关注的行业、项目，发起机构可以不进行信用风险留存或者以更低比例进行信用风险留存。RMBS 基础资产较为优质，且关系到美国住房金融市场的稳定，是享受豁免的主要证券化品种。针对 RMBS 的豁免政策包括：一是两房的资产证券化产品不受风险自留规则的限制。二是如果所有基础资产都是“合格住房按揭贷

① 王艳、郭杰群：资产证券化风险自留与豁免——来自美国的经验《金融市场研究》Vol.37, 2015.06.

款”（Qualified Residential Mortgage），那么风险留存也可以豁免[①]。合格住房按揭贷款基本采用了消费者金融保护局根据《真实借贷法》制定的“合格按揭贷款”（Qualified Mortgage）的定义，主要从产品特点和借款人还债能力来度量信用风险。例如，按揭贷款的期限不能超过 30 年、每月债务收入比低于 43%[②]。三是所有 RMBS 风险留存的期限至少 5 年，并且在风险留存取消时，资产池未还款本金余额需低于产品发行时本金余额的 25%。但是在 7 年后风险留存规定不再适用。这些豁免规则在保持两房以及其他金融机构发行 RMBS 的积极性方面起到了关键作用。

3. 标准交易规范的制定

如前文介绍，TBA 市场是美国 RMBS 发行交易的“主板”市场，发行交易量巨大。标准交易规范的制定和应用可以更好地促进 RMBS 发行交易的效率和安全。基于此，美国金融业的自律协会——证券行业和金融市场协会（SIMFA）从 20 世纪 70 年代 MBS 市场兴起之后，就一直致力于建立和发展可被所有市场成员采用的标准化交易规范。经过多年不断的充实和修订，目前已经发展成熟了一套以“标准交易文件”（Standard Documentation）和“统一操作规则”（Uniform Practice）为两大组成部分的 RMBS 自律性标准交易规范。这些标准交易规范都是指导性、自律性的，没有法律上的强制力，市场机构对交易规范的选择和适用均是自愿。

“标准交易文件”包括证券 TBA 交易主协议（MSFTA）、交易代理协议（Trade Assignments）、要约材料递送指导（Guidelines on Delivery of Offering Materials Relating to GSE Securities）、买入程序（Buy-in Procedures）、第三方交易规范（Third Party Transaction）等，提供了 RMBS 交易双方可以直接采用的合同范本或者为交易主体起草相关合同提供有效辅导。值得关注的是，标准交易文件的视角为“中立”，即兼顾买方、卖方、代理方等各方主体的利益诉求，合理划分主体之间权利义务，不对

① QRM：Proposed Definition of Qualified Residential Mortgage, http://www.qualifiedmortgage.org/qrm/.

② Definition of Qualified Mortgage（QM）, 2015, http://www.qualifiedmortgage.org/definition/.

任何一方设定不合理、不公平条款，以维持市场秩序。

“统一操作规则”是指 SIMFA 组织市场专家制定的 RMBS 市场证券发行交易的全套操作规范，全称为“MBS 和其他相关证券的清算交割统一操作指南”（Uniform Practices Manual：For the Clearance and Settlement of Mortgage-Backed Securities and Other Related Securities），最早制定于 1981 年，随着市场创新的发展经过了多次的修订和扩充。该指南旨在为市场参加机构进行 RMBS，特别是在 TBA 市场 RMBS 发行交易的资产池筛选组建、证券清算交割等环节中对交易条件、操作程序、信息披露、争议处理等细节操作要点建立标准化规程，对日期、事件、资产和证券要素的认识和定义建立统一的共识，被绝大多数市场主体视为“行业标准”，业务操作均按照该指南进行。该指南总共包括 12 个部分，其中最具有实操意义的是针对 TBA 市场的“合格交付指南”（Good Delivery Guidelines）[①]，内容实操性和专业性很强，主要包括：对不同大小资产池、不同票息、不同性质资产池（固息贷款或浮息贷款）所对应的证券设计进行标准化要求；对两房和吉利美不同类型的证券要素（包括贷款合格标准、证券到期日等）进行统一设定；对争议提起和损失赔偿的程序和条件进行统一规定等。

表 10　TBA 交易标准规范汇总

标准交易文件		统一操作规则	
MSFTA（TBA 交易协议）	TBA 市场 RMBS 交易主协议。该协议条款主要包括适用范围、主要相关定义、合同设立形式、保证金缴纳、付款和交付、违约事件处理、抵消、损失风险提示等内容	简介	对统一操作规则的背景介绍和使用说明

① 全称为“Standard Requirement for Delivery on Settlements of Fannie Mae, Freddie Mac, and Ginnie Mae Securities”。

续表

标准交易文件		统一操作规则	
Trade Assignments（交易代理协议）	RMBS 交易若有卖方代理人参与，三方权利义务的明确约定	常见条款定义	对统一规则中使用的专业名词进行明确定义和解释
Guidelines on Delivery of Offering Materials Relating to GSE Securities（要约材料递送指导）	两房和吉利美 RMBS 发行要约时向投资者提供相关材料的时间和内容指导	联邦机构和政府资助的实体	介绍机构型 RMBS 的主要原始权益机构：两房和吉利美开展的证券化业务和 RMBS 品种类型
Buy-in Procedures（买入程序）	RMBS 证券买入的通知、交付等细节程序以及各种文件模板	清算和结算基础设施	梳理 MBS 清算交割的基础设施：Fedwire、Clearing Banks、FICC、DTC 等
Third Party Transaction（第三方交易规范）	涉及与合同外第三方交割的交易的风险、成本考量指导	抵押证券及其他相关产品概述	对 MBS（包括 RMBS 和 CMBS）的各种证券类型进行完整归纳
		确认信息披露	梳理各类 RMBS 发行和交易时卖方对买方的“确认信息披露”要求：基于《1934 年证券法》10b-10 和 MBS 资产早偿下预期收益率变化的特殊披露要求
		资产池通知程序	TBA 交易中，在证券交易和交割时点需要遵循的时间节点和信息披露要求
		交割指南	针对 TBA 市场两房和吉利美发行的各类机构型 RMBS（包括以固定利率和浮动利率资产为基础资产的），对证券期限、基础资产要素（包括期限、利率、首付、还款方式等）、证券交割方式和要求等进行标准化规定，还包括对争议赔偿发生时的推荐规则

续表

标准交易文件		统一操作规则	
		结构化产品结算程序	专门针对 CMO 的二级市场交易中的结算和交割进行规定
		汇款报告、支付、到期和赔偿	关于证券具体信息报告要求、利息本金支付的具体规则、卖方在交割日对本息支付保证的文件、赔偿争议的提起和解决的各项规则
		交付、接收和回收	证券的交付和接收规则以及原状返还的适用情形
		通知和计算日期	TBA 不同机构不同期限的证券从 1999—2018 年每月发行日和交割日安排

数据来源：SIMFA，中债资信整理。

4. 税收上的优惠：REMIC

REMIC（Real Estate Mortgage Investment Conduit），由美国 1986 年税改法案正式引入，是在美国所得税法框架下专门针对房地产抵押贷款证券化设置的免税载体。由于可以解决 CMO 分层结构造成的税法难题，大多数 CMO 都按照 REMIC 交易结构的要求[①]进行设计和发行，以 REMIC 为载体构建基础资产池、发行分层证券，实现在发行载体层面免于缴纳所

① 根据美国国内税务条例第 860D 条的相关规定，任何一个法律主体如果希望被视为“REMIC”、适用其免税待遇，需要满足如下条件：（a）在申报所得税时通过填报专用表格（Form 1066）主动申明选择适用“REMIC”规则；（b）所有在其名下的权益可被划分为“常规利益”（Regular Interests）和“剩余利益”（Residual Interests）两大类别；（c）有且仅有一个“剩余利益”层级，而且这个“剩余利益”层级的任何利益分配只能按比例均分，不能再有“优先、劣后”的内部等级差别；（d）自成立日起 3 个月内，应当完成资产池构建的全部工作，使得其所有资产均由“合格按揭贷款”（Qualified Mortgage）和“允许类投资”（Permitted Investment）构成，此后不能再对资产池进行主动管理、不能再实质性变更其资产构成；（e）必须采取有效措施避免所得税免税主体持有其“剩余利益”。

得税的节税目的。进一步解释，REMIC 的税收优惠主要体现在：在发行载体层面不征收企业所得税，只是在证券的投资人层面需要就分层证券的投资收益各自申报缴纳所得税。要强调的是，美国政府创设 REMIC 的目的就是为了房地产抵押贷款证券化提供免税载体，以提高 RMBS 证券发行和投资积极性，进而为房地产抵押贷款的二级市场提供更丰沛的流动性支持。为使得 REMIC 仅为此目的服务，不被滥用，税法重点对 REMIC 的“资产构成”和“被动管理”两个方面进行规制：一是 REMIC 在资产构成上必须以房地产抵押贷款为主体，从而保证 REMIC 政策为房地产融资，特别是住房融资服务的产业指向性；二是必须保证资产池管理的“被动”属性，不能在运营过程中实质性变更资产池的构成，否则，对于主动经营获得的营业利润则需要在企业层面上征收所得税[①]。

第三节　现存问题

从国外经验来看，RMBS 的出现源于国家住房金融市场的需求，政府以提供担保、法律豁免、税收优惠等手段为依托，大力发展 RMBS 市场，为房贷发放机构提供市场化的融资途径。其发展壮大使银行等贷款机构可以不断从资本市场上获得低价资金。据统计，美国住房抵押贷款被证券化的比例占到了 50% 以上。市场已经形成了畅通的利率传导机制，以 RMBS 的证券利率决定房贷的贷款利率，有效降低了居民购房的融资成本，提高了社会福祉。并且由于 RMBS 一级市场发行量巨大，二级市场流动性充裕，市场活跃度[②]较高，有力地支撑了证券化所发挥的积

① 证券化载体 REMIC 与房地产投资基金 REITs，李力，http：//blog.sina.com.cn/s/blog_5db441050102v3hd.html。

② 活跃度，最开始为股票术语，即反映某只股票或某一行业、某一板块股票交易活动多少的指标，可通过换手率、量比等其余指标分析推测，可反映市场资金流入流出的活跃度，判断一只股票的活跃性和庄家控盘力度。对于债券交易活跃度的定义没有比较权威的说法，有债券市场分析报告中将狭义换手率作为债券活跃度的衡量指标，这里借鉴类似的思路，定义 RMBS 活跃度为“交易量占存量的比例”。

极作用[①]。而反观我国 RMBS 市场，虽然市场培育已经初见成效，解决了 RMBS“有无”的问题，但是 RMBS 作为一种金融工具，目前为止在我国市场上刚开始发挥较为有限的盘活存量、腾挪贷款额度和调整银行资本负债结构的作用，目前的发展状态还不足以对我国利率市场化发展以及住房金融改革的目标提供有力支撑。其发展瓶颈突出表现为市场活跃度较低，发起端和投资端的体量和质量都需要进一步提升，市场机制建设尚待进一步成熟[②]。具体而言为以下几点：

一、一级市场发行体量较小，发起人积极性需进一步培育

我国住房金融改革的愿景之一是将住房抵押贷款证券化作为贷款发放机构的主要融资渠道[③]。相当的一级市场发行量是 RMBS 发展的重要基础。十年来，我国 RMBS 发行总量仅数千亿元，而仅在 2015—2016 两年我国个人住房按揭贷款的增量就达到了近 5 万亿元。可见，RMBS 远没有成为商业银行等房贷发放机构融资的主要工具，和美国 20 世纪 70 年代之前相似，发放贷款的资金来源仍主要是存款和其他银行负债。我国 RMBS 目前发行体量较小，市场规模尚难以对住房金融改革资金供给形成有效支持。发行量较小的主要原因在于，发起人的发行积极性尚需进一步培育。

目前我国 RMBS 市场上，发行最为踊跃的主体为建设银行，发行 RMBS 的频率较高，发行规模较大，截至 2017 年 12 月底，占整个 RMBS

---

① 美国 MBS 整体市场交易活跃度很高，根据近 16 年的统计，区间在 700%~1 600%，其中机构型 MBS 的交易活跃度更高，在 2007 年一度达到 2 600%；非机构型 MBS 活跃度相对较低，在 70%~90% 之间。

② 我国现在还没有机构型 MBS，因此将美国的非机构型 MBS 的交易情况与我国的 RMBS 二级市场的交易相比较为合理。据统计，16 年来，美国非机构型 MBS 的活跃度在 70%~90% 之间，虽然近年来有所下降，但是活跃度仍在 70% 以上。我国 RMBS 的活跃度和美国差距较大，基本都在 7% 以下，各年间波动较大且不稳定，2015—2016 年均在 2% 以下。就发行体量和存续量来看，和美国市场也差距较大：2016 年至 2017 年 6 月底，我国 RMBS 的发行量约为 1 788 亿元，而美国非机构型 MBS 发行量为 2 633 亿美元（约 17 000 亿元）；就存续量来看，截至 2017 年 6 月底，我国 RMBS 的存量为 1 663.96 亿元，美国非机构型 MBS 存量为 13 011.22 亿美元（约 84 000 亿元）。

③ 温信祥：“十三五”住房金融改革发展的新思路，2016，财新网。

市场发行规模的近 40%，发行积极性较高，可见 RMBS 已经成为建设银行用于释放信贷规模、进行市场融资、优化资产配置、提高资产流动性的常态化金融工具，已经较好地实现了 RMBS 发行成本和发行收益的动态平衡。

但是对于市场上其他 RMBS 发起机构以及尚未发行 RMBS 的商业银行来说，发行积极性和潜力还正在发掘中。原因主要有内生动机和外生发行环境两方面：就内生动机来说，由于 RMBS 对我国金融市场而言尚属于新生事物，金融机构对该金融工具的功能和运行逻辑的认识以及机制上的内化需要时日，特别是对于较大型的商业银行来说，常态化地发行 RMBS 属于从无到有的重大战略决策，在内部制度、系统等方面做好发行上的准备也需要时间，要形成常规化的发行惯例需要一个较长的过程，因此 RMBS 在我国一级市场的放量增长还有待于大型商业银行发行常态化实践的形成。就外生环境来说，虽然有一定的政策鼓励，但是还是有若干具有共性的不利因素制约着发起人的积极性：一是发行效率较低。发行备案审批速度较慢，增加了发起机构的时间成本，降低了发起机构对时间窗口的把握能力。二是银行资本节约效果有限。由于个人住房抵押贷款表内资本占用计算百分比较低（50%），通过发行 RMBS 实现个人住房抵押贷款出表相对于别的资产出表来说，并没有达到银行资本节约的最大效能，再加上目前证券化发起人信用风险自留规则对所有信贷资产证券化产品一视同仁，RMBS 次级收益很低却仍然要持有至少 5% 的次级额度，并且按照 1 250% 的风险计提，发起机构资本释放红利激励有限。三是证券销售有困难。RMBS 一般发行规模较大，但优先档发行利率与别的债券相比不具有优势，流动性又较差，市场需求有限，发起人销售发行规模较大的 RMBS 较为困难，而次级档的销售由于 RMBS 次级收益率通常较低，且监管政策对证券化产品次级销售又有限制，造成次级对外销售难度很高，阻碍了发起人的成功发行。

二、RMBS 证券定价机制需建立，投资环境需优化

目前看来，我国 RMBS 投资市场刚刚起步，投资机构的投资积极性

尚待培育，主要体现在一级市场的认购并不踊跃，二级市场交易也较为清淡。主要原因一是市场投资机构对 RMBS 这类我国债券市场新兴产品投资价值的认识需要一个过程；二是需要进一步建立较为完善的投资环境，以更好地对投资人形成引导和激励。投资环境的建立最核心的是建设二级市场，促进交易，建立 RMBS 流动性。二级市场流动性弱对 RMBS 投资者积极性的影响是显著的：相比其他证券化产品，RMBS 大多数是较长期限的证券，就已发行的优先 A 和优先 B 证券来看平均期限达到了 9~10 年。若缺乏流动性，投资者将只能长期持有，面临更多信用风险、利率风险，增加投资顾虑。我国 RMBS 二级市场交易量虽然在逐年增加，但是绝对值仍微乎其微，甚至与同期资产支持证券交易相比也较弱，做市交易几乎没有，整个二级市场的流动性机制基本未建立。二级市场流动性差的主要原因除了一级市场供应量较小之外，还在于RMBS证券定价机制的不成熟，导致市场参与者很难获得和把握定价估值的市场标准，难以以有效价格进行市场交易。表现在：RMBS 证券不够标准化，证券期限和基础资产个体特征较鲜明，各只证券之间的对比性不强造成估值困难；缺乏估值的基础工具：例如基准收益率曲线不完善，缺乏实现以收益率曲线为核心的零波动率利差定价、缺乏违约和早偿率历史数据，同时对本土化的模型研究不够深入，对产品的定价大多停留在资产池层级，而不能对基础资产进行深入研究。

三、房贷利率和发行利率关联尚未建立，RMBS 市场利率传导器作用待开发

贷款利率和证券发行利率未建立合理联系的主要表现为出现利率倒挂。我国 RMBS 发行多次出现了利率倒挂，即发行利率高于基础资产池加权平均利率。此外，有若干公积金贷款资产支持证券的发行采取了折价发行的方式，这也意味着基础资产池加权平均利率无法支撑平价发行的证券端利率。据统计，发生利率倒挂的 RMBS 证券发行金额占总发行金额的 24%，这意味着发起人的发行成本很可能高于资产池所能提供的收益。发生利率倒挂的原因是我国的 RMBS 是“资产池利率不能决定发

行利率，发行利率也不能决定资产池利率”。资产池利率即贷款利率由官方公布的贷款基准利率确定，发行利率滞后于资产池利率的确定，但是又不以资产池利率为锚，它是由投资人基于当时的资金面情况、Shibor等市场基准利率加上流动性溢价、信用风险利差决定的。在资金面紧张、发行利率升高的情况下，由于贷款利率低于消费贷、企业贷款等其他类型资产，对发行利率容忍度低于其他品种ABS的RMBS很容易出现利率倒挂的情况。与美国市场住房抵押贷款融资来源基本依靠债券市场以及大部分RMBS由TBA市场“证券发行利率决定贷款发放利率”的状况不同，我国商业银行目前的主要负债来源还是存款，且没有“预成交”市场，尚没有建立起市场基准利率通过RMBS传导从而确定住房抵押贷款利率的机制，个人住房贷款利率并没有市场化。因此RMBS的发行还不能促成投资人和发起人对贷款利率和发行利率形成一致预期，发行中出现利率倒挂的现象在所难免。这一方面不利于利率市场化目标的实现，另一方面也造成发起人对发行亏损的顾虑，不利于夯实RMBS可持续性发展的基础。

四、风险控制等配套机制的建设尚待探索

根据国外成熟市场的经验教训，在发挥RMBS对国家住房金融市场发展的促进作用的同时，不应该忽视对配套风控机制的建设，例如对基础资产信用质量的把控和信息披露。在次贷危机前，次级贷款被大量发放并进行证券化，美国住房价格的一路上扬加剧了金融机构对资产信用风险把控的忽视，这最终形成了次贷危机爆发的导火索。我国一直以来对房贷发放的把控是较严的，体现在对借款人资质和首付比例的要求上，因此我国房贷质量整体较好，这也是我国RMBS表现良好的重要基础。但是值得关注的是，RMBS市场从始至今的发展历程中，我国一直处于房价上涨的“顺经济周期”，基于对房价上涨的乐观预期，不能排除在此过程中房贷信用风险的上升，例如借款人杠杆率的实质性增高，以及银行执行不同的房贷发放标准和在发放贷款时对相关法律规定执行力度的放松（例如抵押权属登记的不办理），这都将对房贷违约率和回收率造成重大影响。除此

之外，我国证券化市场的投资人保护机制和市场规范化建设尚在起步阶段，贷款服务机构和受托人对于如何适当履行管理和受托责任还需要认识上的培育、实践上的积累和系统的持续建设升级。在此背景下，如何居安思危，以把控基础资产质量为核心，以建设市场风险控制机制为重点，在资产合格标准设置、信息披露、逾期率 / 违约率等关键指标评估、数据提供和披露的完整和准确性等方面进一步加强 RMBS 风险控制制度的建设，防患于未然，是目前应该开始思考的问题。

五、小结

值得进一步指出的是，上述四个问题是互相关联的，互为因果。例如，一级市场的供给不足自然不能支撑二级市场的发展；二级市场的流动性匮乏会造成一级市场发行利率的流动性溢价高企、加剧利率倒挂，降低发起人发行意愿，进一步减少一级市场供给。配套的风控机制如果设置不当，将会影响市场的稳定发展。因此对问题的解决思路也应是全局性和系统性的，下一步的发展可着眼于以开发 RMBS 支持我国住房金融改革的功能为目标，提升 RMBS 市场活跃度和加强 RMBS 市场风险控制，促进市场更快、更好、更稳的发展。

第四节　进一步发展的建议

一、提升市场活跃度

1. 短期对策：激发一级市场活力、提高二级市场流动性

（1）主管机构在风险自留方面和税收方面出台一定优惠政策，释放发行投资动能

相较其他类型信贷资产证券化产品，目前发起人发行 RMBS 较难获得收益，投资收益也较低，难以满足投资人要求。第一，资本释放效果不具优势。个人住房抵押贷款的资本计提要求为 50%，相对于其他个人信用贷款、企业经营贷款等贷款资本占用较低，在体量相似的情况下，房贷出表可释放的资本量并不具优势。第二，根据目前施行的信贷资产证券化发

起机构风险自留的规定[①]，发起机构必须表内自留一部分次级。但是在我国 RMBS 发行频频出现“倒挂”的情况下，次级收益极低，再加上次级持有资本计提 1 250%，发起机构持有次级不仅不能获得超额收益，甚至会出现负收益[②]。该情况在很大程度上抑制了发起人积极性。第三，二重征税降低投资收益。根据目前我国的税收法规，所有资产证券化产品的税收都是二重征税，一是在信托即资产管理人层面征收 3% 的增值税[③]，二是在投资人层面征收所得税。由于 RMBS 基础资产即住房抵押贷款的利率较低，可承受的证券端利率较低，增值税的征收进一步降低了证券端利率可承受的阈值，减少了投资人可获的投资收益。如果相关主管机构出台相关政策或规则，就风险自留规定和税收规则适用上对发起人以及相关主体适当豁免，为发起人和投资人“减负”，应该会起到提高发行投资积极性的作用。

为了促进 RMBS 的发展，信用风险自留规则的豁免和 RMBS 税收特殊规则已经在美国有了成熟的经验。信用风险自留方面，按照美国的相关规定，RMBS 是享受信用风险自留规则豁免的最主要证券品种。两房的资产证券化产品以及基础资产为符合“合格住房按揭贷款”标准的 RMBS，发起人均不须持有发行产品份额。这样豁免背后的合理性在于：规定一定

① 中国人民银行和银监会于 2013 年 12 月发布的《关于规范信贷资产证券化发起机构风险自留比例的文件》，规定发起机构需持有发起产品的一定比例，该比例不得低于全部发行规模的 5%，可以“垂直”持有或者“水平”持有。

② RMBS 证券化难以获得收益。资产端利率来看，由于我国住房贷款长期普遍执行优惠利率，房贷资产存量的利率一般都较低，为五年期以上的基准或者基准利率以下，远远低于同期限的其他类型贷款；证券端利率来看，RMBS 产品由于一般期限较长，而又不具有流动性，因此发行利率一般较高，并且特别容易受市场资金面紧张的影响。就目前我国 RMBS 发行历史看，常出现“利率倒挂”情况，即优先级证券发行利率高于资产池加权平均利率。在这种情形下，次级档收益大幅降低甚至几乎没有。发起人若自持次级档证券不能获得任何收益。

③ 根据 2017 年财政部发布的《关于资管产品增值税有关问题的通知》（56 号文），明确从 2018 年 1 月 1 日起对资管产品管理人运营产品过程中发生的增值税应税行为，暂适用简易计税方法，按照 3% 的征收率缴纳增值税。

的“豁免门槛”，在保证基础资产信用风险比其他类型基础资产可控的前提下，为 RMBS 发起人消除信用风险留存造成的资本、资金占用等负面影响，以鼓励发起机构发行 RMBS。在税收方面，美国构建 REMIC 免税载体，大多数 CMO 都按照 REMIC 交易结构的要求进行设计和发行，实现在发行载体层面免于缴税的节税目的，只是在证券投资人层面需要就投资收益申报缴纳所得税。REMIC 的创设目的就是为房地产抵押贷款证券化提供免税优惠，以提高 RMBS 证券发行和投资积极性。

建议下一步可以在我国试点开展信用风险自留规定对 RMBS 发起人的有条件豁免。对于符合一定条件的基础资产和一定资质的发起人，可以分档不同程度降低风险自留的比例甚至完全豁免。基础资产需符合的条件可包括但不限于单笔单款限额、贷款最长期限、借款人债务收入比、首付比例等；发起人的资质指标可包括但不限于个人住房贷款经营时间、个人住房贷款不良率等。除此之外，建议对 RMBS 的发行提供一定的税收优惠，可以考虑在信托机构增值税环节予以减免，以加大投资人的收益空间，增强 RMBS 产品的吸引力。

（2）支持发行主体和证券设计多元化，提高发行效率，创新效能和扩大供给

RMBS 市场发展壮大的首要基础是提高一级市场供给即证券发行的数量和质量，为投资和交易源源不断地提供合格原材料。

为了提高市场发行规模，建议监管机构多措并举，鼓励更多的房贷发放机构参与 RMBS 发行。截至 2017 年 12 月，已经发行过 RMBS 产品的只有 14 家商业银行和 4 家公积金中心，且发行量较为集中，还有相当大部分的商业银行、公积金中心等房贷经营机构尚未涉入 RMBS 发行，市场潜力有待发掘。对于已经成功发行过 RMBS 产品的机构，以及已经完成注册的机构，特别是对于房贷业务规模较大的国有商业银行，应该支持其继续进行后续多次发行，引导其将发行 RMBS 作为盘活资产、募集资金、调整信贷结构的常态化手段；对于还未发行过 RMBS 产品的机构，应该推动房贷经营情况稳定的机构，特别是股份制银行、资产规模较大的城商

行等尽快进行 RMBS 的注册和发行，提高和丰富 RMBS 发起机构群体的数量和种类。

主要的支持举措除了包括上文所述的风险自留和税收政策上的优惠及豁免，还需要从发行程序上着手，提高 RMBS 发行效率。一是提升已注册额度内的 RMBS 审批效率。对于已经向人民银行注册申请通过的 RMBS 发行额度，在注册有效期内发起机构自主分期发行时，相关监管机构应该有效提升备案速度，不应将备案等同于实质性审批，甚至可以考虑取消“发行前备案”，而采取“发行后备案”的方式，以保障 RMBS 在银行间市场的顺利发行。二是加快标准合同文本的制定，尽快制定发行流程各个环节的标准指南，以统一的行业标准助益 RMBS 发行进程的提速和发行的规范化。可以进一步参考美国实践，在目前《个人住房抵押贷款资产支持证券信息披露指引》的基础上，由市场自律机构组织市场专家制定 RMBS 发行交易合同范本和统一操作规则，在资产池筛选组建、证券清算交割等环节中对操作程序、信息披露、争议处理等细节操作要点建立标准化规程，对日期、事件、资产和证券要素的认识和定义建立统一的共识，以期形成“行业标准”。

证券发行质量高低很大程度上体现在是否能为市场投资人提供多元化的证券品种选择，以满足不同投资者的偏好。如果 RMBS 市场只能提供单一的过手型证券，RMBS 期限至少为 5~15 年，在二级市场交易暂时很难实现的情况下，投资受众就非常有限，市场活跃度无法提升。但如果市场能提供不同收益率、不同利率（固定 / 浮动）、不同期限（不到 1 年直至十几年）、不同偿付形式（过手型或者固定摊还型）的多种证券选择，投资受众大大拓宽，可有效提升投资活跃度。我国目前市场上已经初步具有上述各类利率、期限和偿付形式的 RMBS 证券。下一步，建议发起人和主承销商提高产品设计的精细度，例如在设计证券期限的时候加大对早偿率的分析和考量；提高产品特点的分化度，以适应不同市场需求，例如保险机构应该会较青睐基础资产早偿率较低、长久期证券，而只有短期资金来源的机构则会偏好于期限短、固定摊还型证券，应鼓励多种产品在市场上共同发展；提高产品设计的合理性，例如对过手型和固定摊还型证券在同一单项目中合理搭配以合理分配早偿风险；结合市场需求加大产品结构创新，进一步增加证券类型，例如根据基础资产特点，设计与早偿率挂钩的摊还型证券、只还本证券、只付息证券等。

（3）积极培育境内投资者，同时鼓励境外投资者参与我国 RMBS 投资市场，提升需求

RMBS 的发行体量一般都大于其他 ABS 产品，市场的形成和稳定需要大量投资资金的铺垫和支持。RMBS 市场的活跃发展，关键要素之一是提升市场需求以集聚资金。对市场需求的挖掘最直接的方式是培育壮大投资机构群体。虽然包括 RMBS 在内的信贷资产证券化产品已经发展成为我国银行间市场上不可或缺的一类固定收益证券，但是不可否认的是，除了发行体量，证券化产品的投资者群体无论在种类还是数量上都无法与利率债以及高评级信用债相提并论，RMBS 在我国仍然属于小众的债券品种，市场需求较小。需求较小最重要原因之一是以 RMBS 为代表的资产证券化产品在我国金融市场上尚属新兴产品，投资者对该投资品种的风险和收益价值认识尚浅，投资氛围不浓。下一步，建议市场机构和专业研究机构通过发行 RMBS、发布 RMBS 相关研究成果等方式，有意识地向包括保险、基金、银行等各类金融机构宣介 RMBS 基础资产分散、利率期限多样、尤其适合青睐长久期投资的投资价值，扩大 RMBS 产品的市场认知度和影响力，着力培育国内投资者对 RMBS 的投资理念，鼓励资金实力雄厚的大型金融机构参与 RMBS 市场投资。

与此同时，发起人和承销商可以择机利用已建立的“债券通”渠道，鼓励境外投资者参与我国 RMBS 市场投资，这将吸引境外资金流入，对提升我国 RMBS 市场活跃度产生深远的影响。RMBS 在国外已是非常成熟的固定收益品种，跨境进行 RMBS 投资也很普遍。以美国为例，美国债券市场的境外投资者参与度非常高。境外投资者包括各国的央行、大型金融机构等。投资品种方面对包括 RMBS 在内的长期限债券较为偏好。“两房”发行的机构型 RMBS 主要投资者之一即为包括多国央行在内的境外投

资者。就我国债券市场而言，资产证券化产品日益丰富，投资环境日臻成熟，RMBS 对境外投资者有较强的潜在吸引力。一是我国资产证券化市场经过近些年的跨越式发展，已经成为全球规模较大的证券化市场之一，产品品种逐渐齐全，市场发行量逐渐增大，为证券化产品投资提供了客观基础。二是境外投资 ABS 的渠道已畅通，投资尝试已成功。早在 2012 年资产证券化重启试点后，就有外资机构参与投资了若干我国银行间市场上发行的车贷 ABS①。在我国债券市场对外开放的趋势下，2017 年 7 月“债券北向通”开通，境外投资者可以通过境内与香港金融市场基础设施互联互通的机制更加便捷地投资中国债券市场，此举为境外投资者投资境内资产证券化产品提供了畅通的渠道。随后境外投资者通过“债券北向通”成功参与投资了 2017 年 8 月发行的 1 单车贷 ABS②。至此，境外资金投资我国银行间市场包括 RMBS 在内的资产证券化产品渠道已经建立。三是相对于信用债等产品，个人贷款类 ABS 对境外投资者有较强吸引力。相对于主体信用债以及以企业贷款为基础资产的 CLO，以个人住房抵押贷款和汽车贷款为基础资产代表的个贷类 ABS 产品有独特的投资价值，其具有发行主体信用关联性低、基础资产集中度低、风险分散度高、基础资产质量好等特点，与境外同类型 ABS 产品可比度较高，再加上我国 RMBS 和车贷 ABS 信息披露规则的建立和完善，境外投资者对该类产品更加熟悉和易于理解，因此投资热情和信心较高。总而言之，建议鼓励和引导境外投资者积极参与我国 RMBS 市场投资，这不仅能够有效拓宽投资机构范围、有效增加市场需求、引入大量资金、降低发行成本，还将带动全市场加深对 RMBS 产品的认识，对提升我国 RMBS 市场活跃度颇有助益，也将成为我国债券市场对外开放进程中的里程碑之一。

① 根据统计的部分外资机构投资国内资产支持证券来看，境外资金参与的积极性比较高，据不完全统计，宝马一期外资投资机构达到 66%；华驭一期外资投资机构达到 80%；福元一期外资投资机构达到 50%。

② 福元 2017 年第二期个人汽车抵押贷款支持证券。

（4）监管机构和市场机构共同努力，以建立估值体系为基础，尝试做市和质押式回购，多措并举培育 RMBS 二级市场流动性

相较其他 ABS 产品，建立二级市场流动性对 RMBS 的发展更具有迫切性。第一，流动性溢价带来的发行利率高企对 RMBS 发行压力较大。流动性溢价造成ABS发行利率高于同期限级别信用债是较为普遍的现象，但是由于 RMBS 资产端加权平均利率一般比别的 ABS 类型基础资产低，证券发行利率升高对 RMBS 发行利率的压力尤其明显，特别是当资金面紧张流动性溢价进一步飙高时，很容易造成证券端利率和资产端利率的倒挂，严重影响发起人的发行意愿。第二，长久期的 RMBS 产品无法流动抑制投资需求。短期限类特别是期限为 1 年以内的固定收益产品，即使没有流动性也对投资需求影响不大，但是长期限类的债券若没有流动性，基本不能吸引交易盘的资金，即使是配置盘，也会对期限太长引起的信用、利率风险有较大顾虑，从而抑制市场需求。RMBS 产品是典型的长期限类债券，虽然可以设计以及切分出短期限类产品，但是由于基础资产的剩余期限一般较长，期限较长的证券品种对 RMBS 来说仍然是标配和主流。据统计，目前我国 RMBS 产品优先档的平均存续期限为约 10 年，这已经超出了一般债券投资者可以接受的持有久期，流动性的缺失大大抑制了 RMBS 一级市场的投资需求。

目前，我国 RMBS 二级市场只有极少的现券交易，流动性基本为零。建议尽快着力建设我国 RMBS 二级市场，以建立估值体系为基础，积极开展做市和质押式回购的实践，培育市场流动性。

估值体系是二级市场的必要基础设施，是投资者对证券进行定价的重要工具，目前建设时机已经较为成熟。估值的基础为现金流，之前由于我国 RMBS 发行时间短、数据积累不够，难以结合违约率、早偿率等重要指标对现金流进行准确刻画。现在经过几年的产品发展，市场已经对历史数据有了一定量的积累，使设计较为完善的现金流模型、达到较为准确的现金流预测有了一定的基础，估值体系建设的可行性大大增强。

根据发达市场经验，RMBS 二级市场的活跃度和做市商制度的支持

有直接的相关关系。做市通过做市商进行双边报价，撮合交易，能够提高市场价格发现能力、拓宽债券发行目标客户群、增加市场信息沟通有效渠道、稳定和活跃市场，是有效提升二级市场交易量的方式之一。我国虽然已经有过信贷资产支持证券做市的成功实践[①]，但是RMBS的做市到目前为止还是空白，相应机制也尚未形成。RMBS发行规模较大，价值波动相对较小，属于比较安全的做市品种，具备做市的基础。我国市场应该尽快形成RMBS做市商实践。一是监管机构和自律组织应该积极鼓励符合做市商条件的金融机构对RMBS开展做市交易，在目前银行间市场做市商制度的基础上，为RMBS做市的开展创造一定的政策环境，例如可以允许做市商进行债券借贷，给予做市商融资方面的便利、为做市商提供高于一般交易商的优待等。二是RMBS承销商应该积极参与二级市场的做市，目前承销商只负责一级市场债券的招标与分销，而不管后续二级市场的活跃度，这客观上没有建立两个市场的利益共通机制，不利于做市和交易的开展。今后可以进一步发挥承销商的作用，承销商在进行一级市场承销的同时，应该积极开展二级市场双边报价、撮合交易的实践，以此为契机培育RMBS市场常态化做市实践。

质押式回购是二级市场交易的一种常见类型，并且表明投资者可以利用某类证券进行融资。某类证券是否能进行质押式回购直接影响着投资者对证券价值的判断，也在很大程度上决定了该类证券的流动性，特别是对于期限较长的债券，是否能进行质押式回购与流动性的关系非常密切。如果能进行质押式回购，RMBS对投资者的吸引力将显著提高。早在2007年，人民银行就发布公告，允许对资产支持证券进行质押式回购[②]。但是ABS的质押式回购至今非常清淡，主要原因之一在于大多数证券化产品过手型

① 2016年中信建投证券对“兴银2015年第四期信贷资产支持证券”持续进行双边报价，并首次实现做市成交。

② 中国人民银行公告〔2007〕第21号《中国人民银行关于资产支持证券质押式回购交易有关事项的公告》。

结构设计使本金兑付不确定，存在押品可能中间出现不足额的情况以及质押率较难确定的情况，再加上市场认识不足，相比其他利率债等主流质押式回购品种不占优势。建议下一步相关主管机构加快研究论证，尽快出台 RMBS 质押式回购交易规则和结算规则等细则，促进质押式回购的落地。此外，市场参与主体也可以先进行质押式协议回购尝试：回购的质押券种、折算比例、回购期限、利率等交易要素方式由交易双方自主协商确定，并可以考虑先对固定摊还型的 RMBS 开展质押式回购，探索 RMBS 质押式回购在我国的实践路径。

（5）市场机构需进一步挖掘住房贷款证券化对市场和参与机构的潜在价值，充分发挥 RMBS 的功能，使市场逐步形成内生的发行投资持续机制

我国住房抵押贷款证券化市场发展尚在初期，除了规模尚小，另一表现为 RMBS 的发行投资尚没有形成惯性机制，即大多数市场参与机构都对 RMBS 的发行和投资缺乏清晰的目标和长期的计划，从而影响发行和投资的持续性。这主要的原因是 RMBS 的市场价值和功能并未被充分挖掘和开发，市场参与机构对此的认识也很有限。

基于此，要进一步总结 RMBS 产品的特点，挖掘 RMBS 的特殊优势。RMBS 相对于其他类型的证券化产品来说，具有基础资产非常分散、基础资产违约率极低、资产存续期限很长的特点，具有如下优势：第一，对于具有长期资金稳定配置需求、且风险偏好较低的投资者来说，RMBS 风险较低、收益率比同期限利率债和长期限的信用债高，而同级别债券的信用风险并不比利率债或者信用债高，持有 RMBS 能获得稳定且相对较高的投资收益；第二，在目前信用环境恶化，信用债违约风险增大的情况下，非主体信用的结构化产品具有独特的配置价值，特别是基础资产分散且基础资产违约率很低的 RMBS，投资者可以借此对冲投资组合中其他信用债的信用风险；第三，在目前市场上浮息券普遍的情况下，固定利率型 RMBS 可以帮助投资者对冲投资组合中的利率风险，保障投资收益；第四，即使出现利率倒挂，发行 RMBS 对发起人仍然具有一定吸引力。首先，证券

化是很好的流动性管理工具，能有效解决银行资产负债期限错配的结构问题。其次，由于央行前些年连续降息的影响以及房贷优惠的长期施行，发起人目前普遍持有大量低息住房贷款，成为商业银行经营利润提高的很大瓶颈。目前房贷利率有升高趋势，且还有消费贷等个贷业务蓝海的吸引，商业银行即使在发行 RMBS 受到一定损失也可承受：若出售这些低息资产，腾挪出来的信贷资源可以向新的房贷和消费贷等利率明显较高的新资产投放，可以及时盘活存量，优化信贷结构，赢得信贷业务新机会，所受的损失是有可能得到弥补的。

2. 长期愿景：开发 RMBS 对我国住房金融市场的支撑功能，探索房贷利率市场化之路，建立多层次房贷证券化市场

（1）加强政府支持，将 RMBS 培育成政策性金融支持住房金融改革的重要工具

RMBS 从发展伊始就有和其他类型资产证券化产品不同的意义和目标：它不仅仅是商业性金融的工具，更是政策性金融的工具[①]。作为美国住房金融市场的重要工具，肩负着通过证券市场为住房贷款发放提供大量、持续的低息资金的任务，对稳定并降低美国住房市场贷款利率，解决住房民生问题起着不可替代的作用。RMBS 能发挥巨大的作用得益于美国政府的大力支持。美国政府以机构型 RMBS 市场为依托，一方面以政府信用或者类政府信用为合格贷款和证券的偿付做担保，减少 RMBS 信用利差，降低证券发行利率；另一方面将 RMBS 纳入质押式回购押品范围，并且美联储和两房大量直接投资 RMBS，增大 RMBS 需求，提高 RMBS 流动性，进一步降低了一级市场发行利率。较低的证券发行利率有效降低了住房按

① 政策性金融，是指在一国政府支持下，以国家信用为基础，运用各种特殊的融资手段，严格按照国家法规限定的业务范围、经营对象，以优惠性存贷利率，直接或间接为贯彻、配合国家特定的经济和社会发展政策，而进行的一种特殊性资金融通行为。在一国完整的金融体系中，不仅包括商业性金融，而且客观存在着与之对称、平行、并列和互补的政策性金融。政策性金融的经济学理论是解决金融资源配置中市场机制失灵的问题，以实现社会资源配置的经济有效性和社会合理性的有机统一。

揭贷款利率，实现了住房金融市场的稳定良性发展。

居民住房消费问题在我国也同样是重大民生问题之一，是我国住房金融改革所着力解决的目标。区别于对投资投机性购房信贷政策的谨慎，对居民合理自住购房，国家金融政策都是积极支持的[①]。追溯我国住房金融相关政策，不难看出，居民住房消费问题的解决举措一直在政策性金融框架之中，有一定政策性和优惠性色彩。例如，我国长期施行的公积金贷款制度为居民提供大量低息住房按揭贷款、很多商业银行长期以基准利率的7~9 折为消费者提供住房贷款。但是总体而言，这些举措的持续性和稳定性具有较大瓶颈[②]，仅仅依靠以营利为目的的商业性机构很难长期为市场提供具有优惠性的住房贷款，而我国尚缺乏有力的购买性住房消费融资的政府政策支持[③]。我国"十三五"规划纲要就住房金融改革明确了"构建以政府为主提供基本保障、以市场为主满足多层次需求的住房供应体系"的目标，提出了"完善投资、信贷、土地、税费等支持政策"的要求。下一步应该加强政府支持，探索建立有效支持住房消费的政策性金融体系，支持住房金融改革，主要目的在于为住房消费刚性需求提供持续稳定的低利率贷款。可以参考和关注 RMBS 在美国住房金融发展中的成功实践，重新定位 RMBS 在我国发展的目的和目标——将 RMBS 的发展和促进我国住房消费政策性金融体系的建立相挂钩，以银行间市场为依托，通过住

---

① 例如人民银行 2017 年 8 月发布的《中国区域金融运行报告（2017）》中建议，加强住房金融宏观审慎管理，继续做好房地产金融调控，在支持居民合理自住购房同时，严格限制信贷流向投资投机性购房。

② 商业银行作为纯经营性金融机构，出于自身经营成本和利润的考量，很难长期承担低息优惠房贷。公积金制度存在使购房能力有限的中低收入家庭不但难以享受贷款利率优惠，还要承受存款利率较低的损失，为收入较高、购房能力较强、能够获得公积金贷款的家庭提供逆向补贴。同时，政府并未为住房公积金提供实质性支持，反而由于住房公积金运用（包括公积金贷款、存放银行以及支持保障性住房建设等）的收益明显高于支付的公积金存款成本，一定程度存在对缴存职工合理收益的侵占。此外，公积金还存在贷款额度限制较高，缴存资金流入不足以应对流出的情况，很难全面支持住房合理需求的存款缴纳人群的住房需求。

③ 温信祥："十三五"住房金融改革发展的新思路，2016，财新网。

房贷款证券化打通获取低息贷款的低成本资金“专用通道”，建立房贷资金募集—使用的闭环。要实现这个发展目标，长远来看，必须多措并举，一方面引导国有大型商业银行的常规化发行，另一方面加大政府机构的扶持，才能从根本上保证 RMBS 供给、提升 RMBS 需求，降低 RMBS 发行成本。具体而言，一是继续鼓励国有大型银行进行 RMBS 的常规化、大批量发行，盘活存量，打开房贷资产从信贷市场到债券市场的流动性闸门，对 RMBS 一级市场的供给起到主要的支撑作用。二是对符合一定标准的住房贷款以及以这些住房贷款作为基础资产发行的证券，建立类似于美国机构型 RMBS 的“合格 RMBS”的概念，政府机构或者类政府机构可以对投资者提供本息兑付的担保，将 RMBS 信用提升到接近无风险利率债券的水平。在贷款的选择上，为了保障信用质量，并精准扶持刚需贷款资金需求，可以制定相关贷款合格标准：选择公积金贷款、房贷不良率较低的大型商业银行首套房商业贷款，并满足一定首付比例、借款人征信良好等特定标准。在担保机构和形式的选择上，可以探讨成立住宅政策性金融机构提供担保的可行性①，也可以利用现有的政府性融资担保体系，由具有政府背景的大型融资担保机构提供担保。三是出台税收减免等优惠政策鼓励资金雄厚的国有金融机构大量投资合格 RMBS，并将合格 RMBS 质押式回购实践常态化，建立 RMBS 市场的充分流动性，使 RMBS 投资市场有持续不断的大量需求。

（2）探索房贷利率市场化传导机制，促进我国商业银行个人住房抵押贷款业务经营和定价机制的转型

我国商业银行房贷业务的传统运营模式是以存款为负债端来源，由商业银行相关部门结合监管机构房贷政策导向、基准利率标准、风险资本耗用统筹安排、负债成本等综合考量，确定房贷业务的规模和定价，一旦形成资产就会一直在表内存在直到借款人本息兑付完毕。商业银行对其进行

① 2013 年十八届三中全会《中共中央关于全面深化改革若干重大问题的决定》明确提出“研究建立城市基础设施、住宅政策性金融机构”。

定价，最重要的考量因素是存款端利率以及资产将在表内长期持有的成本收益。由于对长期限表内成本收益预测的困难，房贷作为一种期限较长的资产，商业银行对其的定价往往不能真实体现出其在表内最终能够带来的损益，再加上资产只能持有到期，这对商业银行进行有效、灵活的资产配置造成较大的困扰。对房贷资产进行证券化即发行 RMBS，为商业银行个人住房抵押贷款业务经营和定价机制更加合理化提供了可行的方案：对房贷资产不再需要持有到期，可以随时出表，房贷经营业务模式可从“持有型”转变为“交易型”，商业银行可以随时盘活存量、调整资产配置；对贷款的定价也可以以证券在债券市场上发行的利率为参考，即打通证券市场和贷款市场的利率市场化传导机制，实现“随行就市”的定价模式，提高定价的合理性和信贷业务的效益。

虽然我国商业银行已经在进行房贷资产证券化的实践，但其还尚未充分发挥矫正房贷定价的功能，利率市场化传导机制尚未建立。一是由于大型国有银行的发行还未真正上量，RMBS 市场体量还不足以支撑利率市场化的开发；二是“利率倒挂”的现象说明利率传导机制尚未畅通。

第一，房贷利率市场化实现的重要前提条件是大部分的房贷资产可以实现从信贷市场到债券市场的流通。在已经实现房贷利率市场化的美国，接近 75% 的房贷资产已经实现了证券化①。其中“两房”盘活了美国住房抵押贷款市场近 50% 的存量②。我国的大型国有银行在住房金融市场上的地位及所发挥的作用与两房有相似之处，二者同为国有大型企业，享有政府的隐形担保，通过不同的方式为两国的住房金融市场提供支持：两房主要通过收购住房贷款和担保发行 RMBS 为低价的房贷资金提供支持，我国大型国有商业银行则通过直接经营房贷业务向借款人放款，利用较低的

① 据统计，2016 年美国个人房贷存量 10 万亿美元左右，发行的机构型 RMBS 7.47 亿元，占房贷存量的接近 75%。

② 据统计，2016 年美国两房担保发行的机构型 RMBS 约为 5 万亿美元，占美国个人房贷存量的 50%。

资金成本优势，在政策引导下，发放较低利率的住房贷款。据统计，国有五大银行 2016 年个人住房贷款余额约为 12.84 万亿元，占市场总量约 68%，是我国住房金融市场贷款供给的主要支撑。鉴于此，要实现房贷利率市场化，重要的基础就在于：国有大型商业银行需作为主力军，积极开展 RMBS 的发行，源源不断地将大量的个人房贷资产通过证券化的管道输送到债券市场，只有发行体量够大，债券市场的信号才能够有效地传递到信贷市场。

第二，利率未市场化的最突出的现象是“利率倒挂”。与其他类型的 ABS 产品相比，制约我国 RMBS 发展中的一大瓶颈是发行利率和资产利率的倒挂问题。造成倒挂问题的原因从表面看是住房抵押贷款利率一般是基准下浮，整体利率较低，而债券市场资金面紧张的情况时有发生，加之 RMBS 缺乏流动性，发行利率很容易超过资产池加权平均利率。深层次的原因则是我国贷款利率和固定收益市场利率（包括货币市场和债券市场）分别由不同的机制决定，二者之间没有必然关联关系，易发生背离或不一致：前者由人行发布的贷款基准利率指导，商业银行自行决定上下浮动；后者利率则是由上海银行间同业拆借利率（Shibor）和国债收益率曲线决定的基准利率提供定价基础。对资产端利率较低的证券化产品，较易受到该机制的冲击，造成利率倒挂。

解决 RMBS 发行利率倒挂问题对我国 RMBS 市场的持续发展非常重要：如果长期存在利率倒挂风险，发起人积极性将受很大抑制，市场发行量将会持续低迷，RMBS 就很难成为利率市场化的传导介质，不足以起到促进商业银行定价机制完善的作用，很难发展成为我国住房金融市场的有力工具。2017 年上半年 RMBS 市场发展相对停滞就是典型例证。解决利率倒挂问题的途径，短期来看，如前面章节所述，可以通过提升 RMBS 需求、提高二级市场流动性以尽量降低证券发行端利率来缓解，但由于发行利率和资产利率的不相关性，并不能从根本上解决问题。应该探索建立长效机制，将 RMBS 的发行利率和房贷基础资产的贷款利率建立某种传导机制，确保 RMBS 发行利率不低于贷款利率。美国机构型 RMBS 的预成交市场

（TBA 市场）可提供有益的借鉴参考。TBA 市场的核心特征是 RMBS 证券利率先于基础资产池确定，即证券发起人首先和投资者确定发行利率，锁定发行利率后，发起人再以该利率做参考发放或者购买贷款（详见前文）。此方式成功建立了证券利率向贷款利率进行跨市场传导的机制，从根本上解决了利率倒挂问题，打消了发起人对利率风险的顾虑。此外，TBA 市场由于其较高的资产和证券标准化，市场流动性非常显著，进一步降低了证券发行端的利率，在贷款利率市场化的同时保障了贷款利率保持较低的水平。

下一步，我国也可以探索建立 RMBS 预成交市场，以证券利率决定贷款利率，为个人住房按揭贷款打通金融市场和实体经济的传导渠道，建设有效的利率市场化机制，建立金融市场融资成本和贷款发放成本的合理化关联，促进 RMBS 市场的良性发展。按照美国的经验，预成交市场只针对机构型市场，因为机构型市场的资产信用高、资产标准化程度高、证券设计简单，可以使投资者对证券和资产保持稳定的预期，培育流动性的基础深厚。出于防控风险和适度创新的考虑，我国开展预成交市场实践也可将范围限定为政府予以重点支持的 RMBS 市场即机构型市场。预成交市场的设立前提是：一是有资产质量高、一致性强的基础资产，参与主体营运能力强，可以随时有充裕的基础资产。基于这些考虑，大型国有银行应是预成交市场的主要参与者，基础资产在发放时均符合一定的统一合格标准，且具有相似的利率、期限、早偿和违约表现特征。二是证券设计简单且标准，主要品种为过手型证券，期限固定且标准化，例如可分为 5 年券、10 年券、15 年券等，如果进行结构化最好是固定的证券类型搭配。三是设置标准化流程和操作指南。预成交市场的基本运行机制可为：证券先于资产池形成，首先确认证券的发行人、期限、利率、发行总额、价格以及交割日；随后在一定期限内，发起人准备并确定证券对应的基础资产池、真正形成证券；在规定时点完成资产和资金的交割。该运行机制实现了证券利率相对于资产利率的前置，可以从根本上解决利率倒挂问题。与此同时，建议采取多种举措培育预成交市场的流动性。

（3）尝试建立多层次 RMBS 市场，提高产品与利率的区分度和识别度，建立国家个人住房政策和金融市场之间的信号传导渠道，增强市场活力

RMBS 在我国处于发展初期，市场发展路径和发展目标尚在摸索之中，各类产品的区分度和辨识度尚不明确。但是，从目前发行的产品表现来看，虽然历史数据积累时间有限，公积金中心、国有银行、股份制银行、地方性银行等各类机构发行产品的基础资产表现已经出现了初步分化，逾期率、违约率开始体现出不同的特征，逐渐累积市场分层的基础。RMBS 作为一种证券化产品，其核心功能之一是以资产信用为经营个人住房抵押贷款业务的发起人融资。该功能可以用于政策性金融目的，也可以用于商业性金融目的。政策性金融目的即为住房民生服务，商业性金融的目的则偏重于实现经营者获利。基于不同的目的，RMBS 可以细分为多层次的市场，每个市场上的发起人主体、资产质量、发行利率、流动性以及风险具有差异化特征，服务于不同的借款人贷款需求、发起人融资需求和投资者投资需求，也对应于不同的个人住房抵押贷款政策。这在国外的成熟证券化市场已经得到了印证和很好的实践。如前面章节所述，美国市场划分为机构型 RMBS 市场和非机构型 RMBS 市场，机构型市场又包括 TBA 市场和特定资产池市场。市场划分形成了两条清晰的融资—投资路径，为各市场参与主体提供多元化的选择：机构型市场主要服务于政策性住宅金融，旨在为住房刚需者提供低利率的贷款渠道。因此机构型的 RMBS 发行人主要为两房，基础资产一般都有国家信用为担保，符合统一标准、质量高，证券流动性强，证券发行利率低，相应的贷款利率也较低。机构型市场中的 TBA 市场则是基础资产质量最好和流动性最强的市场，证券发行利率最低，贷款利率最低；非机构型市场则更多地服务于纯商业性金融，发行人一般为非政府背景的银行等经营个人住房抵押贷款的机构，借款人的资质和房产需求多种多样，基础资产质量较差，证券流动性较差，证券发行利率高，相应的贷款利率也较高。

为了最大化发挥 RMBS 的功用，可以差异化地发展 RMBS 市场，探

索建立我国的多层次 RMBS 市场，不同市场具有差异化的流动性和发行成本，对应不同的房贷经营策略，使 RMBS 同时为政策性金融和商业性金融目的服务。具体而言，可以根据不同的主体资质和资产资质划分市场，区隔出“机构型 RMBS 市场”和“非机构型市场”，二者分别侧重于以政策性金融目的和商业性金融目的建立“个人房贷市场融资专用通道”，具有不同的风险特征、流动性特征和发行成本，承载不同的国家个人住房政策导向和发展目标，以最大的灵活度“因地制宜”地发展。“机构型市场”以支持我国住房金融市场稳定发展为目标，旨在为自住型需求并且信用资质良好的个人提供利息较低的住房抵押贷款。该市场应该有以下特点：一是对基础资产划定统一标准，且保证资产质量优良、信用风险极低；二是发行主体主要为被赋予社会责任的公积金中心以及大型国有银行；三是政府应该重点支持该市场，提供担保和资金，大力培育流动性，尽力降低发行利率。“非机构型市场”则为以各类型商业银行为主体的个人房贷经营机构经营多元化的房贷业务提供市场化融资渠道和流动性管理工具。多元化的房贷业务不仅包括自住型需求贷款，也包括投资型需求贷款，针对的借款客户信用资质也较参差不齐，贷款利率一般较高。相应地，该市场应该有以下特点：一是对基础资产质量的容忍度较高，除了最优质的贷款，还可以包括初始抵押率较高、单笔额度较大、贷款期限较长、历史逾期天数较多等具有个性化特征、信用资质次优的贷款；二是注重详细的信息披露和公允的信用评级，充分披露信用风险，解决市场信息不对称问题；三是对市场流动性的要求低于机构型市场，且证券发行利率较高，发起机构也会在贷款端要求更高的利率，从而符合“高风险、高利率”的规律。

二、加强 RMBS 市场风险控制

放眼 RMBS 市场的长期发展，汲取美国次贷危机的教训，在促进市场活跃度提高的同时，必须持续对市场风险防范保持重视。目前或有的市场风险隐患包括：一是宏观经济形势的影响难以预测：我国尚未经历完整的经济周期，市场还没有经受过房价大幅下跌的考验，房贷资产期限较长，

个人房贷风险尚未完全暴露。二是个人房贷资产的潜在违约风险在增加：我国家庭债务杠杆率近年来在迅速升高[①]，居民购房的实际杠杆率也在升高，造成对借款人还款能力的潜在负面影响；此外近年来我国房价特别是热点城市房价增长迅速，投资性购房热情不减，房价增长可持续性并不明朗，一旦房价下跌，房屋价值对贷款余额的覆盖率会大幅下降，对个人还款意愿和实际回收的负面影响不容忽视。三是我国 RMBS 市场的各项基础设施和制度建设尚在初期，是否能对 RMBS 的稳定运行保驾护航尚待检验，投资者保护需要进一步加强。针对上述问题，建议监管机构以及发起机构、贷款服务机构、受托机构、信用评级机构等市场机构可以从以下几方面采取措施，加强 RMBS 市场风险控制。

1. 继续加强基础资产的质量把控，重视处置回收，保障资产现金流的稳定和安全

把控底层资产的信用质量是降低基础资产违约率以及降低证券违约风险、减少证券损失的最关键措施，也是防控市场风险的根本所在。得益于经济发展形势一致向好和银行对房贷信用风险管理的审慎，我国金融机构个人房贷业务不良率一直较低，平均资产质量良好（见表 11）。基于此，我国个人住房证券化项目项下的基础资产到目前为止普遍表现良好，违约率均处于低位[②]。我国房贷规模近年来增长较快，整体系统性风险控制难度加大[③]。针对前文所提到的我国个人住房抵押贷款市场新的风险点，建议多措并举保障房贷资产质量，为证券化提供良好的基础资产基础。具体措施包括：①商业银行加强房贷发放管理的防风险能力，降低违约率。贷

① 据统计，2006—2016 年，中国居民部门杠杆率从 11% 上升至 45%，十年间增长 3 倍。

② 表现期最长的建元 2005-1 和建元 2007-1，其 10 年累计违约率不超过 1%；其余产品表现期较短（1~2 年），累计违约率均未超过 0.5%。

③ 房贷是中国家庭最主要的负债。随着房地产市场的快速膨胀，中国居民房贷规模大幅上升，据统计，2011 年底居民房贷余额为 7 万亿元，到 2016 年底房贷余额已超过 19 万亿元。2016 年中国居民房贷占比居民总贷款 60.3%，且 2013 年以来持续上升。2010—2016 年，中国住房抵押贷款占比总贷款从 15% 上升至 21%。

款发放阶段，商业银行提高风险意识，加强风险识别能力，对投资性购房贷款发放保持谨慎，更加关注借款人资质和抵押物质量，特别是借款人的全口径收入债务比、首付资金来源、抵押物的实际抵押率，严格控制杠杆率，尽量缩小信用风险敞口；贷后管理阶段，完善内部信贷管理机制，加强回款管理以及对抵押物的动态监控。②保障证券化入池资产质量，防范风险传导。在进行证券化时，首先对个别房贷不良率较高的商业银行谨慎准入市场；在具体项目对基础资产筛选入池时，通过设置较为严格的“资产合格标准”保证基础资产质量。除了对初始抵押率（LTV）、借款人年龄职业等指标的限制，可重点关注基础资产的剩余期限、贷款余额、借款人的历史逾期情况，有选择性地进行筛选。③加大对违约房贷的催收处置力度，提高回收率。首先，贷款经营机构（一般都为贷款服务机构）应该加大对违约贷款的催收和抵押物催收处置重视程度，注重预案设置，重视法律风险的事先防范，提高催收处置水平。例如，对预抵押的住房抵押贷款应在条件具备后尽快办理正式抵押登记，扫除处置的法律障碍。从外部来说，在我国目前司法环境下，抵押类贷款违约后抵押物的处置确实存在一定障碍。就个人住房抵押贷款而言，无论证券化前还是证券化后，抵押物顺利处置都存在一些立法层面和执法层面的不确定性，客观上大大减弱和降低了处置效果和效率，抵押物回收率受到相当程度的负面影响。主要的法律问题包括贷款证券化后抵押权未批量办理转移登记是否影响债权人的优先受偿权、对唯一住房是否能够顺利强制执行、预抵押登记下债权人是否可以享有优先受偿权、抵押物被其他权利人首先查封后对优先受偿权实现的负面影响等。建议针对这些关键的法律问题，在立法层面出台统一的司法解释或者法律法规，在司法执行层面尽量统一做法，以提高抵押住房的回收率，并且使当事人对法律的适用和执行有更确定性的预期，促进整个市场的稳定运行。

表 11　国内外个人房贷不良率水平比较

国家	时间段	最小值	最大值	均值	中位数
美国	1991—2016	0.0139	0.1126	0.0423	0.0234
香港	1998—2016	0.0001	0.0143	0.0042	0.0016
英国	2007—2016	0.0136	0.0364	0.0244	0.0241
日本	2006—2014	0.0235	0.0383	0.0312	0.0306
中国	2007—2015	0.0026	0.0106	0.005	0.0037

数据来源：中债资信根据公开资料整理。

2. 加强信用评级对信用风险的评估和揭示，帮助投资者准确判断风险和理性承担风险

RMBS 市场风险防控的题中之义，除了降低证券的信用风险，还包括对证券信用风险的客观分析和披露。降低市场风险，基础资产筛选是第一道防控，信用评级对基础资产和交易结构风险因素的综合分析以及该分析在评级结果上的体现是第二道防控。信用评级是解决市场信息不对称的必要手段，其对结构化产品的风险评估和揭示能够帮助投资者建立对具体证券的风险和收益预期，理性投资。投资者对信用风险的判断很大程度上依赖于信用评级，特别是对于 RMBS 这类证券存续期限较长的证券化产品，宏观经济周期的不确定性对证券信用风险的评估造成了很大的难度，投资者需要依赖专业、中立的评级机构获得对证券风险尽量准确的认识。

基于此，信用评级一定要保持公信力和评级技术上的先进性，加强信用评级结果的可靠性，向市场充分揭示风险。RMBS 在我国发展时间尚短，信用评级机制建设还需要一个长期的过程。我国实践已初步证明，投资人付费模式是避免评级机构和投资人利益冲突、保持公信力的有效途径，应该作为长期坚持的评级机制；在保持评级技术的先进性上，建议信用评级机构持续迭代评级方法，追求 RMBS 评级方法的不断完善：优化相关数理模型，结合静态池表现历史数据计算得到相对客观的基础资产违约表现；重视经济周期不同阶段对违约和回收影响的预测，结合经济周期底部房贷违约率和房价变动趋势的研究，审慎设置合理的压力乘数和压力测试参数；重视发起机构个人房贷历史违约、回收率和提前还款率等数据的长期积累，建立合理可参考的行业均值矩阵和稳态矩阵。此外，信用评级结果可靠性的最重要前提是发起机构能向评级机构提供准确真实的基础资产数据，因此要建立有效的激励和约束机制，保障发起机构提供数据的质量。

3. 加强市场规范化建设，促进投资人保护机制的提升与完善

市场规范化建设和投资人保护机制建设是市场风险防控的重要一环，对维护交易秩序、提高发行效率、降低交易风险、保护投资人权益具有重要的支撑作用。市场规范化建设最重要的是完善市场基础设施，提升发行交易诸环节的流程标准化和交易合同文件的条款标准化。目前 RMBS 的注册发行流程已有一些监管机构的指导性文件和约定俗成的行业惯例，交易文件也日益趋同，但仍缺乏对整个市场有较大影响力的统一标准和规范性文本，造成一定的操作风险和法律风险。例如，在不同交易文件中可能存在对“违约贷款”等重要定义的模糊处理甚至缺失。建议下一步，行业自律组织可以梳理 RMBS 发行中注册、申报、承销、申购配售、簿记（或者招标）、结算交割等各个环节的整个流程，形成统一的操作指南，为市场各参与机构提供参考和指导，统一市场实践，降低操作风险；在交易文件方面，也应尽快形成推荐使用的 RMBS 发行交易的全套标准合同文本，包括但不限于主定义表、信托合同、资金保管合同、贷款服务合同等，对重点条款和定义进行标准化设置和选择条款，减少交易文件瑕疵，加强法律适用性，在保障市场主体意思自治的同时降低交易风险，保护投资人利益。

与所有其他证券市场一样，信息披露是投资人保护机制的核心。此外，贷款服务机构和受托机构勤勉管理基础资产对投资人也至关重要，尤其是对存续期普遍较长的 RMBS 来说。因此下一步，要着力加强信息披露质量和基础资产管理质量。信息披露方面，交易商协会已经出台了《个人住房抵押贷款资产支持证券信息披露指引（试行）》，并持续开展信息披露情况的评价等自律管理工作，为RMBS信息披露机制建设奠定了良好基础。在此基础上，要强调信息披露真实性、准确性、及时性的重要性，并加大对存续期间信息披露的重视，不断优化RMBS信息披露标准中的相关数据指标和信息内容，加强重要数据和信息的追踪和更新；进一步厘清贷款服务机构和受托机构之间的义务和责任边界，落实保证信息提供和信息披露真实性、准确性、及时性的责任主体，提高各类机构信息披露水平。在基础资产管理方面，要重视贷款服务机构、受托机构以及资金保管机构的尽职能力建设，建立贷款服务机构和受托机构对投资人的信义勤勉义务体系。由于RMBS的现金流较活跃、资金转付频率较高、需要进行相应贷款服务和受托服务的期限较长，贷款服务机构、受托机构以及资金保管机构在基础资产的贷后管理、入池资产资金归集转付、证券本息兑付等环节，遵循统一、标准的操作指引，形成成熟、稳定的操作流程，对突发事件有充分的预案，尽量减少道德风险和操作风险。